新编21世纪高等职业教育精品教材 ● 工商管理类

+ BUSINESS ADMINISTRATION

# 项目管理实务

（第四版）

主　编●李　涛

中国人民大学出版社
·北京·

图书在版编目（CIP）数据

项目管理实务 / 李涛主编．--4版．--北京：中国人民大学出版社，2025.7．--（新编21世纪高等职业教育精品教材）．-- ISBN 978-7-300-33980-1

Ⅰ．F224.5

中国国家版本馆 CIP 数据核字第 202593MF70 号

新编21世纪高等职业教育精品教材·工商管理类

**项目管理实务（第四版）**

主　编　李　涛

Xiangmu Guanli Shiwu

| | | | |
|---|---|---|---|
| 出版发行 | 中国人民大学出版社 | | |
| 社　　址 | 北京中关村大街31号 | 邮政编码 | 100080 |
| 电　　话 | 010－62511242（总编室） | | 010－62511770（质管部） |
| | 010－82501766（邮购部） | | 010－62514148（门市部） |
| | 010－62511173（发行公司） | | 010－62515275（盗版举报） |
| 网　　址 | http://www.crup.com.cn | | |
| 经　　销 | 新华书店 | | |
| 印　　刷 | 北京溢漾印刷有限公司 | 版　　次 | 2006年9月第1版 |
| 开　　本 | 787 mm×1092 mm　1/16 | | 2025年7月第4版 |
| 印　　张 | 12 | 印　　次 | 2025年7月第1次印刷 |
| 字　　数 | 272 000 | 定　　价 | 36.00元 |

# 前　言

自本书第一版以来，已经过去10多个春秋，很多事物都在发生变化。项目及项目管理已经从一门新兴的跨界学科逐步深入到各行各业，甚至成为职场人士的一项基本技能。

在面对新时代的重大变革中，特别强调了科技创新、教育发展和全面深化改革的重要性。本书正是为培养完成具体项目所需要的新型管理人才而编写的。

本书针对新时期社会发展的特征，基于自信自强、守正创新的党的二十大精神，做了如下修订：

- 更新并补充了一些符合新形势需求的案例，特别是大幅增加了富有中国特色的案例。
- 引发读者将一些现代项目管理的思想和中国古代先哲的智慧进行碰撞，使其更容易理解和消化知识要点。
- 随着项目和项目管理知识的广泛渗透，很多概念已为广大读者所知，所以本书也与时俱进地优化了一些文字表述，精简了语言。

项目管理是实操性很强的学问，知识只是运用的起点，只有将知识变为一种习惯，才能使其成为个人的能力。

每一次成书的背后都有众多支持我的挚友和同事，在此一并感谢。

编　者

# 目　录

# 第一章
# 项目管理概述

## 学习目标

知识目标

- 了解管理学和项目管理的发展历史。
- 理解项目的定义及特征。
- 掌握项目管理的基本概念和过程。
- 了解项目组织结构的类型。

能力目标

- 能够识别项目与非项目工作的区别。
- 能够分析项目的约束条件。
- 能够运用项目生命周期模型分析项目各阶段的特点。
- 能够判断不同组织结构对项目管理的影响。

素养目标

- 培养全局意识和系统思维。
- 建立以人为本的管理理念。
- 形成团队协作的意识。
- 树立终身学习的观念。

本书主要讲述“项目—管理”，尽管初次承担项目经理工作的人大多数有技术应用领域的背景，但是项目管理的核心是“管理”，管理学有着和我们熟悉的技术和工程学不一样的特征和要求。

“管理”前面的“项目”二字限定了我们研究的领域是如何管理一个项目，而不是一般的通用性管理知识。

## 第一节　管理学发展的简要历史

管理学的发展和人类社会组织的发展是紧密相关的，甚至文明起源的判别标准都是以一个社会是否可以有效组织起大规模的社会协作为标志，但真正推动管理学成为一门独立的学科，却发生在工业革命之后。伴随着机器的发明和工业化的迅速发展，人类的生产活动越来越需要集中大规模的人力和物力来进行，这就催生了研究如何更加有效地利用资源，使其发挥最佳效应的管理学。我们学习和掌握管理学的精要时，可以从管理学的发展历史入手，从各个理论产生的时代背景中了解其产生的根源、观察事物的角度和解决问题的方式。

### 一、亚当·斯密和劳动分工

最早的管理学思想可以追溯到亚当·斯密（Adam Smith）在1776年的《国富论》中提出的劳动分工（Division of Labor）。

**案例1-1**

#### 亚当·斯密和劳动分工

扣针制造业是很小的行业，但它的分工（分工的结果是使扣针的制造成为一种专门职业）却能引起人们的注意。一个劳动者，如果没有受过一定的训练，那么纵使竭力工作，也许一天也制造不出一枚扣针。但按照现在的经营方法，这种职业已经全部成为专门职业。一个人抽铁线，一个人拉直，一个人切截，一个人削尖线的一端，一个人磨另一端，以便装上圆头。要做圆头，就需要有两三种不同的操作，都是专门的职业。这样，扣针的制造分为十八种操作。在一些工厂中，这十八种操作分别由十八名专门工人负责。我见过一个小工厂，它只雇用十个工人，有几个工人负责两三种操作。像这样一个小工厂，一日也能成针十二磅。以每磅有四千枚针计算，这十个工人每日就可成针四万八千枚，即一人一日可成针四千八百枚。如果他们各自独立工作，不专习一种特殊业务，那么他们可能一天连一枚针也制造不出来。

就其他各种工艺及制造业来说，凡能采用分工制的工艺，一经采用分工制，便会提高劳动生产率。一个国家的产业与劳动生产力的增进程度如果是极高的，则各种行业的分工一般也都达到了极高的程度。落后社会中一人独任的工作，在进步社会中，一般都是几个人分任。

有了分工，相同数量的劳动者就能完成比过去多得多的工作量。其原因有三：第一，劳动者的技巧因业专而日进；第二，由一种工作转到另一种工作，通常会损失不少时间，有了分工，就可以免除这种损失；第三，许多简化劳动和缩减劳动的机械的发明，使一个人能够做许多人的工作。

---

亚当·斯密提出的提高生产率的方法显然不同于传统意义上依赖技术进步的方法。它几乎没有改变扣针本身的生产工艺，而仅仅改变了劳动的组织形式，劳动效率就提高了上千倍。同时他也指出，劳动分工之所以能够提高生产率，是因为它提高了每个工人的工作技巧和熟练程度，节约了由于变换工作浪费的时间，以及有利于机器的发明和应用。

劳动分工促进了专业化的思想，但同时它要求社会必须建立在协作的基础之上，因为任何单一工种无法独立达到最终的目的。显然，那种自给自足的小农经济是不需要劳动分工的。正是因为"扣针作坊"需要给整个社会供应扣针，这才促使他们思考提高生产效率的方法。如果仅仅是为了自家使用，所谓分工或者发明机械都没有意义。

劳动分工所依赖的社会协作在《国富论》中被一笔带过。事实上，无论是在那个年代还是在今天最体现劳动分工的制造行业的生产线上，这种协作都仅仅是制造半成品之间的传递。生产的上一个环节将产品传递给下一个环节，这活动本身没有什么困难，也不会给整个生产带来不利的影响。但假如我们设想另外一种情形，由于某种原因，扣针的某一道工序不是本企业内部完成的，而是需要别的企业来完成，而同时，市场上可能存在几家能够完成该道工序的企业，于是我们就面临着如下几个新问题：

- 如何从这些候选企业中选择一家质量好且成本低的外包企业来和本企业合作完成整个产品的生产。选择错了，就会给企业带来某种损失。为了避免选择失误，本企业就不得不花额外的精力来挑选合适的企业。
- 即使选择了合适的合作企业，在正常的生产工序的交接上，也会不如本企业内部来得简单。为了避免差错，我们需要花费额外的精力来管理这种外部合作行为。

由于以上两个原因，劳动分工给我们带来了协作上的额外消耗。但我们仍然选择劳动分工的理由就是，针对那个工序即使考虑这种附加的"协作成本"，其他企业仍然比我们自己做得更好。

在今天，我们把这种"协作"也可以看作社会实体之间的交易，这也是劳动分工存在的基础。我们今天所说的"商业"，其最初发展的目的就是更加有效地促进"各个专业"之间的"社会协作"。专业化的劳动分工和交易的发展促进了整个社会生产效率的提高，这是后来工业革命得以发生的社会基础。

在进行社会分工之前，个体完成一项工作的全部过程，一项工作的好坏完全由个体决定。但是在进行劳动分工之后，整个过程的效率由个体和协作效率共同决定。

## 二、泰勒和科学管理

泰勒开启了科学管理的先河，他的管理思想可以通过施密特试验来体现。

**案例 1-2**

### 泰勒和科学管理

19 世纪 80 年代，美国米德瓦钢铁公司工程师泰勒进行了搬运铁块、铲铁砂和煤块、金属切削三项试验，施密特试验就是其中之一。1885 年，泰勒对一个名叫施密特的铲装工进行试验，泰勒用一只秒表对施密特的操作进行了细致、准确的测量，剔除其工作的无效部分，对技术进行改进，施密特的每一个操作细节都被作了具体规定，如铲的大小、铲斗重量、堆码、铲装重量、走动距离、手臂摆动弧度及其他操作内容，每一铲 21 磅（约 9.9 千克）时装卸效率为最高，其劳动生产率由每天 12.5 吨增至 48 吨。泰勒的操作动作分析虽有些不近人情，但对提高劳动生产率十分奏效。

泰勒从具体的工作方法和工作过程入手，提出每一种工作都可以找到最有效率的工作方式，将这种方式作为“标准过程”推广，就会大大地促进工作效率的提高。这种通过科学的分析来确定从事一项工作的“最佳方法”，被称为“科学管理”。泰勒作为重要的古典管理学家，强调以科学的管理方法创造出最高的生产效率。其完整的思想精要包括：科学地选择工人；培训工人；将工作标准化；实施科学管理。简单来说，泰勒的管理思想就是在劳动分工基础之上，对某一具体工种寻找最有效率的标准化过程。

泰勒所提出的标准化思想推动了整个现代工业规模化大生产的发展，所以我们今天才能看到，在现代化的工厂里每一分钟都可以生产出一辆高度复杂的汽车。虽然它有成千上万个零部件，但却能保证产品具有惊人的一致性。

是不是工作中的所有类型活动都存在标准化的最优过程呢？显然，只有那些重复性的劳动会更受益于这种最优的过程，特别是在劳动密集型的产业中，可以将这种标准化的最优过程发挥得淋漓尽致。而相对应的，那些需要知识、在工作中追求创造性结果的活动则很难总结出一套标准化的过程，即智力密集型产业需要的是与此不一样的管理模式。

## 三、法约尔的一般行政管理

20 世纪初，法国工业家亨利·法约尔（Henri Fayol）从另外一个角度提出了 5 种管理的基本职能：计划（Plan）、组织（Organize）、指挥（Command）、协调（Coordinate）、控制（Control）。现在基本上被简化为 4 种职能：计划、组织、领导、控制。

法约尔曾在较长的时间内担任法国一家大煤矿公司的总经理职务，积累了管理大企业的经验。与此同时，他还在法国军事大学任过管理教授，对社会上其他行业的管理进行过广泛的调查。法约尔的经历决定了他的管理思想和出发点要比同时代的泰勒更加开阔，更关注宏观层面。

法约尔对管理学的解释是目前最被广泛采用的管理学定义。在法约尔看来，“管理意味着预见未来”。这句话说出了管理最重要的一项基本功能：计划。管理的第二个要素是控制，即证实各项工作是否与计划相匹配。计划与控制显然是对应的。管理的第三个要素是组织，就是为实现目标提供必要的物质资源和社会资源。最后一个要素协调，是指在实施当中如何恰当地使用各种资源。

按照上面的分析，我们可以重新定义“管理”一词：通过对资源进行计划、组织、协调和控制，来实现某一预定目标。

在这个定义中，我们关注两个重要的信息：

- 管理意味着事前作计划，通过控制保证计划的落实。

● 管理意味着组织和协调所需要的资源。

管理学界把法约尔的思想称为“一般行政管理”，以区别于泰勒的“科学管理”。

## 四、霍桑实验

无论是科学管理还是一般行政管理，都试图把组织看作一架“机器”，它们确信只要有输入，“机器”就可以保证正常地运转。虽然这一假设在今天看来仍然有其适用的一面，例如在一些传统的制造领域，那些以重复性体力为基础的组织活动，仍然在使用这一基本假设，但这一假设试图用“机器”的概念来理解和管理则存在着明显的弊端。著名管理学家梅奥于 1927 年所进行的一项著名实验，开创了从人力资源角度研究管理的先河。

**案例 1-3**

### 霍桑实验

从 1927 年到 1932 年，梅奥和他的学生在美国芝加哥西方电器公司芝加哥霍桑工厂做了有名的霍桑实验，这个实验由四个分实验组成。

实验的初衷是试图通过改善工作条件与环境等外在因素，找到提高劳动生产率的途径。从 1924 年到 1932 年，他们先后进行四个阶段的实验：照明实验、福利实验、访谈实验和群体实验。这几个实验现已成为人际关系研究中的经典实验。

**照明实验**

霍桑是一个制造电话交换机的工厂，为了弄明白照明的强度对生产效率所产生的影响，有人在厂内选择了一个绕线圈的班组，把它分为实验组和对照组。

对实验组不断改善照明条件，而对照组的照明条件不变。实验设计者原来认为实验组的产量一定会高于对照组，但结果是两组产量都在提高。

后来又采取相反的措施，把两名女工单独安排在一个房间里，照明亮度降低，即实验组条件改变，但结果是产量仍在提高。

研究者通过了解，发现出现这样的结果有两个原因：一是工人在特定条件下进行劳动，他们认为这是雇主对他们的重视，于是产量提高；二是实验中管理人员与工人、工人与工人之间关系融洽，促使实验中两组的产量都有提高。进一步推论认为，在调动工人的劳动积极性方面，照明等劳动条件远不如人际关系来得重要。

**福利实验**

实验的第二阶段是在继电器装置实验室进行的，研究人员选出 5 名装配工人和 1 名画线工，在单独的房间从事装配电器的工作。

在实验过程中逐步增加一些福利条件（缩短工作时间、延长休息时间、免费供应点心等），实验设计者原来设想，这些福利条件的改善会刺激工人积极性的发挥，一旦撤销这些措施，劳动生产率一定会下降。但奇怪的是突然取消这些福利条件，工人的劳动生产率不但没有下降，反而继续上升。

经过分析发现，依然是融洽的人际关系在发挥作用。于是他们得出结论：在提高劳动生产率方面，人际关系的好坏比福利措施的改善显得更加重要。

**访谈实验**

从1928年9月至1930年5月，梅奥等人在霍桑工厂进行了两年大规模的态度调查，谈话达两万人次以上，他们在谈话过程中耐心倾听意见、牢骚，并做详细记录，不作反驳和训斥，而且对工人的情况深表同情。

这次谈话实验收到了意想不到的效果，工厂的产量大幅度提高。这是由于工人长期以来对工厂的各项管理制度和管理方法有许多不满和意见，受到压抑，无处发泄，形成了工人和管理者的对立情绪。通过谈话，缓解了工人和管理者之间的矛盾冲突，管理者和被管理者之间形成了融洽的人际关系。因此，工人心情舒畅，有主人感、使命感和责任感。

**群体实验**

这一阶段实验主要是研究群体中的人际关系对劳动生产率的影响。

在这个实验中，选择了14名男工在单独的房间里从事绕线、焊接和检验工作，对这个班级实行特殊的个人计件工资制度。实行这套办法旨在使工人在竞争中更加努力工作，以便得到更多的报酬。

实验从1931年11月到1932年5月，共观察了半年多。但实验结果发现，产量只保持在中等水平，每个工人的日产量几乎都差不多，而且工人并不如实报告产量。

深入调查研究表明，这些工人内部形成一个不成文的规则：谁也不能干得太多，突出自己；谁也不能干得太少，影响班组成绩；不准向当局告密，如有人违反这个规定，就要受到群体的惩罚。

工人的目的是维护班组内部的团结，维护群体中各个成员的利益，形成一种融洽的人际关系，使群体内的各个成员心情愉快地投入工作，可以放弃物质利益的诱惑。

这说明：良好的人际关系比物质利益对人更加重要。

---

霍桑实验揭示了这样一种现象：良好的人际关系对劳动生产率起着决定性作用。这显然不同于以前将“组织简化为一个机器模型”的管理思想。在那种情况下，管理的工作就是设计组织和流程，工人只是“组织大机器”中的一个“可被替换的零部件”。一个合格工人的工作效率只应该和工作条件及技能有关，而和其他因素包括其所处的社会小环境无关。但霍桑实验指出这是不对的。人的工作效率和情绪有关，而情绪受人际关系等因素影响。这一点在现代社会里一些其他类型的活动，如创造性活动中表现得更加明显。

在今天，人力资源方法理论主要是来源于心理学家和社会学家的研究结果。他们用科学的方法研究个体及组织行为。例如，通过探求雇员的动机构建了激励理论的基础，通过观察人与人之间的关系提出了团队建设的基本原则，通过分析领导者的个性和行为形成了领导力理论。人力资源方法理论的发展主要是在第二次世界大战之后，一个主要的推动力是产品经济向服务经济的转变。传统上的制造企业以生产产品为主，员工仅仅是生产线上的一环，就如同那些机械设备一样。人的行为可重复性越高、越稳定就越好，所以早期的管理都集中于淡化“人”的特征。但是随着服务经济的崛起，员工的行为不再是简单地重复规程，而是需要更加主动而创造性地产生价值，这就促进了有别于“管理机械化”的人力资源理论的发展。

# 第二节 管理的基本概念

学习项目管理的第一个核心是管理。管理学在很多方面有本学科独特的思维方式和实践方法。那些有工程背景而又走向项目经理职位的人，需要进行重要的角色转变，使自己成为一名管理者。

## 一、管理的目标

管理的目标主要包括以下两个方面：

● 效果（Effectiveness），有时也称作效益，通常是指目标的正确性，也就是确定做什么（What to do）。

● 效率（Efficiency），通常是指实现目标的代价，也就是确定如何做（How to do）。

效果和效率的象限图如图 1-1 所示。

**图 1-1 效果和效率的象限图**

任何管理活动的目标都可以在这两个正交的维度上分解，这样就产生了四个象限。很容易得出结论，四个象限中最好的一定是“有效果、有效率”，最差的一定是“没效果、没效率”。问题是“有效果、没效率”和“没效果、有效率”哪一个更好呢？

在管理学上，效果因素确定了目标的意义，效率因素确定了实现目标的代价。显然，效果的优先级要高于效率。没有意义的事情，其实现效率再高也是没有价值的。所以，“有效果、没效率”要好于“没效果、有效率”。但是在现实中，效果和效率两方面是紧密关联的，有时甚至很难区分。

## 二、学习管理学的方法

管理学发展至今，仍然是一门非严格的社会科学，它有很多流派。有一个管理学的定义被广泛引用，即通过对资源进行计划、组织、协调和控制，来实现某一预定目标的学科。这里面的资源是广义上的定义，包含物质、时间和人力资源三大类，每一类资源都有其特殊性。而管理就是高效地利用这些资源实现其最终目标。某些类资源有比较严格的理论方法做支撑，例如物质和时间资源。人们可以借助计算机等工具对资源实现最有效率的利用；而另一类如人力资源的使用，仍然停留在一些定性和软性的方法。所以也有人认为简化管理实践的精华就在于“管人”和“理事”。“理事”更多偏向于应用有着严格数学方法支撑的硬技能，而“管人”则大多归属于所谓的软技能。

在项目管理的环境下，根据项目所处领域的不同，“理事”和“管人”的侧重点是不一样的。但对于大多数从一线工程技术领域成长起来的项目经理来说，首先面临的转变和挑战是“管人”，是如何使他人产生绩效。评价技术领域管理者工作绩效的标准不是其技术水平的高低以及他本人对项目结果的直接贡献，而是他调动和整合资源的能力，以及他使团队创造价值的能力。

## 第三节　项目和项目管理

### 一、项目和项目管理的定义

“项目”这种形式自古以来就有，我们可以认为中国古代万里长城的修建是一个项目，人类登月也是一个项目。所不同的是，人类登月已经在使用完整的项目管理知识体系来管理项目了。在我国，项目也经常被称作“工程”。例如，建造三峡大坝就是一个典型的项目，被人称为“三峡工程”。

从上面的讨论我们可以看到，项目本身并不依附于某一特定行业而存在，所以我们可以把项目从不同行业的特殊性中抽象出来单独进行研究，以期获得一些独立于具体行业的有效管理方法，使得任何行业在进行项目实施中都可以从中获益。这一研究结果就构成了所谓的项目管理知识体系（Project Management Body of Knowledge，PMBOK）。它最初由美国项目管理协会（Project Management Institute，PMI）最初发布并定期维护更新。

在 PMI 颁布的 PMBOK 中，项目被定义为创造独特的产品、服务或成果而进行的临时性工作。

独特的产品、服务或成果，是指项目所涉及的内容和目标是以前没有做过的。当然这里所指的独特不是绝对的，而是相对的。例如，研发一个新的产品、建造一座新的大楼、举办一届运动会等。项目目标的独特性，也意味着项目团队对目标的认识也是逐步明确的。

临时性是指每个项目都有明确的开始时间和结束时间，项目需要满足特定时间段的要求，也意味着项目的许多因素都是和时间相关的。

项目最重要的特征就是“做一件以前没有做过的事情”，但只有一次机会把它做好，要完成这个目标所需要的技巧和方法就是项目管理的主要内容了。这是一种通俗的讲法，更正式的定义为：项目管理是将知识、技能、工具与技术应用于项目活动，以满足项目的要求。

## 二、项目干系人

项目干系人（Stakeholder）是指参与或可能受到项目活动影响的个体和组织。通常项目目标是由项目干系人的需要和期望来表达的。项目干系人一般包括：

- 项目团队，这是完成项目工作最主要的力量。大多数项目团队成员把项目当作一份工作来看待。
- 项目资源提供者或者发起者（Sponsor，通常为项目团队的上级经理）。项目发起者主要是通过投入资源来实施项目，以实现某一特定的目标和利益。
- 客户（Customer），也就是项目要交付的对象。客户也是产生项目需求的来源。
- 最终用户（End User），项目交付产品的最终使用者。在很多情况下，项目的客户和最终用户往往并不是同一个对象。
- 合作的其他职能部门。
- 承包商。
- 项目团队的家属。

在项目干系人中，容易被忽略的是产品的最终用户。在很多项目中，产品的交付者和产品的使用者往往不是一类团体，所以他们对项目目标有着不同的期望，需要分别对待。

另外，在很多领域，特别是 IT 领域，由于从事的是脑力活动，工作质量和精神状态关系很大。由于工作压力很大，团队成员的家属都或多或少地受到项目的影响。反之，家属对团队成员的支持也对项目的成功起到了积极的作用。

所谓干系人，我们可以理解为受到项目影响或者与项目有关的人。项目不是无缘无故产生的，它是源于干系人的某种需要。当然这些不同的干系人对项目有着轻重不一的影响。例如，客户和项目发起者往往是最重要的干系人。

干系人对项目目标的表述既包括明确的需要，又包含隐含的期望。项目由干系人的需要发起，但并非仅仅局限于那些被明确表达出来的需求，所以定义中特别强调了不仅仅是“达到”，而且需要“超过”干系人的期望。这一表述也反映了现代管理中“全面追求客户满意”的理念。

项目中的干系人不止一个，而干系人对项目的期望未必一致，这就导致项目的最终结果很可能是他们之间的一种平衡。

## 三、项目目标与约束

一个项目首要的任务是明确项目的目标。项目目标的最初来源一定是干系人所表述的需要和期望，其中最主要的两个来源是客户和发起人。但是所有这些需要和期望必须被汇总成明确而严格的表述，并作为正式的项目目标为后续活动所遵循。完整而严格的项目目标必须可以回答以下四个方面的问题：

- 项目要完成的内容是什么？这在项目管理中被称为“范围”。
- 完成的产品需要达到什么样的指标？这被称为“质量”。
- 项目需要多长时间完成？这被称为“时间”。
- 项目需要花费多大的代价？这被称为“成本”。

项目的目标从这四个要素进行了界定，也就说明一个项目的目标必须可以回答这四个方面的问题。我们进一步从前面所讲到的“效果”和“效率”维度进行考察就会发现：“范围”和“质量”实际上决定了一个项目的“效果”，“时间”和“成本”则决定了一个项目的“效率”。显然，效果因素是重于效率因素的。

项目的目标是对项目的四个不同要素的完整表述：范围、质量、时间、成本。这四个要素并不是独立的，而是相互之间有一定的关联关系，其中一个要素变化会引起另外一个要素变化。这些要素往往是相互制约的，你无法寻求所有的目标要素同时达到最优的结果。具体来说，一个期望的目标总是：项目范围越大越好，项目质量越高越好，时间越短越好，成本越低越好。但事实上这些因素往往是负相关的。例如，增加项目范围，往往意味着延长项目时间，提高项目成本；提高项目质量往往意味着增加项目成本。作为约束条件的要素还有一个前提，就是该要素是可以变动的，也就是比较容易取舍的，这样才能作为寻求目标平衡的变量。例如，时间目标可以提前或者推后；成本目标可以增加资源，也可以减少资源；质量目标可以提高要求，也可以降低要求。比较难做的是范围目标，这一目标是否可以比较容易地调整依赖于行业特征。虽然范围看起来也可以简单地增减，但在某些行业中，项目最终的交付往往是完整的、不可分割的物质产品，只有保持完整的项目范围，才能满足基本的要求。比如在建筑业中，半栋楼是没有意义的。

传统上的项目管理仅仅把时间、成本和质量看作三个互相制约的约束条件，即仅在时间、成本和质量三个项目目标之间进行平衡，其原因就在于那些早期的项目中，范围往往不作为容易调整的因素。但是在一些新兴的领域中，例如 IT 行业，范围因素却作为最主要的约束条件之一。

在 IT 行业中，项目交付的最终时间和进度往往是不能改变和妥协的，但是在范围上是可以进行调整的，而且有的时候客户关注质量更甚于范围。很显然，客户可以忍受按时交付一个有 80%功能的符合质量要求的系统，但不能接受一个包含 100%功能但质量却很差的系统。

项目的约束条件意味着在项目开展过程中没有办法在所有要素上追求最佳，而只能寻求一种最有效的平衡。在平衡的时候，可能需要对约束条件确定优先级。一般认为，效果因素要比效率因素重要。但实际情况却往往不是这样的，很多项目的约束条件在项目初期和末期的优先级排列是不一样的。例如，在项目初期可能是进度排在了第一优先级，但到了项目末期，则可能是质量排在了第一优先级。这种前后不一致的情况会导致资源分配的混乱，因为有些活动在项目不同时期进行，代价是不一样的，特别是和质量有关的活动。另外，范围一般不太容易被忽视，但是如果考虑在范围上进行调整，有时可能会给项目带来额外的好处。

## 四、项目管理的知识表述

有关项目管理的知识包括为更好地实现和达到项目目标所需要的相关过程、方法和技能。这些最基本的知识大多来源于人们过去的经验总结，但要作为一门独立的学问，总需要一个成体系的框架来容纳相应的知识，这个框架就是项目管理知识体系（PMBOK）。

项目管理知识体系包含一套完整的项目工作过程。换一个角度来理解，项目是由一系列的过程组成的，具体包括两类过程：

- 项目管理过程，即对项目实施管理活动的过程。
- 产品的工程过程，即创建项目、交付产品的过程。

什么是过程？简单来说，过程就是完成一件事情的一系列活动和步骤。但是要注意，过程比一般的活动更关注结果，也就是说一系列活动是为了达成预定的某一个目标，这才能被称为“过程”。一般的活动序列并不能完全表示过程。

为什么要有过程呢？

最初的过程概念来源于工业化大生产，通过劳动分工提高生产效率，利用标准化的过程将专业工人有效地组织在一起，有利于提高劳动效率，这是过程的第一个作用。

过程还可以继承经验。重复性的事情总是成功率更高。如何有效复用过去的经验呢？显然，项目的独特性使得项目本身的内容无法重复，但是实施项目的方法却是可以被传播和继承的。过去的经历无论是经验还是教训，都可以转化成能够被传递的过程和方法。所以，过程的一个更重要的作用是：重复过去的成功。

从另外一个角度说，项目管理的知识就是通过过程形式来表达的，这些过程凝结了过去人们完成项目的宝贵经验。通过过程进行经验的传递，从而使一个最有效率的方式可以最大可能地被复制。

项目管理知识其实就是一系列继承了前人经验的项目管理过程。随着时间的推移，项目管理的知识体系会随着经验的增加而更新。在最近几版的 PMBOK 中，知识体系基本稳定了，虽然会有一些变动，但大多是在文字表述上的修订，所以本教材不再明确是引用哪一具体版本的 PMBOK。

## 五、项目管理知识体系

如前所述，项目管理知识体系总结了人们做好项目的一些经验，把它们归纳成一系列的管理过程。这些过程根据其涉及的领域和起到的作用，按照两个维度进行了分类，即知识领域和过程组。

第一维度称为知识领域，共有三类，分别是核心知识领域、辅助知识领域和整体管理。

核心知识领域包括以下四项：

- 项目范围管理：对项目包括什么与不包括什么的定义与控制的过程。这些过程用于确保项目组和项目干系人对作为项目结果的项目产品以及生产这些产品所用到的过程有一个共同的理解。

- 项目时间管理：确保项目准时完成所必需的过程。
- 项目成本管理：确保在批准的预算范围内完成项目所需要的各个过程。
- 项目质量管理：确保项目满足它所应满足的需要。

其实，项目管理的核心知识领域就是构成项目目标的四个要素。也就是说，项目管理就是确定和细化范围、时间、成本和质量这四个目标，然后围绕这四个目标的实现进行监督和控制。除非项目的目标构成因素发生了变化，否则项目管理的核心知识领域是不会发生改变的。

所谓辅助知识领域，是指那些有利于项目目标实现的过程活动，它们包括：

- 项目人力资源管理：管理项目最重要的资源——人力资源的过程。
- 项目沟通管理：管理项目信息的过程。
- 项目风险管理：管理项目所遇到的不确定性。
- 项目采购管理：管理那些从执行组织外部购买项目所需产品和服务的过程。
- 项目干系人管理：管理项目干系人关系的过程。

最后一个知识领域是项目整体管理，它是指作为一个整体性的大框架在项目生命周期中来集成和协调所有其他项目管理知识领域所涉及的过程。

第二个维度称为过程组，它是按照过程本身的作用来分类的，共分为：启动过程组、计划过程组、实施过程组、控制过程组和收尾过程组。

过程组及其之间的关系见图 1-2。

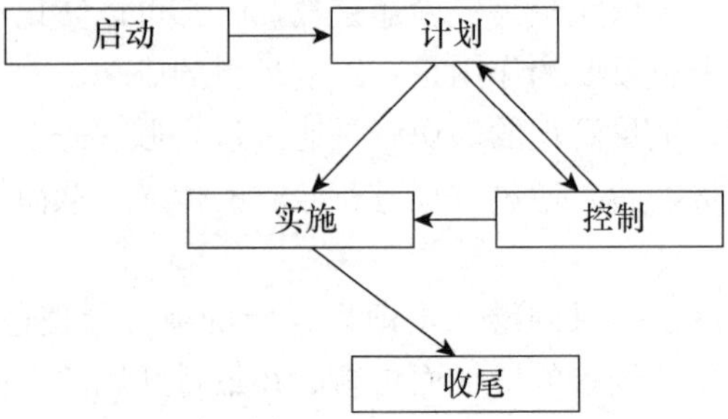


**图 1-2　过程组及其之间的关系**

这几个过程组最主要的是计划、实施和控制。启动过程组主要承担项目的立项过程，收尾过程组主要承担项目的结项过程。各个过程组之间的主要关系如下：

- 制订计划，这是项目管理活动的必然要求。
- 计划作为实施活动的参照。
- 控制过程获取实施的实际状态，对比计划过程来判断是否存在偏差。
- 当存在偏差时，或者纠正实施过程，或者变更计划。

可以看到，项目管理过程组之间的关系和一般管理里面的计划、实施和控制是一致的。

到这里，我们可以把项目管理看作一系列相互联系的过程。也就是说，它的核心就是一系列的管理过程，这些过程构成了实践当中的基本活动。本书参照 PMBOK 的项目管理知识体系，按照项目知识领域划分的管理过程组织全书内容，具体如图 1-3 所示。

我们学习的内容包括两个方面：

● 项目管理的过程。也就是说，如果实施一个项目，应该按照哪些过程来开展活动。

● 支撑过程实施的技术、工具和方法。

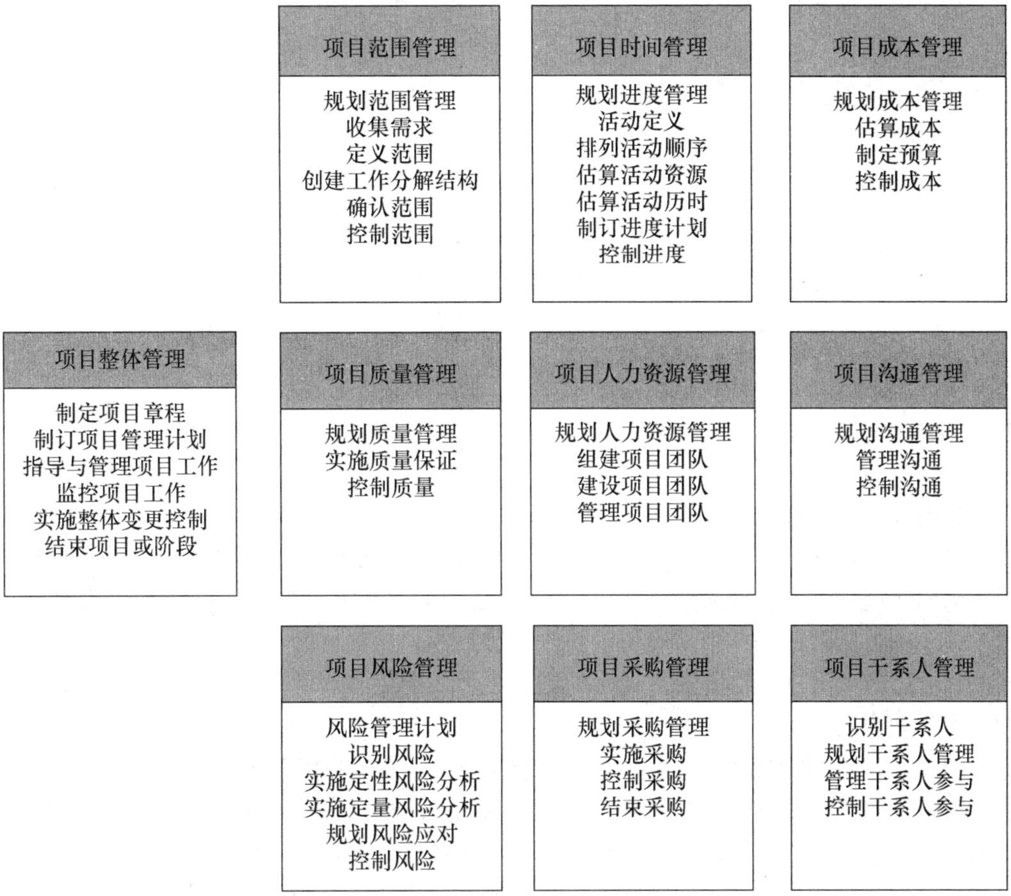


**图 1-3　项目管理知识体系的项目管理过程**

## 六、项目阶段和项目生命周期

一个项目要完成一个复杂的目标，涉及的活动很多，经历的时间可能很长。为了便于管理，人们经常把项目活动按照某种目的分为若干个阶段来实施。对每一个划分的阶段，都有目的明确的阶段目标，也规定了实现该阶段目标的一系列工作任务。这样做有利于管理者及时掌握和了解项目的实施过程，便于对项目进行管理和控制。

在实践中，项目的阶段划分和具体的应用领域相关。每一领域的项目都有其特定的阶段划分要求。一般来说，都是按照某一集中性的目的和活动来进行划分。如果不考虑特定领域，单纯从项目管理的角度出发，一般可以把项目划分成四个阶段：启动阶段、计划阶段、实施阶段、收尾阶段。其划分理由非常明显，就是按照某一阶段的活动目的来划分。例如：

- 启动阶段，寻找项目机会，确定项目目标。
- 计划阶段，对项目的实施过程进行周密的计划。
- 实施阶段，按照计划实施项目。
- 收尾阶段，主要是做项目结束后的收尾工作。

从项目管理的角度来说，项目的四个阶段和五个过程组的名字很相像。这很好理解，因为项目阶段就是按照某一时期主要活动的作用来划分的。项目里面有管理活动，包括启动、计划、实施、控制和收尾，也有工程活动。图 1－4 显示出各个活动在各个阶段的对应关系。

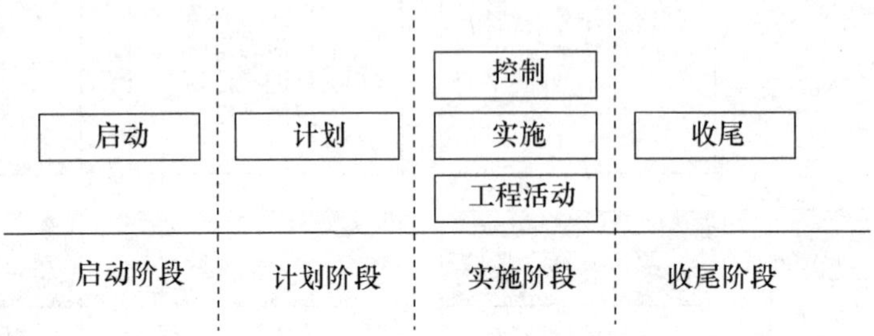


**图 1－4　项目活动和项目阶段**

在启动、计划和收尾三个阶段，对应的主要活动分别是启动过程组、计划过程组和收尾过程组里面的过程活动。在实施阶段，项目管理主要包括实施和控制活动，同时工程活动的实施也主要在此阶段。图 1－4 仅仅是一个示意图，实践中的情况要相对复杂。

一个项目从开始到结束所经历的阶段划分被称为该项目的生命周期。对于每一个成熟的领域，其典型项目都有相对标准的项目生命周期定义，但是其阶段命名可能以主要的工程活动命名。

图 1－5 是一个项目生命周期模型。该模型把项目分割成若干个阶段，而每一个阶段都有特定的工作目标，这些工作目标是反映在该阶段任务所产生的工作成果。这种工作成果是有形的、可鉴定的，一般被称作产出物或者可交付物，例如计划阶段的工作结果就是一份详尽的项目计划。伴随着可交付物的完成，还必须有对可交付物是否符合要求的鉴定活动，也就是说，我们需要明确知道工作结果是否达到了要求。

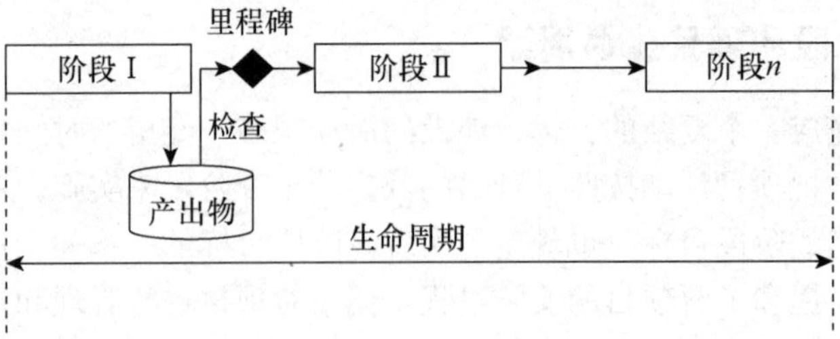


**图 1－5　项目生命周期模型**

一个项目的生命周期由若干个阶段组成，每个阶段的结束通常是以对关键的工作成果完成和项目实施情况的评审为标志。这样做有两个目的：

- 检查该阶段所完成的工作活动和工作结果是否符合要求。如果不符合，就及时采取纠正措施，这样可以尽可能地以较小的代价纠正错误。

● 根据检查结果来决定项目是否进入下一个阶段。

这些阶段评审常被称为阶段出口或者里程碑，其目的就是设定一个门槛，以便确认本阶段任务是否合格地完成。

项目生命周期确定了项目的开始和结束。一个组织应该对自己典型的项目特征进行归纳，以明确本组织的项目生命周期。这一活动如果没有做到位，会导致项目混乱。例如，当一个组织看到一个潜在的市场机会时，它通常会要求做一次可行性研究，以便决定是否应该就此设立一个项目。对项目生命周期的明确设定会直接影响这个活动本身的有效性。因为你必须说明这次可行性研究活动是应该作为项目的第一个阶段，还是作为一个独立的项目。

大多数项目的生命周期具有以下共同的特点：

● 对资源的需求在最初阶段比较少，在向后的发展过程中需要会越来越多，当项目要结束的时候又会急剧地减少。

● 一个项目是经历了一定的阶段才完成的。生命周期在项目开始时，成功的概率是最低的，而不确定性程度是最高的。随着项目逐步地向前发展，各种不确定性因素逐步明晰。

另外一个容易混淆的概念是产品的生命周期。虽然很多项目的最终交付物是一个产品，但两者的概念是不同的。产品的生命周期是指一个产品从诞生、发展到最后退出市场的全部阶段和过程。两者的目标和覆盖范围也是不同的。项目的生命周期是由项目的主要活动阶段来构成的。例如，大多数项目都是由概念、计划、实施和收尾四个主要阶段组成的。产品的生命周期则和具体的产品工程相关。两者之间存在一定的关系，具体来说可能出现以下几种情况：

第一种是指那些最终目标就是构造一个产品的项目，而且该产品并没有后续的发展。这个时候，该项目的生命周期往往根据完成一个产品的工程活动阶段来划分，项目生命周期往往和产品生命周期等同。例如，一个软件产品项目经常分为需求、设计、实现、测试和维护几个阶段。

第二种则是指利用项目来推进一个产品线的演化和发展。这个时候，产品的生命周期则会延续一个相当长的时间，每一个项目都可能推进产品的一次升级，项目的生命周期由完成产品的一次升级过程的工程活动所组成。

项目与产品生命周期模型之间的关系见图 1-6。

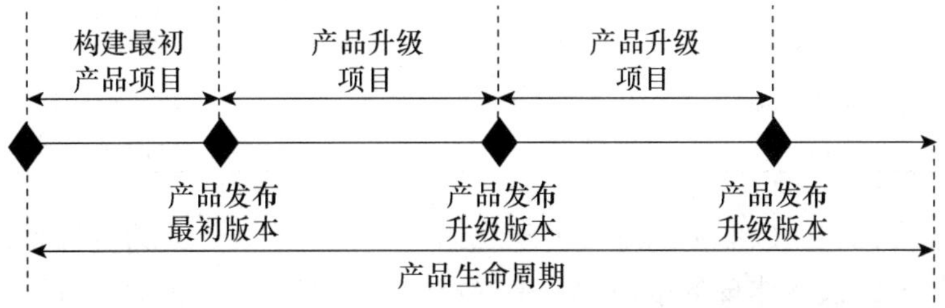


**图 1-6　项目与产品生命周期模型之间的关系**

## 七、项目的组织结构

项目所使用的资源依赖于组织提供，而组织的结构又深刻地影响了项目资源的使用效率。进一步说，这种资源主要是指人力资源，组织结构影响着项目对人力资源的分配和使用。总体来说，项目和组织结构之间的关系可能存在以下两种极端情况：职能导向和任务导向。

职能导向主要是指资源按照职能进行分配，任务导向则主要是指资源按照统一的任务目标进行分配，也有可能两者共同结合就产生了矩阵型组织形式。根据资源分配的主要原则会产生不同的组织形式，参见图 1－7。

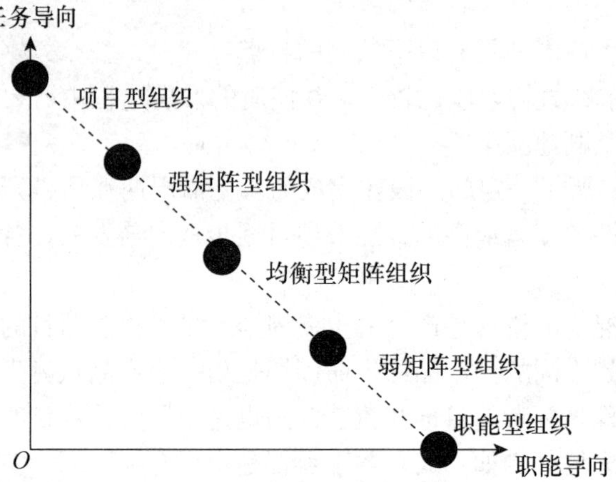


图 1－7　组织资源分配形式

根据项目的特点，将各组织类型的特点进行归纳，见表 1－1。

表 1－1　各组织类型的特点

| 项目特点 | 组织类型 | | | | |
|---|---|---|---|---|---|
| | 职能型 | 矩阵型 | | | 项目型 |
| | | 弱矩阵型 | 均衡型 | 强矩阵型 | |
| 项目经理权力 | 很小 | 有限 | 小—中等 | 中等—大 | 大 |
| 组织中全职参与项目工作的职员比例 | 没有 | 0～25％ | 15％～60％ | 50％～95％ | 85％～100％ |
| 项目经理职位 | 兼职 | 兼职 | 兼职 | 全职 | 全职 |
| 项目经理头衔 | 项目协调人/项目领导人 | 项目协调人/项目领导人 | 项目经理 | 项目经理/大型项目经理 | 项目经理/大型项目经理 |

传统企业大都建立以职能为基础的组织结构。也就是说，人力资源是按照所从事的工作内容和特征以及所体现的组织职能来安排的。例如，一个企业中有财务部、人力资源部、行政部等，这就是典型的职能型组织安排。

如图 1－8 所示，职能型组织具有明确的等级划分，每一个员工都有一个明确的上级，员工高度地依据各人专长进行组合，比如生产、市场、工程、会计等。职能型组织也有项目，但各部门对项目的研究范围被局限于部门的职能界限。例如，当一个纯粹的职能型组织准备开发一项新产品时，设计阶段会被称为“设计项目”，仅仅由工程部人员来完成。一旦涉及生产方面的问题，这些问题将会被逐级汇报到工程部主管处，再由工程部主管向生产部主管咨询，然后通知工程部主管，再由工程部主管将解决问题的方法逐级向下传递到项目负责人。

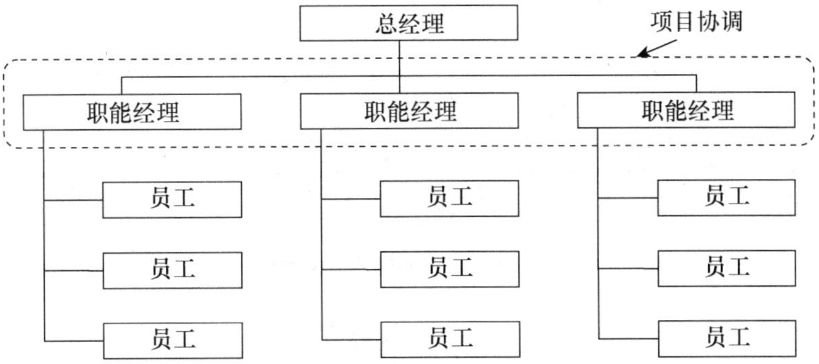


**图 1-8　职能型组织**

显然，职能型组织特别适合那些重复性程度高的业务活动。这种组织结构对于完成过去已经考虑周全的任务是没有问题的，但是对于一项相对过去有很大不同的任务来说则存在着天然的困难。第一，各部门之间存在着明显的界限，不利于协作；第二，这种协作是在和过去不同的规则上进行的。

组织结构中相对职能型组织的另外一个极端是项目型组织（如图 1-9 所示）。在一个项目型组织中，最基本的单位是根据某一项目而成立的项目团队。工作成员都归属于某一具体的项目团队。每个项目团队都会配备项目工作需要运用到的大部分资源，而项目经理也有很大的权力。项目型组织的一个最主要的缺陷是人力资源直接隶属于某一项目，而不能在他们空闲的时候服务于其他项目，这样可能会导致资源利用上的低效率。

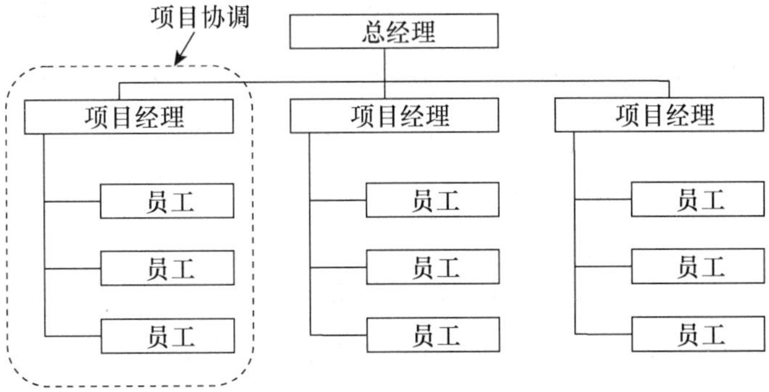


**图 1-9　项目型组织**

除了职能型组织和项目型组织这两种情况之外，还存在介于两者之间的矩阵型组织，这种组织是职能型组织和项目型组织的混合体，既具有职能型组织的特征，又具有项目型组织的特征。弱矩阵型组织保持了较多的职能型组织特征，项目负责人扮演的是协调者、协助者的角色，还算不上是一个项目经理。强矩阵型组织具备较多的项目型组织的特征，有专职权力很大的项目经理，也有专职的项目行政管理人员。

矩阵型组织如图 1-10 至图 1-12 所示。

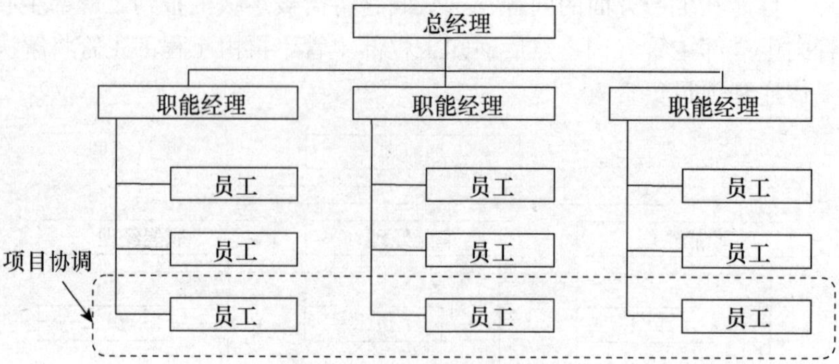


图 1-10　弱矩阵型组织

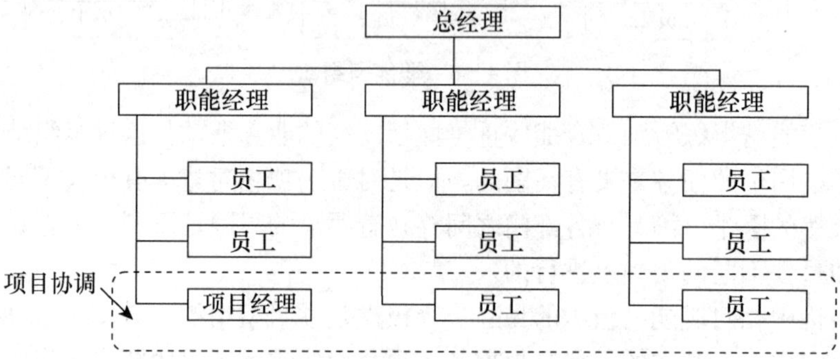


图 1-11　均衡型矩阵组织

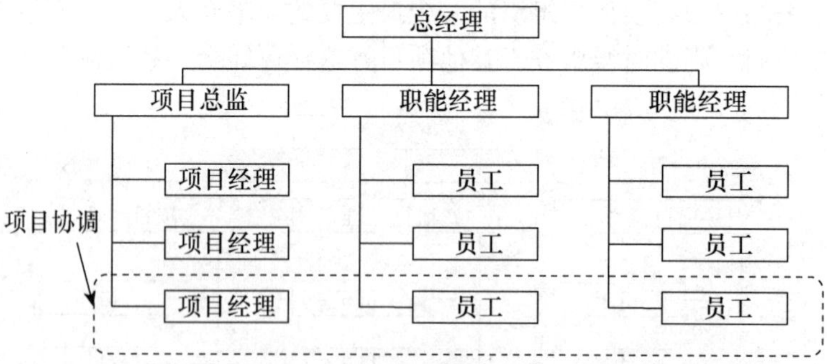


图 1-12　强矩阵型组织

更为现代化的组织则不同程度地具备以上各种组织类型的结构特点，比如，一个基本上是职能型的组织设立了专门的项目工作组去完成一个重要的项目，这个工作组具有项目型组织中项目组的许多特征：有独立于职能部门的专职项目工作人员；有自己的一套工作程序；可以在组织常规的标准和正式报告架构之外进行运作。

几种组织结构之中，哪一种更好呢？首先，大多数人可能会在直觉上认为矩阵型最好，因为它似乎兼有项目型和职能型两种结构的优势。但在实践当中，其实矩阵型是最难操作的，它对组织结构的成熟度要求最高。一个主要原因就在于，矩阵型组织中的每一个人都是双线汇报。一个不成熟的组织系统会较大程度地依赖于人。在这种组织中，对人力资源的控制程度和团队任务的结果有着较强的关联。在一个不成熟的组织中实施“矩阵管理”所带来的问题就是：每一个成员都会受到来自两个“老板”的管理压力。因为在不成熟的组织中，管理者出绩效的最佳途径就是抓住尽可能多的资源。

事实上，矩阵型管理比较适合成熟的组织。成熟的组织大都建立了面向流程的管理体系，组织的绩效主要依赖于管理系统的建立。在这种组织中，管理目标和对目标的考核评价体系是比较清晰而稳定的，人为的因素较小，所以每个员工都在相对清晰而稳定的管理目标下工作，从而对其工作量进行比较准确的预测。

很多大型的传统企业都是职能型组织，随着企业中的项目活动越来越多，它们也在逐步采纳矩阵型来管理项目。但鉴于传统的组织架构，大多会采纳弱矩阵形式。而这个时候，处于“项目管理者”地位的项目经理由于其对资源不具有直接的管理权力，往往会处于相当尴尬的地位，深感责任重大，但却有心无力。这个时候，处于弱矩阵形态的项目管理者严格来说不能被称为“项目经理”，而更接近于“项目协调人”的角色。管理上讲究责权对等，对资源没有直接管理的权力，也很难要求他们对项目的结果负全责。在这种情况下，项目协调人的主要职责是：

- 获得项目执行状态的真实信息。
- 及时发现项目执行中存在的问题。
- 将问题及时提交到具有解决问题权力的责任人处。

项目协调人的作用如同一个信息集散地，其最重要的职责是准确地传递和汇总项目信息。

## 八、组织内部的管理活动和管理结构

企业中除项目活动外，还有另外一类被称为运营（Operation）的活动。不同于项目活动，它是那些重复不断、周而复始的活动。例如，企业中的生产、财务、人力资源等部门的活动。运营活动和项目活动有着很多不一样的特征，具体区别见表1-2。

**表1-2　项目活动和运营活动的区别**

| | 项目活动 | 运营活动 |
|---|---|---|
| 负责人 | 项目经理 | 部门经理 |
| 实施组织 | 项目组 | 部门 |
| 时限性 | 一次性 | 持续不断 |
| 目标 | 独特性 | 重复性 |
| 管理 | 效果 | 效率 |

为什么在管理上，项目追求的是“效果”而运营追求的是“效率”呢？

项目活动由于其独特性的项目目标，使得项目必须首先关注实现效果，然后才可能考虑效率，切忌因为追求效率而影响了效果。

而运营活动则是重复性的活动，其效果早在多次重复中得以保证，所以更关注在不断地重复时降低实现的代价，所以运营活动大多更关注效率。

在企业管理活动中，除了项目管理和运营管理活动外，还有一类被称为战略管理的活动。它们三者之间的关系如图 1-13 所示。

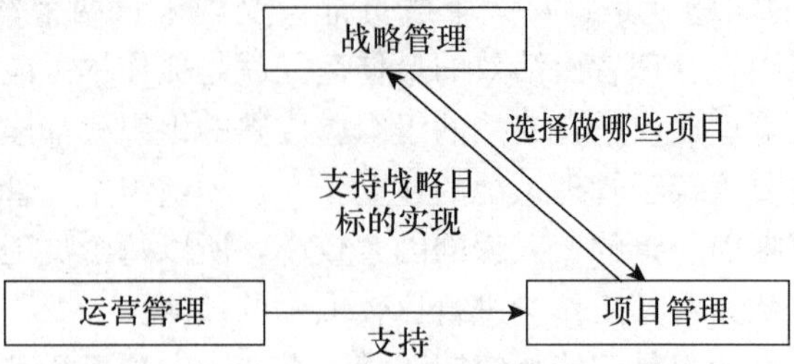


**图 1-13　战略管理、运营管理和项目管理的关系**

战略管理最主要的目的是确定本组织的发展方向，进而选择所要实施项目的范围，同时通过项目的实际运行来逐步落实战略目标。运营管理则对项目的运作提供服务性支撑。

对于企业内部的管理活动，除了按其功效与作用分成三类外，还可以按管理层级进行分类。大致上，我们可以认为企业的管理层被分成三个层次：上层、中层和基层。

企业的管理层次如图 1-14 所示。

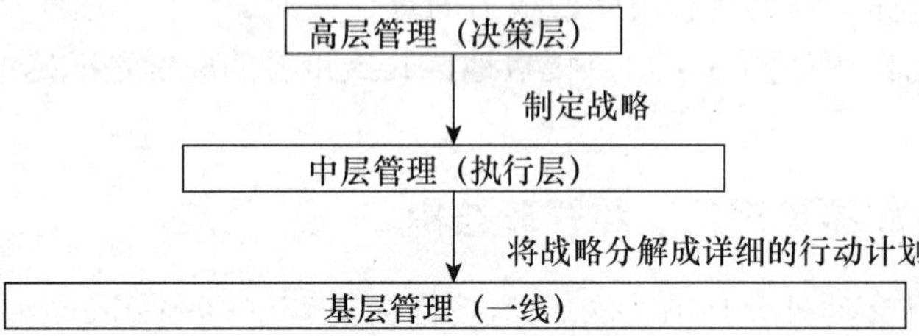


**图 1-14　企业的管理层次**

高层，又被称为决策层。其大多从事战略管理活动，目的是从组织整体利益出发，实行统一指挥和综合管理，制定组织目标和实现目标的大政方针，编制战略计划。

中层，又被称为执行层。其大多从事运营管理工作，目的是根据组织的战略计划，将目标分解成详细的实施方案，分配资源，协调和评价下级组织活动，监督和控制目标的实现。

执行层起到承上启下的作用，工作目标来自高层或决策层，其制订实现目标的计划，然后驱动一线经理按照计划实现目标，并解决执行中的问题。这一层根据企业规模可能存在多个层次。在这一层次中的管理者要面对两个挑战：第一，深刻理解来自决策层的战略意图和目标。这中间可能需要反复地确认才能正确把握。第二，对下大多是实施间接管理模式。所谓间接管理，是指所管理的团队和人员并不是直接进行汇报，而是需要通过中间层将信息传递过来以了解真实的状况。这种传递会导致信息的失真和不明确，有时甚至会产生偏差。

基层大多从事工作一线的管理，按照规定的计划和程序完成任务。在很多企业中，项目经理所处的地位大多在这一层中。但这一情况不是绝对的，很多重要的大型项目的领导一职都由企业高层主管担当。

一般来说，不同类型的企业层级基本上都会有这三个层次的划分。只不过具体的层级多少会有差别，大多体现在中层管理的级数上。很多大型企业的中间管理层级数众多，导致机构臃肿，决策缓慢。高层战略通过层层传递，到一线执行时已经大大走样。而来自一线的市场反馈，也被扼杀在烦琐的层层汇报过程之中。所以，现代企业都在做“瘦身运动”，试图减少从下到上的层级数目，追求扁平化。

## 拓展阅读

管理理论的丛林

## 本章小结

项目管理作为一门学科，其重要性随着时代的发展日益凸显。本章内容为我们揭示了项目管理的发展历程，从一门新兴学科到成为职场人士必备的技能，项目管理的普及和深化反映了社会对高效组织和管理能力的需求。

本章总结强调了项目管理的学科基础，包括管理学的发展历程和项目管理的基本概念。管理学的基本理论为项目管理提供了丰富的知识储备和实践指导，也更好地帮助掌握项目及其管理活动的精髓，包括项目的特征、目标与约束，以及项目管理过程和生命周期。

项目管理知识体系是大量项目管理活动最佳实践的经验总结和浓缩。通过项目整体管理串联起各个项目管理活动中所涉及的知识领域及相关活动。相关内容既包括较具体的、实操性很强的工具和技术，也包含较抽象的管理思想和方法论。项目管理能力的提升，最根本的是项目管理思维的建立和项目管理意识的改变。在实践中，往往从掌握具体工具和技术入手，通过长期实践积累，推动项目管理思维和方法的提升。

## 课后思考

1. 在现实活动中，很多情况下“管理者思维”会和“工程师思维”产生不一样的结论，请举出一个实例来说明两者之间的不同。

2. 区分管理的“效果”和“效率”因素是一个很重要的活动，请你举出一个实例来说明曾经出现过的“有效率没效果”的错误。

3. 一个组织为了加强有效管理，制定了大量内部运作和管理流程，如果这一工作做过了头，会产生什么样的结果？

4. 你所在的组织是以过程为中心的吗？你的组织意识到过程的重要性了吗？为什么？你的组织需要建立起以过程为中心的组织管理模式吗？如果需要，请概括出过程将会给本组织带来哪些好处。

5. 你所在的组织是否存在因组织结构弊端引起管理问题或低效率的现象？为什么？有没有好的建议？

# 第二章 项目整体管理

## 学习目标

知识目标

- 理解项目整体管理的概念和重要性。
- 掌握项目章程的编制方法。
- 了解项目管理计划的主要内容。
- 掌握项目执行、监控和收尾的主要过程。

能力目标

- 能够编写项目章程。
- 能够制定项目管理计划。
- 能够实施项目整体变更控制。
- 能够进行项目收尾。

素养目标

- 正确理解对项目进行计划的意义。
- 提高协调和整合各方面资源的能力。
- 形成对变化进行积极管理的意识。

# 第一节　项目整体管理概述

项目整体管理的目的是：在整个项目生命周期中，协调所有其他项目管理知识领域所涉及的过程，以确保项目所有的组成要素在正确的时间被组合在一起，最终成功地完成项目。整体管理把分散在其他知识领域中的相关项目管理过程作了有机的联系，形成了项目的整体管理过程，见图 2－1。

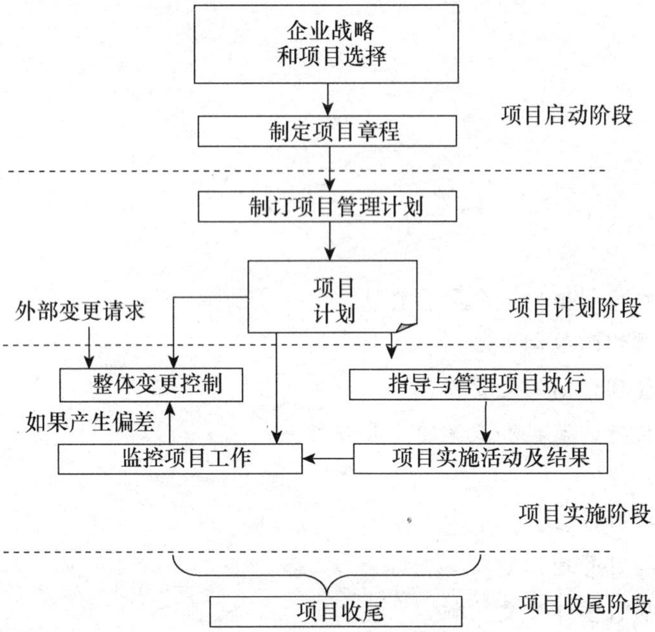


**图 2－1　项目整体管理过程**

图 2－1 按照项目的阶段划分来对应整体管理的各个活动，包括项目启动阶段、项目计划阶段、项目实施阶段和项目收尾阶段。

启动阶段，即企业在项目正式确立之前的阶段。很多情况下，项目经理的职责都是具体实施项目，所以其活动大多从制订项目计划开始，而前期的项目选择过程并不参与，仅仅在接近立项的时候才开始介入。所以，原属于“启动”过程的内容被移出了主要面向项目经理层面的项目管理知识体系，而被安排在了新推出的“组织级项目管理”（Organizational Project Management）的知识体系里。本书为保持内容完整，同时我们也认为理解项目的商业目标和来龙去脉对于后期更好实施项目、贯彻组织目标也是非常有帮助的，所以并没有简单地把这部分活动删除，反而重新做了编排并补充了一些较新的研究成果。这部分内容和企业的战略管理范畴相关，包含在本章的项目启动阶段活动中。

正如在上一章讨论整个项目管理知识体系时所指出的，项目计划阶段所包含的管理活动是最多的。这也是传统意义上管理活动最重要的特征，事前需要周密地进行计划。项目整体管理过程里的“制订项目管理计划”总括了各个知识领域中和计划相关的活动。

项目实施阶段有三个过程：指导与管理项目执行、监控项目工作、整体变更控制。项目计划作为实施活动的基准，“指导与管理项目执行”过程引导项目按照计划实施。这主要是指项目的工程活动，它占据了项目最主要的资源消耗。“监控项目工作”过程则取得反映项目实施绩效的数据，并和计划进行比对。如果出现了偏差，则意味着要么实施出现了问题，需要改进实施效率；要么计划制订得不现实，需要进行计划变更。项目目标也有可能在实施过程当中发生变化，而这些变化都会由“整体变更控制”过程所控制。

总体来说，项目整体管理活动的目的是将其他知识领域、范围、质量、时间、成本管理，以及人力资源、沟通、风险和采购综合在一起，形成一个有机的整体。

## 第二节 项目整体管理过程

### 一、项目启动阶段活动

项目启动阶段的活动一般发生在项目被正式确立之前，这个时候有关项目的确切内容都处于概念阶段，可能不存在明确的项目团队和项目管理人员，所有工作的最终目的就是决定该做什么项目及项目的目标大致是什么。有关这部分的内容大多是和企业战略管理紧密联系的，这一部分在国内也被称为立项管理。任何一个项目的实施都意味着需要投入人力、财力和时间资源，这些资源投入的回报直接决定了企业的经营效果，所以启动项目是一个相当严肃而慎重的工作。

一些小型或者初创的公司存在着立项不规范的情况，往往会随意开始一个项目，并且极不客观地期望项目结果可以很快地显现出来。但理想代替不了事实，任何一个项目的最终目标都需要经过艰苦的努力才能够实现。如果没有正确地认识到这个努力所需要的代价，并且仔细斟酌，良好的愿望就不会变成现实。

本阶段的主要过程，或者说是立项过程，既包括一部分企业的战略管理活动，又包括企业项目一级的活动。具体如下：

第一，确定本组织所实施的企业战略。任何一个企业要想在市场上立于不败之地，都必须清晰而明确地确定自身优势，并且积极地将其优势和市场机会相结合，只有这样才能确保企业的行为是有利可图的。

第二，根据企业的战略方向从市场机会中选择对本组织最有价值的项目。这一活动是将企业战略和市场机会进行结合的具体行为。

第三，批准项目正式实施。这包括各个干系人对项目目标的认可、项目发起人对项目所需资源的批准和承诺。在项目管理知识体系中，这一活动是制定项目章程。

启动阶段的立项过程如图 2-2 所示。

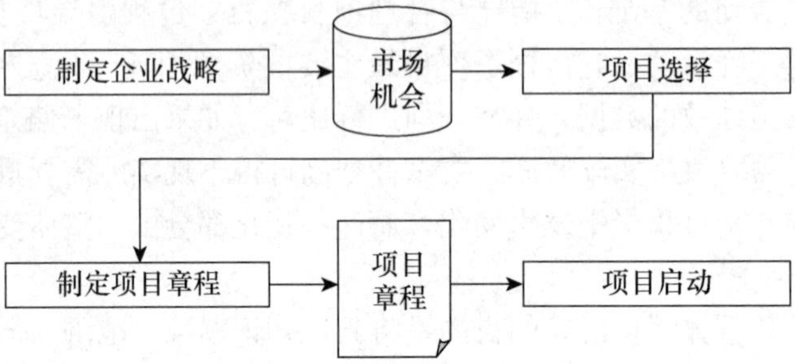


图 2-2　启动阶段的立项过程

制定企业战略一般属于企业决策层的责任，项目选择大多是企业的市场部门进行的，其目的是为实现企业战略建立适当的项目组合。这属于组织一级的项目管理活动，而不属于项目一级的管理范畴。项目级的活动从制定项目章程开始。

立项管理的侧重点会随着组织本身特征的不同而不同。具体如下：

● 对那些以对外承包项目而获取利润的公司来说，项目的启动可能始于客户的某个项目意向，前期的工作主要是了解客户需要，进行可行性分析，尽力争取获得承包合同。

● 对那些通过项目来管理企业内部活动的组织来说，实施一个项目很可能是实现自身战略发展的必要活动。

上述过程的细化结果会随着企业性质和目标的不同而有很大差异。越是大型的企业和组织，其立项过程就越是复杂和烦琐；反之，很多小型或者创业型企业，其立项过程都很简化，有时甚至就是企业决策者的一项意志。当然，这和各种企业本身所处的市场地位和面临的主要矛盾高度相关。大型企业往往利益相关者众多，其决策受到各种牵制，必须经历复杂的程序来获得相关者的一致认可。而小型企业的优势则体现在对市场的快速反应上，其决策必然需要简单高效。

**案例 2-1**

**战术上的勤奋，弥补不了战略上的缺失**

1935 年，中国共产党领导下的红军被迫长征，在川贵交界的赤水河地区，面对几倍数量的国民党军队的围追堵截，毛泽东和其他红军领导人制定了一系列巧妙的战术行动，四次渡过赤水河，成功地迷惑了敌人，使敌人无法判断红军的真实意图和行进路线。这一系列精心设计的战术目标，从局部个体来看令人费解，但这些目标之和却清晰地展现出其战略目标和意图：冲出敌人的包围圈。

同样，企业战略是靠一系列的具体目标达成来实现的，而这些具体目标依赖一个又一个的项目。虽然项目目标及其达成更偏重战术层面。但如果没有一个清晰的战略目标做指导，一系列微观战术上的成功却不一定能保证宏观战略目标的实现，有时甚至是有损于最终目标达成。

## 二、制定项目章程

项目章程（Project Charter）是一份正式的项目文件，其作用是项目干系人对项目目标的正式认可，并且批准项目实施。项目章程本身的内容非常简单，更详细的项目信息需要从项目范围说明书中得到，所以其形式意义大于实际意义。项目章程示例见表2-1。

**表 2-1　项目章程示例**

| 项目名称 | 信息技术更新项目 | |
|---|---|---|
| 项目经理 | 马×× | |
| 联系方法 | （010）12345678，knguyen@abc.com | |
| 启动时间 | 2023 年 3 月 4 日 | |
| 计划完工日期 | 2023 年 12 月 4 日 | |
| 项目目标 | 以新的公司标准为准，在 9 个月内为公司所有职员（大约 2 000 人）更换软硬件。新标准请查阅附表。更新会涉及服务器、中型机以及网络的软硬件设施。预算购买软硬件成本为 1 500 万元，劳务费 200 万元。 | |
| 方法 | ● 更新信息技术现有设备的数据库信息，确定更新需求<br>● 对项目成本进行详细的估算，并向公司信息主管报告<br>● 发布软硬件的询价要求<br>● 尽量使用内部职员进行项目的计划、分析和实施 | |
| 角色与职责<br>姓名 | 角色 | 职责 |
| A | 项目发起人 | 监督项目 |
| B | 信息主管 | 监督项目、调配人员 |
| C | 项目经理 | 项目计划与实施 |
| D | 信息技术运营主任 | 提供指导 |
| E | 人力资源副总 | 调配人员 |
| F | 采购部主任 | 购买软硬件 |
| 签名： | | |
| 评述：这个项目必须在 10 个月内完成。信息主管 B<br>我们保证安排足够人员，承诺对项目的支持。人力资源副总 E | | |

一般来说，一个项目章程的内容可以包括如下几个方面：

● 项目名称。

● 指定或者委派的项目经理。通常，项目经理应该尽可能在项目早期进行指定或者委派。

● 项目的起止时间。

● 项目目标的简明阐述。

● 项目干系人列表。

● 项目的制约因素。制约因素是限制项目管理团队进行运作的要素。例如，预算是制约项目团队操作范围、职员调配和进一步计划的一个很重要的因素。

● 项目的假设因素。为了确保计划编制目标的准确性，考虑到的假设因素必须具有科学性、真实性和确定性。例如，如果关键人物的到场日期不能落实，那么项目团队就应该设置一个具体的开始时间。假设通常包含一定程序的风险。

项目章程应该通过管理者对项目及项目所需的条件进行客观的分析后颁发，它提供给项目经理运用和组织项目所需资源进行项目活动的权力。

## 三、制订项目管理计划

1. 计划的作用

管理活动最基本的原则是：任何工作开展之前必须先做周密的计划。一个项目的最终目的是实现由范围、质量、时间和成本四个要素所定义的项目目标。所以，需要制订实现和满足这四个目标的范围计划、质量计划、进度计划、成本计划。人力资源、沟通、风险和采购管理有助于项目目标的完成，所以也必须对这几个方面的活动做出计划和安排。这一要求其实并不难理解，但我们需要知其然并知其所以然，需要理解计划的真正作用。

计划的作用如下：

第一，有效地配置资源，减少重叠和浪费，提高项目的实施效率。

第二，有了计划，就使得后面的实施活动有了参照物。计划设定了项目活动的目标和标准，以便于在实施中进行控制。一份良好的计划可以帮助我们随时将实际的绩效与计划进行比较，及早发现偏差，及时采取必要的纠正措施。没有计划，所谓的“控制”就无从谈起了。

第三，要做计划，就必须对未来做出预测，并以此来规划未来的活动安排。项目具有不确定性，做计划的目的就是强制计划的编制者去预测未来。对那些不确定性程度确实很高的项目，这种预测会让我们更加清楚地知道：计划中的哪些部分，我们有足够的信心认为未来就会如此发生；但其他部分，却可能是我们不清楚，甚至是没有信心的地方，这些地方就是项目未来执行中需要特别关注的问题。若在计划阶段就把这些未来的不确定性因素识别出来，并积极采取措施加以防范和解决，就可以提高项目成功的概率。

第四，制订计划过程活动本身就是一种建立高效团队的必要过程。它使所有有关人员了解了项目的目标和为达到目标必须作出的努力。在项目实施过程中，团队能够根据最终的目标很好地协调，相互之间会更有效率地合作。而缺乏计划则会使团队成员目标不明确，导致实现目标的过程失去效率。

由于项目的不确定性，计划应当是一种持续进行的活动。最初的项目计划也是在一定假设的基础上制订的。项目不确定性的程度随着项目实施的进展而发生变化，项目计划也应该根据假设条件的变化适时更新。

2. 项目的计划过程

项目计划活动的目的就是回答项目该怎样完成。我们将问题一步一步深入细化：

- 项目最终需要获得什么成果？
- 实施什么活动才能获得这些成果？
- 实施这些活动需要付出怎样的代价？

上面这三个问题反映了项目计划的制订过程，如图 2－3 所示。

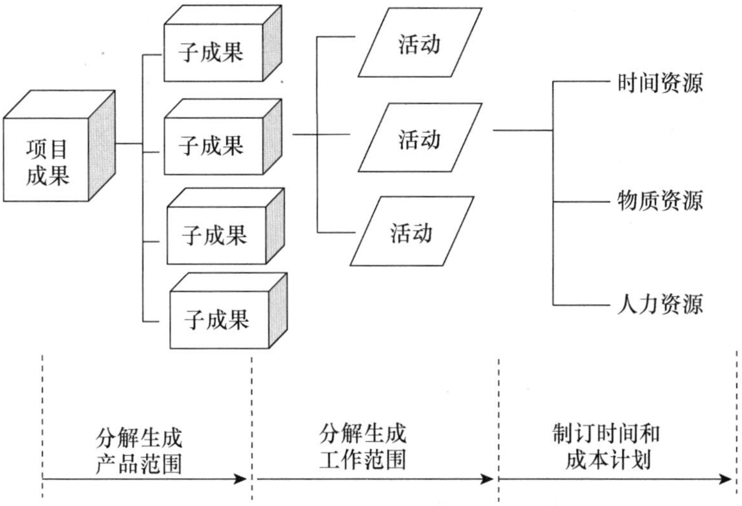


**图 2－3　项目计划过程**

第一，搞清楚项目最终要完成什么。这个问题的答案最终以项目的交付成果来表示。这个交付成果可以是现实存在的物理产品，也可以是一项非物质形式的服务，例如看一场电影等。这就是前面所提出的项目范围目标，是项目干系人最主要的关注点。通俗来讲，买卖双方必须先搞清楚买卖的东西是什么。这里所指的项目范围都是项目可交付成果，也就是最终交付的产品，所以我们又称之为“产品范围”，以区别于下述的“工作范围”。

第二，既然已知项目的完成成果，作为项目的实施方需要据此来编制计划——需要完成哪些活动才能实现这些交付成果。这些活动计划就构成了完成项目所需要的所有工作，我们称之为项目的“工作范围”。

产品范围和工作范围共同组成了项目范围目标，比之前的表述有了扩展。

第三，我们要估计实施这些项目工作范围内活动所需要的资源，这包括时间、物质和人力资源。

上面的分析说明了项目的计划过程就在于分解项目的产品和工作范围，为其合理安排相应的资源。简单来说就是：完成什么？怎么完成？需要什么来完成？至此，一个大致的项目计划过程就有了雏形，对应到项目管理知识体系当中，参考图 2-4。

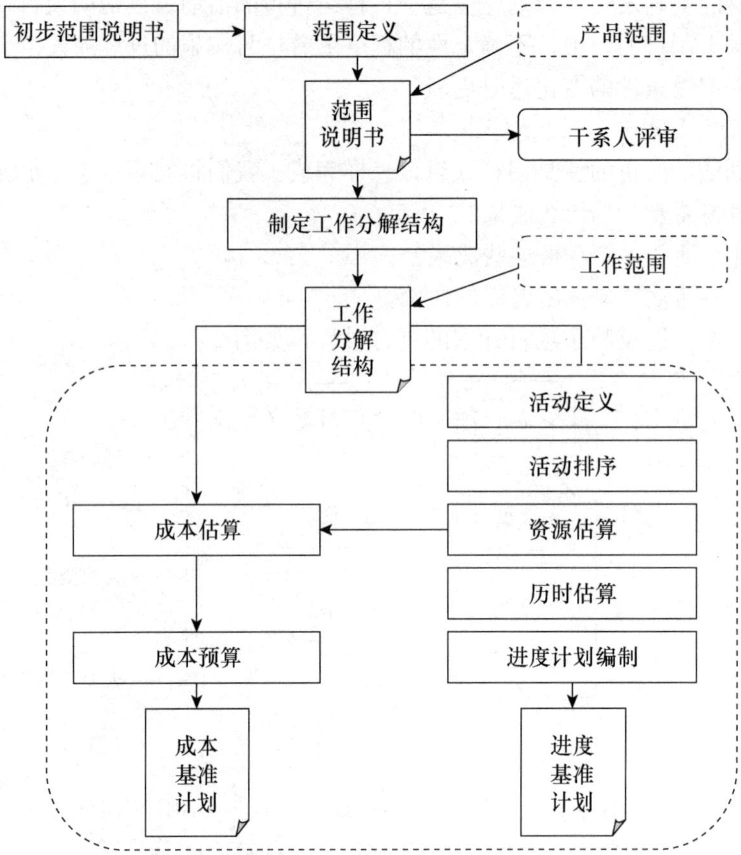


**图 2-4　项目计划过程与项目管理知识体系的对应**

定义范围：将立项之前的初步范围说明书细化而产生最终被认可的正式项目范围说明书，明确定义了项目的产品范围。这一结果将接受干系人的评审，作为项目后续活动的基础。

制定工作分解结构：将根据项目范围说明书所阐述的产品范围进行细化，产生完成项目成果所需要的工作范围，其结果是以工作分解结构（Work Breakdown Structure，WBS）形式来表示的项目范围。

以上两项活动都属于范围管理活动范畴，其目的在于得到项目的产品范围和工作范围。在产生了表示项目范围的工作分解结构之后，就需要对实施项目的活动进行资源分配，也就是时间和成本上的计划编制。这包括两个相互关联的计划过程：时间计划构造过程和成本计划构造过程。前者关注时间资源的分配，后者则是关注物质资源的调度。

时间的计划过程包括如下内容：

- 定义活动：识别项目所需要的具体工作和活动。
- 排列活动顺序：定义活动之间的依赖关系。
- 资源估算：估计活动所需要的资源数量。
- 历时估算：估计活动所需要的时间资源。

● 进度计划编制：根据上述成果最终生成完整的进度计划。

上述活动其实就是一个项目进度计划编制的详细过程，具体实施的时候也是按照上述顺序进行的。

成本计划过程包括如下内容：

● 成本估算：根据完成项目所需要的资源数量，估计项目整体所需要的成本投入。

● 成本预算：将项目被批准的总成本分配到每一具体活动上，形成项目详细的预算计划。

这两个活动名称看起来相似，但实际目的不一样。成本估算是为了得到一个项目总体的实施代价估计，而预算则是详细分配资源到每一项活动上作为后续项目执行的基准。也可以简单地认为，成本估算是一个由下而上汇总的过程，而成本预算则是一个由上而下分配的过程。

完成了项目的范围、时间和成本计划，就回答了前面的 3 个问题：

● 项目完成什么成果（产品范围）？

● 项目怎样完成这些成果（工作范围）？

● 花费多少代价（时间和成本计划）？

至此，项目计划的大部分工作完成了，但还是留有几个重要的问题：

第一，项目目标是以范围为核心的，但范围又是怎么确定的呢？这个问题在第 3 章论述。

第二，质量目标如何实现？它怎么体现在项目计划当中？第 6 章将单独讲述这一部分内容。

第三，在成本计划中，虽然人力资源和其他资源被等同处理，但如何使用好“人力”呢？本书第 7 章将专门阐述这个问题。

3. 项目的管理计划

上面所谈的都是针对实现项目目标而对完成的工程活动进行规划，项目活动除此之外还需要对管理活动进行约定，形成管理计划，其内容如表 2－2 所示。

**表 2－2　项目管理计划内容**

| 项目管理计划所包含的内容 | 内容说明 |
|---|---|
| 范围管理计划 | 对项目如何生成范围、如何确认范围、如何控制范围变更进行约定 |
| 进度管理计划 | 约定如何制订项目进度计划，如何监控进度执行，如何控制进度变更 |
| 成本管理计划 | 约定如何制订项目成本基准计划，如何监控成本执行 |
| 质量管理计划 | 约定项目质量目标，以及如何实现质量目标的过程和标准 |
| 人员管理计划 | 约定项目的人员构成、组织结构、角色分配、汇报关系、绩效考核等 |
| 沟通管理计划 | 约定项目的绩效信息获取、报告格式、分发途径等内容 |
| 风险管理计划 | 约定项目进行风险管理的过程 |
| 采购管理计划 | 约定项目对外采购的实施过程和管理办法 |
| 干系人管理计划 | 约定项目如何管理干系人 |

一般来说，项目不会单独生成各个独立的管理计划，在大多数情况下是汇集成一个单独的管理文档。

## 四、指导与管理项目执行

指导与管理项目执行过程（见图2－5）要求项目经理和团队执行项目计划，完成项目范围所包含的内容。这些内容包括：

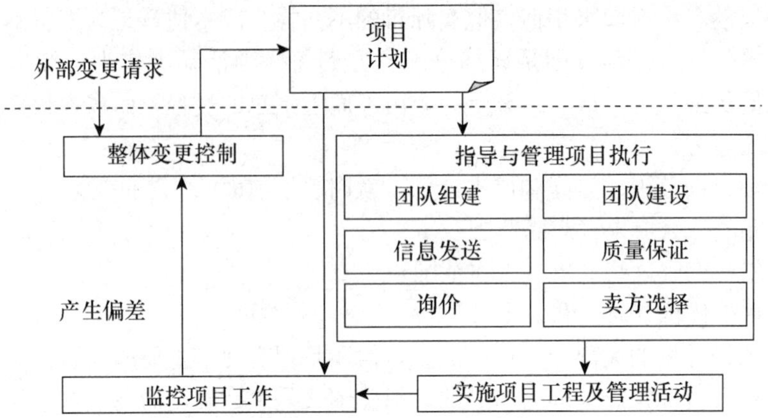


图2－5　指导与项目管理执行

- 组建项目团队（项目人力资源管理中的项目团队组建）。
- 采取积极措施打造高绩效团队（项目人力资源管理中的团队建设）。
- 按照计划实施项目的工程活动，创造项目成果。
- 监督项目实施过程是否遵循预先约定的规章制度（质量保证）。
- 建立并管理项目团队对内对外的沟通渠道（管理沟通与管理干系人）。
- 对需要外购的部件和工作，选择适当的供应商（实施采购）。

再好的计划没有执行也是徒劳。如何让计划落实，就体现出执行的能力。要想建立切实有效的执行能力，就必须打破那种认为“计划制订下去，就必然会被落实”的错误思想。首先要假设计划不会被有效地执行，然后确保执行的管理体系才会被建立起来，这就是所谓的“执行力”问题。这已经不仅仅是针对项目一级的问题了，整个企业和组织都应该考虑如何建立有效的执行能力。在前面讨论过管理的“效果”和“效率”问题，可以说“执行力”就是保障组织所定义的“效果”可以被有“效率”地落实。

项目活动中，实施过程所占的工作量是最高的，项目的成果和绩效都是通过这一阶段活动产生的，项目经理的主要职责也是在这一阶段体现的。

如何提高组织的执行力是最近几年来最热门的话题，下面列出一些出现频率最高的基本原则：

- 确立目标和目标的优先级顺序。
- 制订详尽的计划，在制订计划的过程中引入下属的参与，并且得到明确而有效的承诺。
- 责任和权力对等。

● 积极跟进，建立以事实为基础的绩效跟踪机制。

任何组织、任何项目的可用资源都是有限的。所以，在设立目标的时候必须考虑在有限的资源条件下，去识别和选择对组织或者项目最有利的那些目标，并且明确而清晰地标定目标的优先级顺序，避免出现“大而全”的目标，“有所不为才能有所为”。

制订计划是为了实现目标。一个详尽的计划代表了制订计划的人员对目标中所有要素的考虑程度。很多在执行中出现的不确定性几乎都是通过对计划细化分解才被发现和识别出来的。这就促使项目组在真正投入资源前，考虑周全，减少执行过程中的不确定性和意外性。一份细致的计划对执行的帮助体现在制订计划的过程中。计划的不断细化有赖于下属的积极参与，因为他们作为计划真正的执行者，对计划的现实性和可操作性最具有发言权。从管理者的角度来说，在和下属一起制订计划的过程中，可以帮助下属全面理解管理者的目标和最终意图，这样会有助于执行者妥当地处理项目执行过程中发生的意外事情。完成的计划需要得到执行者的明确承诺，承诺促使执行者认真地思考计划的可执行性，并且会和管理者在目标上达成一致。明确的承诺会给心理带来微妙的影响，它会时刻提醒执行者努力去兑现诺言。

当执行者承担了一定的目标责任后，他必须拥有相当的权力来调动实现目标所必需的资源。承担了目标责任的执行者，如果没有可以调配所需资源的权力，那么目标的实现就会变成“水中花，镜中月”。如果执行者感到责权不对等，且威胁到目标的实现，他就会很快地放弃努力，把目标无法实现的责任归于“管理者不信任，没有赋予相关的权力”。

上述几点可以从两个角度去理解：从计划的角度来说明，什么样的计划过程会更有利于执行；或者从执行的有效性来看，需要怎样去制订计划。实际上“计划”和“执行”是两个相辅相成的过程，计划是为了更有效地执行，不考虑执行的计划是没有意义的。而只有这样制订的计划，才能真正成为有意义的执行“基准”。

最后一项要求“积极地跟进”，这才是真正在执行过程中需要被落实的活动，这也是“监控项目工作”过程的内容。

## 五、监控项目工作

“人们不会做你期望的事情，而只会做你检查的事情。”质量再高的计划，在具体实施过程中也不能简单期待“自然而然地落实”，所以必须有某种机制时刻了解真实的状态。这里的“检查”就是“积极地跟进”，但会被很多人误解为不断地向下属询问，通过督促来促进工作进度。这种认识是片面的：一方面，信息来源于实施者主观的判断和估计，有时甚至会为取悦上级而掩盖真实的状态，导致问题被拖延发现。另一方面，积极跟进的最终目的是帮助项目的所有人员，包括项目管理者、下属以及干系人，真实地了解项目的当前状态，项目实施状态的透明有利于各方人员了解进展以及和目标之间的偏差，及时采取纠正措施。所以，我们需要一种客观的、准确的手段来表现项目的状态，这就是项目绩效的度量。

项目绩效度量，是指通过客观的数据来反映项目的真实状态。第一，数据是事实的客观表达，它不依赖于人的主观判断。第二，在信息传递过程中，以数字表示的客观事实不会产生偏差，特别是在管理层级较为复杂的企业，这一点尤为重要。第三，量化的数据可以更加细致地反映执行中的偏差和未来趋势，及早做出准确的判断，避免决策的随意性和非客观性。

具体来说，监控项目工作过程（见图 2-6）包括以下主要内容：

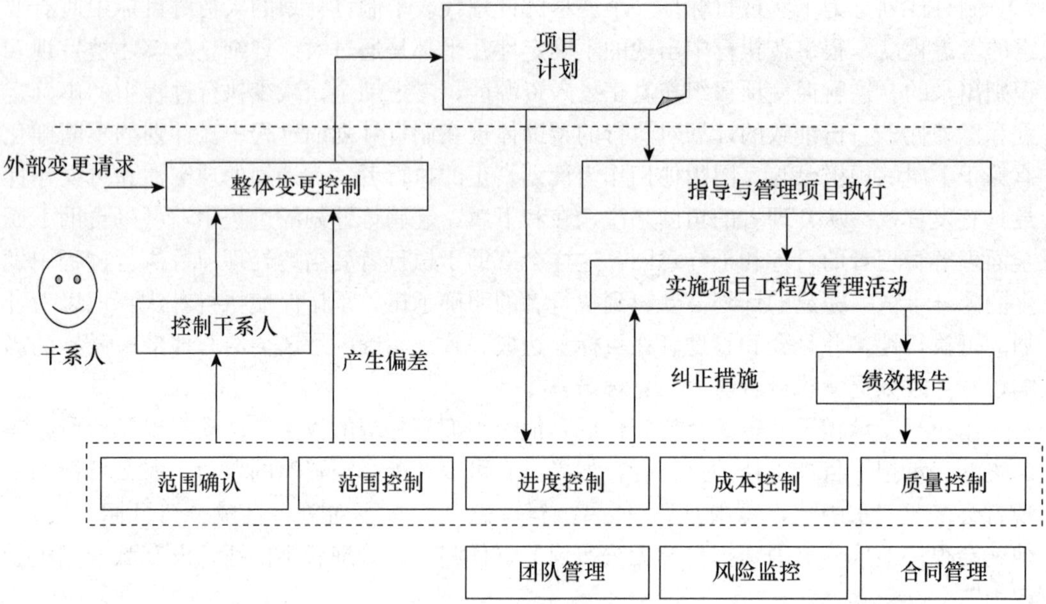


图 2-6 监控项目工作

- 产生反映项目执行绩效的报告（项目沟通管理中的绩效报告）。
- 根据报告评估实施结果是否符合计划的要求，并及时采取纠正措施（核心知识领域中的范围控制、范围验证、进度控制、成本控制和质量控制）。
- 项目进展及重大决策及时向干系人汇报（项目沟通管理中的干系人管理）。
- 管理项目团队，保持高绩效（项目人力资源管理中的团队管理）。
- 监控项目遇到的不确定性因素（项目风险管理中的风险监控）。
- 管理项目外购的子合同执行（项目采购管理中的合同管理）。

为了确保项目计划被落实，“指导和管理项目执行”过程和“监控项目工作”过程是相辅相成的。前者活动主要体现在“项目实施”活动之间，后者则主要体现在“实施”活动之后。

## 六、实施整体变更控制

项目的不确定性因素导致了项目的进展未必能按计划进行，而当这种不确定性变得明确的时候，就会导致项目出现变更。项目目标是项目所有活动的最终判断准则。那些可能会引起项目目标变化的因素包括：内部因素和外部因素。

- 内部因素是指由于项目的实际实施绩效偏离原有计划要求，导致无法实现原定项目目标，不得不变更项目计划。
- 外部因素是指干系人本身对项目目标发生了变化，从而引起计划的变更。

项目变更如图 2－7 所示。

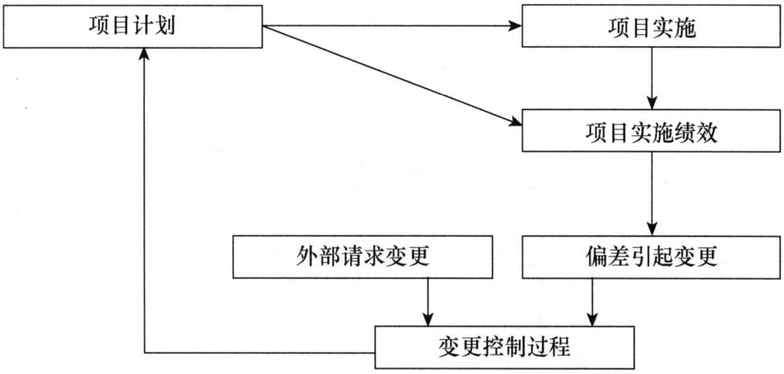


**图 2－7　项目变更**

无论是外部请求变更还是内部的偏差变更，都有可能是来源于或导致项目的四个目标因素发生变化。但在实践中，外部请求变更大多只由范围因素变更所引起，而内部偏差引起的变更则可能由范围、时间、成本和质量等各个因素所引起。

项目管理中的核心控制过程如图 2－8 所示。

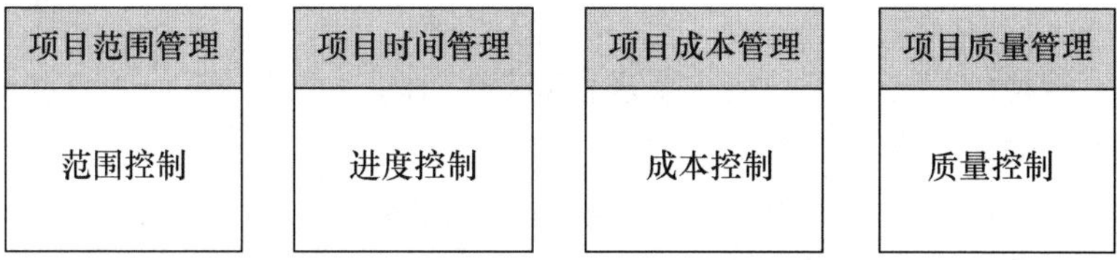


**图 2－8　项目管理中的核心控制过程**

进度控制、成本控制和质量控制都是关注实施结果和目标之间的偏差控制。范围目标有两个相关的管理过程：范围确认和范围控制。其中，范围控制是对“项目范围的变更进行控制”。此外，还需对“范围目标”是否正确进行检验，这一活动由“范围确认”过程来承担。有关“确认”的深刻意义参照第 6 章的相关内容。范围目标正确性的判断必须引入客户参与。

变更的最终效果是引起项目基准计划产生变化。由于项目基准计划是项目各项活动开展的基础，为了不引起混乱，它的变化必须是一个严格而受控的过程。大多数的变更控制过程都是相似的。

项目变更控制流程如图 2－9 所示。

一般的变更过程始于正式提出变更申请。在变更申请中，需要详细地描述变更的来源，主要是反映项目目标变化。例如：

● 客户对项目范围产生了变化，范围变更。

● 客户需求发生了变化，引起了产品的需求变更。

● 实施效率偏差导致了基准计划的修订，例如进度和成本目标的变化。

● 通过质量检验，发现交付产品没有达到质量目标，必须对产品实施返工从而引起的产品变更。

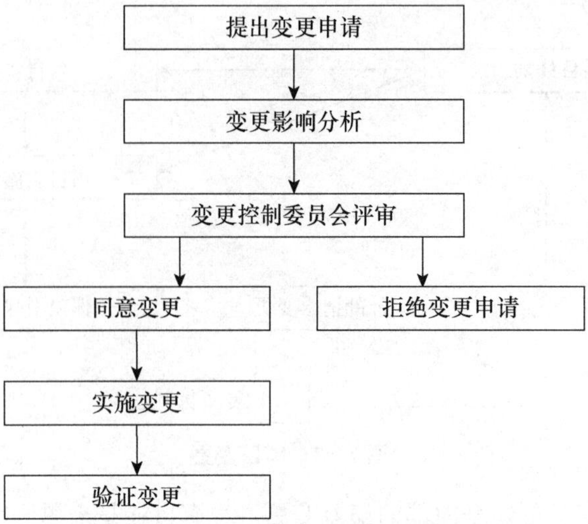


图 2-9　项目变更控制流程

收到了变更请求后，会有专门的人员先做一个初步的分析，主要是评估变更的来源、变更的理由、变更产生的影响、变更的代价。某些变更会在这个阶段做出初步的处理。例如：

● 描述不清楚的变更请求，或被要求重新补充信息。

● 删除那些明显错误的变更请求。

● 一些简单且影响小的变更可以直接由分配人员处理。

● 余下的变更请求会被提交到变更控制委员会进行评审。

变更控制委员会评审是整个变更控制过程的核心。一般来说，变更控制委员会是一个项目主要的管理机构，由项目重要的干系人代表、各个相关组织的代表、主要的技术人员等组成。变更控制委员会评审就是评估那些被提交上来的变更请求，针对这些变更的目的、要求和影响做出如下决策：

● 同意实施变更请求，并且在会议上安排相关的变更实施责任人和相关联的协作组织。

● 拒绝某一项变更请求，并给出拒绝的理由。

变更控制委员会评审一般以会议的形式进行，有关各方都会参加，可以定期召开，也可以针对某一项重要变更临时召集。

如果变更请求得到批准，则变更被实施。变更实施的过程中要特别关注那些可能会产生广泛影响的变更，避免在变更实施过程中出现不一致。完成变更后，需要对变更的实施结果进行验证，以确保被批准的变更得到了正确实施。

**案例 2-2**

### iPhone 开发过程中的设计变更

2007 年，苹果公司推出第一代 iPhone，彻底改变了智能手机行业。然而，鲜为人知的是，在开发过程中，iPhone 经历了一次重大的设计变更——从带有实体键盘的设计转变为全触摸屏界面。这个案例展示了苹果如何在项目后期管理这一关键的设计变更。

项目初期，iPhone的原型机是带有实体键盘的设计，类似于当时市场上流行的黑莓手机。开发团队在这个方向上投入了大量时间和资源。然而，在项目进行到中后期时，苹果公司的首席执行官史蒂夫·乔布斯对这个设计产生了怀疑。他认为实体键盘限制了设备的灵活性，无法充分发挥触摸技术的潜力。面对这一重大变更，苹果的项目管理团队采取了以下步骤：

快速决策：乔布斯在与核心团队进行深入讨论后，迅速做出了改变设计的决定。尽管这个决定充满风险，但管理层认识到了其潜在的革命性影响。

重新评估项目范围：项目团队重新定义了项目范围，将重点转移到开发先进的触摸屏技术和直观的用户界面上。

资源重新分配：公司将原本用于开发实体键盘的资源转移到触摸屏技术和软件界面的开发上。这包括调整团队结构，引入新的专业人才。

调整时间表：考虑到这一重大变更，项目时间表进行了相应调整。但由于市场竞争激烈，苹果仍然坚持了相对紧凑的开发周期。

风险管理：项目团队识别了与这一变更相关的风险，如技术可行性、用户接受度等，并制定了相应的风险应对策略。

加强沟通：管理层加强与各个部门的沟通，确保所有人理解变更的原因和影响，并齐心协力朝新目标努力。

这一设计变更无疑增加了项目的复杂性和风险，但苹果的管理团队通过果断决策、灵活调整和有效的变更管理，成功地将这一重大变更转化为产品的核心优势。最终，全触摸屏的iPhone不仅按时推出，还引发了智能手机行业的革命。

## 七、结束项目或阶段

当项目完成的时候，我们需要执行一个收尾的活动，这就是项目收尾过程。在最新版PMBOK中，这一活动被命名为结束项目或阶段。它包括以下几个目的：

- 确认项目成果，干系人正式接受。
- 总结和归纳项目文档和记录。
- 进行项目经验总结。
- 项目组正式解散。

项目工作主要是输出符合干系人期望和要求的项目成果。在经过了质量控制、范围确认等检查手段后，项目组和干系人在实施管理收尾活动中所提出的正式接受更多的是具有形式上的意义。它代表项目组正式向客户移交项目成果，项目所有有关产品的工程活动正式宣告完成。

项目活动所产生的项目文档将作为项目的重要记录，并且可能会在项目结束以后的其他活动中被用到。所以，我们需要收集和归纳这些文档，并确保它们反映了项目的最终状态。这些文档需要被很好地收藏和保存，一般在组织层面上需要统一地进行约定和保管。

虽然项目最终完成了目标，但项目在实施中会遇到各种各样的状况。这里面有一些有益的经验，也有一些需要吸取的教训。所有这些经验和教训都是项目团队成员乃至整个组织的宝贵财富，需要把它们总结和记录下来。大多数组织可以针对这个问题组织一个专门的项目总结会，以防止这些花费了代价而取得的经验和教训流失。

项目组的最后一项工作就是项目团队正式宣告解散，这意味着一个项目的正式终结。每个团队成员可能会被分配和参加到下一个不同的项目当中。是否需要保留完整的项目团队来实施下一个项目呢？我们知道，一个团队的形成需要一种默契，这种默契的形成需要一个过程。已经建立了默契的团队被解散就意味着重新建立默契需要花费代价，但是项目的独特性又可能不会有机会使用完全相同的团队，所以在现实中往往需要进行平衡。

## 拓展阅读

企业战略的思维方式

## 本章小结

本章所阐述的项目整体管理过程和知识，在项目管理理论研究和实践应用中都具有重要地位。项目整体管理是一个系统的过程，其各个子过程不可割裂。在管理实践中，只有整体考量、规划和实施，才能确保项目的成功。项目整体管理能力的提升，最根本的是项目经理整合各个知识领域和过程组的能力。

在项目整体管理中，项目章程的制定和项目管理计划的开发是项目开始阶段的重要活动。随后的项目执行和监控过程，是实施阶段反复进行的日常活动。项目管理的具体操作和内在挑战，大多体现在这一阶段。

项目整体管理是连接其他知识领域的纽带。本章介绍的项目整体管理过程为项目的成功实施提供了框架，读者需要通过不断实践来加深对这些过程的理解和应用。同时，项目整体管理还需要与其他知识领域紧密结合，如范围管理、时间管理、成本管理等，才能实现项目目标的有效达成。在管理实践中，项目经理应当始终保持全局视角，协调各个知识领域，确保项目朝着正确的方向前进。

## 课后思考

1. 为什么说项目章程的形式意义大于内容本身？项目章程主要起什么作用？

2. 请阐述项目整体管理中计划、执行和控制之间的关系。

3. 为什么说要确保计划被落实，反而需要先假设计划是不能被很好地执行？

4. 为什么说控制项目变更就等同于控制项目产出物的变化？

5. 什么样的计划能够更好地被执行？对照你所在组织制订计划的过程，是否可以提出一些好的建议？

6. 很多人有一种认识："既然我们做不出一个准确的计划，那就不做计划好了。"结果大量的项目计划质量不高，而且即使开始制订了，也会在后期不起作用。遇到这样的问题你该如何说服项目经理？

7. 为什么对项目实施者要"责权对等"？

8. 如何实施"积极地跟进"？

9. 进行项目收尾活动有什么意义？

# 第三章
# 项目范围管理

## 学习目标

知识目标

- 理解项目范围管理的概念和重要性。
- 掌握项目范围管理的主要过程。
- 了解工作分解结构（WBS）的概念和作用。
- 掌握范围确认和范围控制的方法。

能力目标

- 能够制定项目范围管理计划。
- 能够收集和分析项目需求。
- 能够创建工作分解结构（WBS）。
- 能够进行范围确认和范围变更控制。

素养目标

- 增强对客户需求进行沟通和理解的能力。
- 形成对范围及其变更进行积极管理的意识。

# 第一节　项目范围管理概述

项目范围是项目目标中最重要的一个目标，它定义了项目最终完成的是什么。其他3个目标都是建立在范围目标基础之上的。

确定项目范围就是划定一个界限，明确哪些方面是属于项目应该做的，哪些是不应该包括在内的。这个界限既包括最终要交付的成果，也包括为了实现交付结果所做的工作。正如在第2章所指出的，在项目管理中，“范围”一词包括产品范围（所交付的产品或服务应该包含什么内容）和工作范围（为了实现交付的产品或服务所需要完成的工作内容）。

在项目管理知识体系中，项目范围管理被定义为：保证项目包含且只包含所有需要完成的工作，以顺利完成项目所需要的所有过程。这个过程确保了项目组和项目干系人对作为项目结果的产品以及生产这些产品所用到的过程有一个共同的理解。显然，这个定义明确了所有各方在产品和工作范围上所达成的一致。

项目范围管理过程包括：规划范围管理、收集需求、定义范围、创建工作分解结构、确认范围、控制范围。

● 规划范围管理（Plan Scope Management）：约定项目如何进行范围管理。

● 收集需求（Collect Requirements）：获取和收集反映项目目标真正来源的需求。

● 定义范围（Define Scope）：将初步范围说明书的内容细化，得到较为完整的项目目标，尤其是产品范围。

● 创建工作分解结构（Create WBS）：将产品范围逐步细分，生成项目详细的工作分解结构。

● 确认范围（Validate Scope）：项目范围的正式验收。

● 控制范围（Control Scope）：控制对项目范围的变更。

其中，规划范围管理是对整个项目实施范围管理的活动进行约定，也可以说是对项目级的范围管理过程进行约定。收集需求、定义范围和创建工作分解结构则是在计划过程中去产生准确的项目范围。以上三个活动都属于计划过程组，但规划范围管理属于管理计划范畴，而另外两个活动则是对工程活动进行计划。

确认范围和控制范围属于控制过程组。正如所有的控制过程一样，它们的作用是使得范围在执行过程中始终和客户的期望保持一致。但是有可能出现两种情况：一种是确保项目组所理解的范围和客户是一致的，这由确认范围过程所保证；另一种是项目干系人可能会在项目实施过程中变更项目范围，这就需要经过控制范围过程。

# 第二节　项目范围管理过程

## 一、规划范围管理

规划范围管理是制订项目如何实施范围管理的计划，就是约定项目如何去确定和生成项目的范围，如何去管理项目的范围变化，活动的结果就是“项目范围管理计划”。大多数情况下，“项目范围管理计划”并不是一个独立的文档，而很可能是“项目管理计划”中的一部分，其内容应该包括：

- 收集项目干系人的需要和需求的方法和过程。
- 根据需求编制详细的“项目范围说明书”的方法和过程。
- “项目范围说明书”被干系人评审和批准的过程。
- 根据“项目范围说明书”去创建工作分解结构的方法和过程。
- 对项目范围进行确认和验收的过程。
- 对项目范围变化进行控制的过程。

制定项目范围管理过程见图 3－1。

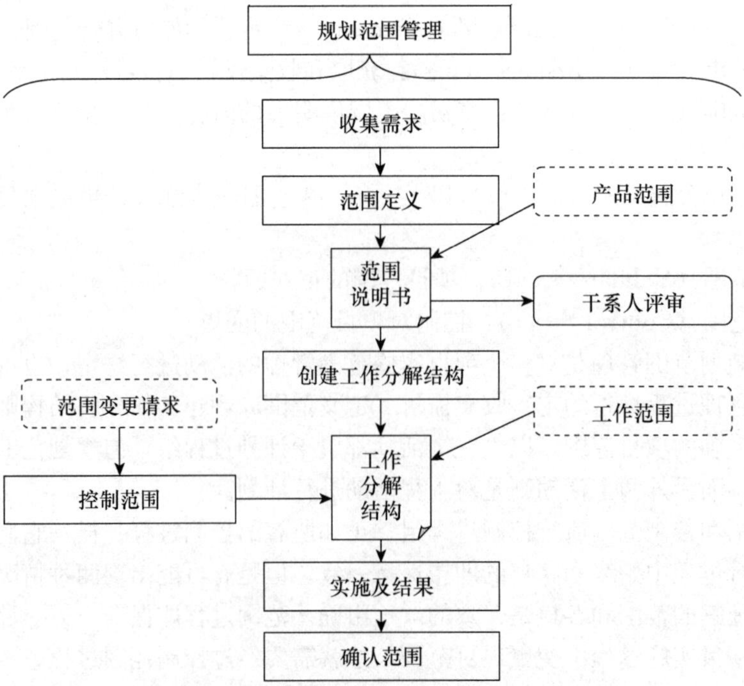


**图 3－1　规划范围管理：制定项目范围管理过程**

显然，“项目范围管理计划”可以简单地看成对其他4个项目范围管理活动的约定，其目的是保证这些活动按照事先约定、统一的方法去实施。同时，这也是“复制”那些被认可的成功经验。

## 二、收集需求

项目目标的4个要素中，最核心的就是范围目标，它定义了整个项目需要交付的结果，可以说是项目所有活动的参照点。但什么因素决定了项目的范围呢？

产品所具有的功能其实都是为了满足客户的某种需要，这种需要最终左右了项目应该做什么和不做什么。需求表述了客户打算利用项目成果来做什么，而项目的产品范围则定义了什么样的产品可以实现客户的需要。客户需求是“因”，产品范围是“果”，需求和范围之间存在着一个转化过程，两者之间是有区别的。客户不是仅仅为了拥有而购买产品，而是通过产品来实现某种目的。

“需求”是“范围”之源。不同行业，需求和范围在项目管理之中有不同的侧重。在某些传统的行业中，促使项目建立的客户需求是相当明确的。例如，建一栋楼的目的是满足客户居住的要求，这是千百年来都不变化的需求。而用户更关心的是造什么样的房子，这就是范围的概念。

在另外一些新兴的行业中，特别是一些IT或者软件类型的项目，项目的需求都是解决一个新的问题，或者是创造出一种新的需要。这个时候连解决什么问题都说不清楚，又怎么能准确把握交付什么样的产品就能解决问题呢？前者就是我们说的“需求”，后者就是所谓的“范围”。

这类项目有一个共同的特征：项目是在需求还只是一个概念的情况下开始的，需求是很不清晰、很不准确的。项目的第一个活动就是搞清楚用户需求，然后在正确需求的基础上确定项目的产品范围及工作范围，并作为后续项目活动的基准。

需求和范围的关系见图3-2。

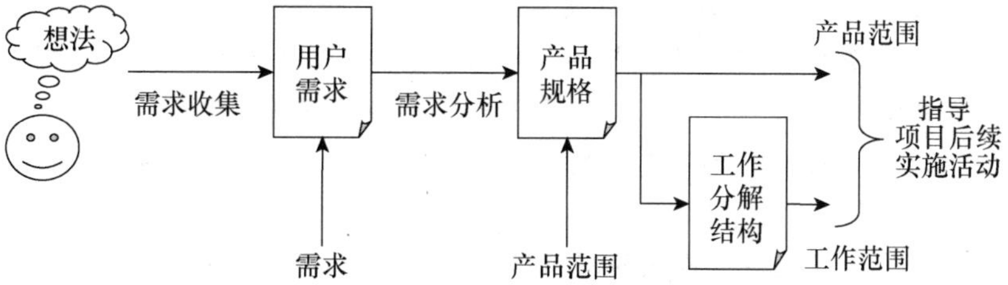


**图3-2 需求和范围的关系**

这个活动看起来虽然简单，但却有几个重要的环节需要注意：

首先，要明确需求收集活动的目的是什么。很多人会误以为需求收集就是搞清楚用户要的是什么产品。定义产品就是确定产品范围，它是在确定需求之后的活动。我们应该在这个阶段集中力量搞清楚以下问题：

- 用户为什么需要这个产品？
- 用户打算拿这个产品解决什么问题？
- 这个产品给用户带来了什么价值？

整个需求活动都是围绕着用户来进行的。

其次，当我们搞清楚了用户的需求后，就需要确定创建什么样的产品来满足用户需求。这就是需求分析活动的目的，其结果就是定义产品的规格说明书。事实上，很多成熟行业的项目都是从相对详细而准确的产品规格开始的，产品规格定义了产品范围。在IT或者软件行业中，其第一个活动则早于产品规格而是从收集需求开始的，由需求确定规格，也就是产品范围。

范围是项目其他活动的源头和基础，所以需要采取措施控制好这个源头。在某些项目中，存在比“范围”还要提前的“需求”活动，则更需要控制好“需求”。“需求”控制好了，由它衍生出的“范围”也就控制好了。但有的时候项目需求变化了，项目范围可能变化也可能不变化。

最后，需要特别注意的是：获取项目需求和定义产品规格（范围）所要求的技能是不同的。获取项目需求的人员必须对要解决的问题，也就是业务领域很熟悉，而定义产品所要求的技能则是技术能力。很少有人在两个领域都是专家。如果只具备一种技能的人做了两个要求不同的事情，很可能某一件事达不到要求。一个懂技术但不懂业务的人员去收集客户需求，容易导致需求质量不高，这一问题在现实中经常出现。

了解项目需求、确定项目范围有一定的先后关系。很多项目在明确需求之前就签订了项目的实施合同，这个时候项目就承担了一定的风险，因为如果识别的需求和当初估计差距较大，就会导致项目产品和工作范围超出预期。

有些大型项目会把需求定义工作和需求实现工作两部分活动分开。在第一阶段，请专门的咨询公司进行需求定义，然后利用定义好的需求进行第二阶段招标，选择合适的需求实现伙伴。这种做法无疑能够保证两部分不同要求的工作都可以达到相应的要求。

**案例 3-1**

**消费者不知道他们想要什么**

《乔布斯传》记述了乔布斯说过的这样一段话：

“有些人说：‘消费者想要什么就给他们什么。’但那不是我的方式。我们的责任是提前一步搞清楚他们将来想要什么。我记得亨利·福特曾说过，‘如果我最初是问消费者他们想要什么，他们应该是会告诉我，‘要一匹更快的马！’’人们不知道想要什么，直到你把它摆在他们面前。”

这段经典的陈述，相当深刻地诠释了理解客户需求的工作不等同于简单地重复和记录客户的表述。因为客户都是站在解决今天问题的立场上，这只是促进产品改进演化的动力，但却无法激发出伟大的“明日之星”。

## 三、定义范围

项目目标主要表现为以范围为核心的要求，就是项目应该完成什么，使项目干系人达成一致的结果。

范围说明书约定项目范围边界见图 3-3。

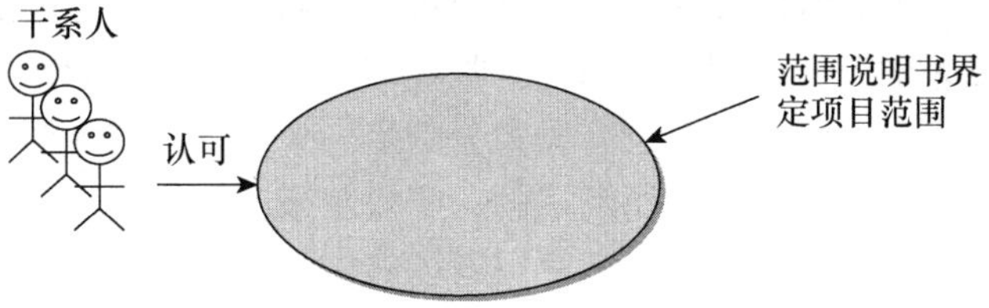


图 3-3　范围说明书约定项目范围边界

项目范围说明书的具体格式和要求和各个组织所处行业领域的项目特征相关，但一般来说至少包括以下各项内容：

● 项目商业目标：描述促使项目建立的商业需求。这部分内容大都来源于项目启动阶段所作的战略规划、市场机会的识别以及进行项目选择的依据。这些条件是项目目标的前提和项目存在的基础，但它是项目的外部因素，很可能不在项目可控制范围内。项目的实施和目标实现都需要一个过程，所以这些关键性的条件是不是会发生变化，就成了组织分配资源的一个重要依据。在当今外部商业环境变化越来越快、越来越难以预测的情况下，组织需要对这些变化相当谨慎而敏感。可能很多项目在创立的时候相当正确，但由于错过最佳的时机而变得无效。

● 项目制约因素及假设：列出项目的制约条件，以及针对不确定性环境的前提假设。

● 项目可交付成果总述：列出项目完成所要交付给客户的所有成果。这实际上是约定项目的范围目标，是项目活动最主要的结果。可交付成果可以专指那些需要最后交付客户的结果，也可以包括那些生产过程中的中间结果。

● 符合的规范与要求：列出交付成果应该达到的要求，以及实施过程中应该遵循的规范标准。这实际上是约定项目的质量目标。

● 验收标准：确定对结果进行验收所应遵循的规范和标准。

● 进度里程碑：确定项目的主要里程碑。这是对项目的时间目标进行约定。

● 成本估计：确定项目所需要的总成本估计。这是对项目的成本目标进行约定。

项目范围说明书的核心是约定项目目标，在这一阶段以范围目标为主。理论上，范围目标的界定需要清晰准确。但在现实中，作为项目成果的接受方（或称买方）和成果的实施方（或称卖方）在这一关键问题上的认识是不对等的。目标约定得越明确显然对买方越有利，但具体到操作上，却是卖方比买方更具有专业能力。对卖方来说，并没有直接的动力去准确约定“买方想要的”。而相反，卖方倾向于将目标定得模糊，或者接近于对自己有利的方向，未必是“买方想要的”，而更可能是“卖方想卖的”。

同样这一情况也适用于质量目标的确立。约定交付成果应能达到的指标和要求更需要专业的技术能力，显然，大多数买方不具备这种能力。买方能够判断的标准仅仅是“其结果是否符合我的需要”，但“这个需要”无法作为约束项目目标的技术指标，所以常常出现由于质量目标含糊而最后产生的项目纠纷。

有鉴于范围和质量目标的这种情况，极容易导致在项目初期买卖双方对目标理解的不一致和偏差。为了弥补这种偏差，可以增加“验收标准”来作为补充。也就是说，双方遵循认可的验收标准来判断其最终成果是否符合最初的目标。这一措施可以有效帮助减少这种偏差所带来的负面作用，但制定验收标准同样需要一定的专业技能，一般的买方不具备这样的能力。显然，卖方没有动力去制定一个约束自己的标准，所以大多数行业其“验收标准”是借助于第三方所制定的行业规范来实施的。

在项目初期，卖方一直推销自己有的或者能够做到的，且尽力去承诺对买方需求的满足。买方知道自己的需求，但不具备对卖方产品判断的专业知识。目标理解上的差距在项目一开始就埋下了矛盾的种子。

## 四、创建工作分解结构

工作分解结构（Work Breakdown Structure，WBS），是归纳和定义项目范围最常用的一种方法。WBS 将项目分解成可以管理和控制的工作单元，从而可以更为容易且准确地确定它们的进度、成本以及质量要求。说得通俗一点，WBS 就是将项目进行分解的一种方法。它使得项目目标从抽象的表述转化成了详细、明确且实在的工作内容。这些工作内容就变成了项目目标的具体体现。这样来说，WBS 有 3 个主要目的：

- 在制定 WBS 的过程中，进一步加深对项目的认识和理解。
- 项目目标被分解成小颗粒度的、可被执行的任务，消除项目的神秘感。
- 作为后续管理活动计划和控制的基础。

图 3-4 是一个典型的家庭装修项目的工作分解结构。

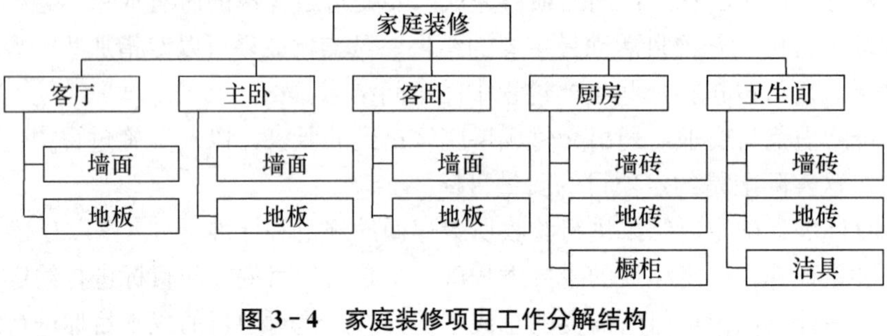


**图 3-4　家庭装修项目工作分解结构**

工作分解结构最常用的表示方法——列表图表示法，如图 3-5 所示。

该法被广泛采用的主要原因是项目管理软件的普及。这类软件大都是利用列表图来创建 WBS。我们也可以像上面一样对 WBS 中的每一项进行编码，其目的在于和后面的管理活动有一个很好的参照对应关系。当然这主要是针对大型项目来说的，小项目可以不做编码。

WBS 是一个典型的树状分层结构。最上面一层代表整个项目，通常称之为 0 层，向下逐级分解直到最底层。理论上有 3 种方法来创建 WBS：类比法、自上而下法、自下而上法。

类比法，顾名思义就是利用一个类似项目的 WBS 作为构建本项目 WBS 的起点。很多专业领域的项目都有约定俗成的 WBS 模板供参考。一个组织也可以从自己过去积累的项目中提炼和归纳出一个项目的通用 WBS 来作为今后项目的标准。

家庭装修
- 1.1 客厅
  - 1.1.1 墙面
  - 1.1.2 地板
- 1.2 主卧
  - 1.2.1 墙面
  - 1.2.1 地板
- 1.3 客卧
  - 1.3.1 墙面
  - 1.3.2 地板
- 1.4 厨房
  - 1.4.1 墙砖
  - 1.4.2 地砖
  - 1.4.3 橱柜
- 1.5 卫生间
  - 1.5.1 墙砖
  - 1.5.2 地砖
  - 1.5.3 洁具

**图 3-5　列表图表示法**

自上而下法被认为是最常规的创建 WBS 的方法。它从项目最大的单位开始，逐步分解成下一级的多个子项。这个过程就是不断增加级数，细化工作任务。对于经验丰富的项目经理和项目组来说，由于他们具备广泛的技术知识和整体的视角，这种方法是最好的。

自下而上法则是让项目组人员一开始就尽可能地确定项目有关的各项具体任务，然后将各项具体任务进行整合，并归总到一个整体活动或 WBS 的上一级内容当中。

这 3 种方法各有特点和其特定的适应性。一个高质量的工作分解结构对项目的后续工作至关重要，下面以自上而下法为例来介绍一种分解方法，并且展示其中的要点。

步骤一：建立 0 层，也就是以整个项目作为分解的基础。对单个项目来说，这并没有什么特别意义，但是对于大型项目来说，这样做便于项目分解结构的合并操作。

步骤二：建立项目的可交付成果列表（见图 3-6）。

步骤三：对每个可交付成果进行分解，得到细分的子可交付成果。这一过程可以循环下去，直到得到适当的颗粒度为止（见图 3-7）。

以上我们得到了一个全部由名词组成的工作分解结构，它代表了项目最后完成的所有产出物及其分解。

图 3-6　建立可交付成果列表

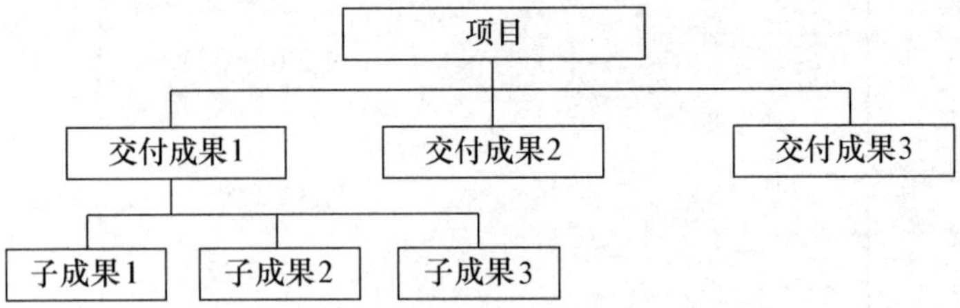


图 3-7　分解可交付成果

步骤四：对每个子成果进一步分解出完成它所需的活动。也就是说，经历了这些活动，我们就可以构造一个子成果（见图 3-8）。

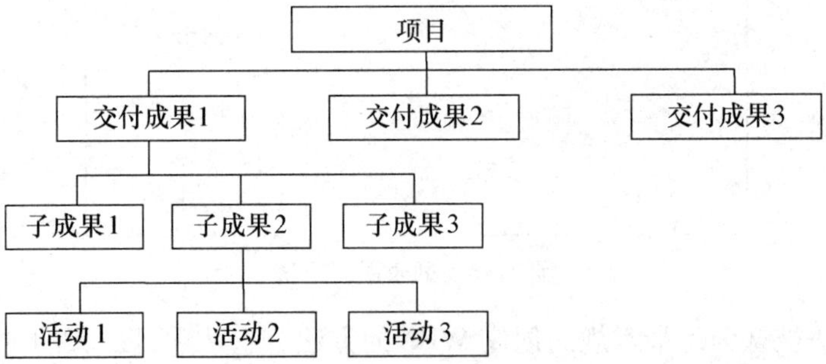


图 3-8　分解子成果

步骤五：某些子成果的简单相加就可以构成其上一级的父成果。但是某些父成果的完成不仅需要这些子成果，而且需要额外的活动。这些活动被称为横向关联活动（见图 3-9）。

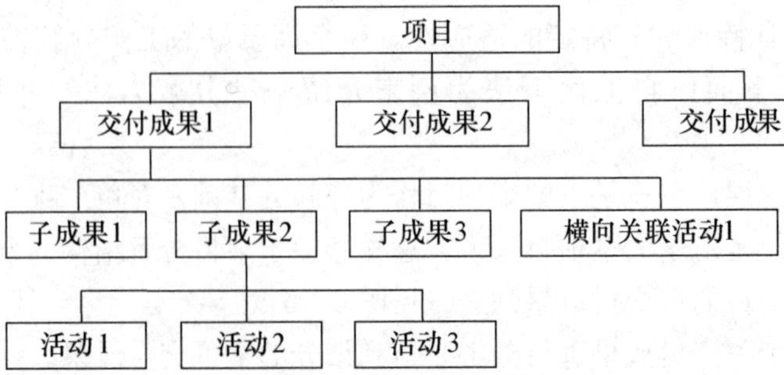


图 3-9　横向关联活动

横向关联活动包括子产品的集成活动、验收活动等。

最终我们就得到了一个完整的项目 WBS。综观整个 WBS，我们可以看到以下特点：

第一，项目分解从可交付结果开始，这样看起来整个 WBS 的上半部分都是名词，所有这些工作结果就构成了项目的产品范围。它意味着项目最终或者进行过程中都会产生哪些工作产品，这些产品最终会转化成交付给客户的结果。

这种分解方式体现了以客户为中心的原则。项目实施方和项目最终交付客户两者之间对待项目的关注点是不一样的，前者关心如何完成项目，后者关心完成的是什么，是不是自己所期望的。从表现来看，前者在意实施活动，后者在意实施结果。现实中大多数项目的 WBS 是由项目实施方来完成的，所以通常情况下 WBS 是以实施活动为主线进行分解的。这一方面体现了实施方作为实施领域的专家对活动细节的理解，另一方面反映了其对目标效率因素的关注，而可能会对效果忽视。这也是我们今天很多项目出现问题的根源之一。因为客户方关心“我能得到什么”，而实施方只关心“我该做什么”。只有消除这种差异，才能避免做所谓“有效率没效果”的事情。自上而下的分解方式特别强调以交付结果为核心，在某种程度上它是以客户的期望为上层目标，然后逐步向下分解，从而可以有效避免以实施活动为主线进行分解所产生的问题。

第二，WBS 的叶子节点几乎都是动词，也就是活动。所有这些活动完成就代表项目的全部工作。这些活动就构成了项目的工作范围。后续的项目计划工作主要是围绕着如何为这些活动分配相应的资源，以及如何优化资源的分配来提高项目实施效率。

第三，在进行分解的过程中，存在 4 种构成模式：

第一种：父节点是名词，子节点全部由名词构成（见图 3－10）。

**图 3－10　构成模式 1**

第二种：父节点是名词，子节点全部由动词构成（见图 3－11）。

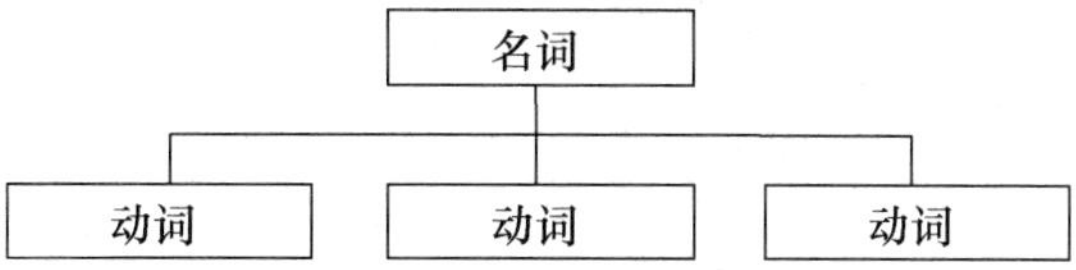


**图 3－11　构成模式 2**

第三种：父节点是名词，子节点由名词和动词共同构成（见图 3－12）。

第四种：父节点是动词，子节点全部由动词构成（见图 3－13）。

虽然上面给出了一种普适的分解方法，但创建一个高质量的 WBS 并不容易，往往需要反复多次进行。同时，实现一个好的 WBS 所需要的技能并不是管理技能，而是工程领域方面的专业技能。也就是说，工作分解结构的质量与完成这项工作的人对该项目所处工程技术领域的理解和经验高度相关。有时甚至可以说，WBS 的创建是一项创造

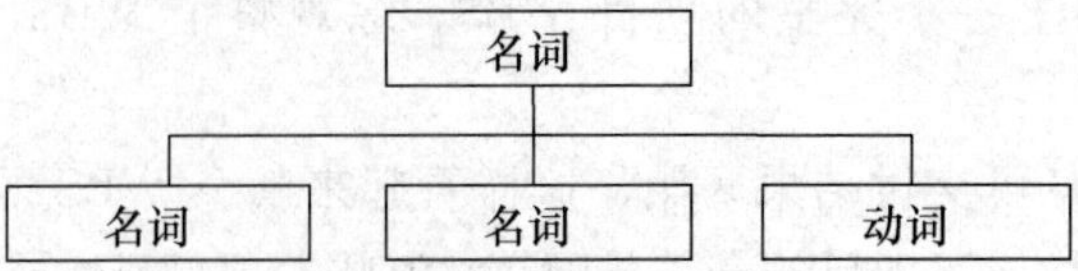

图 3-12　构成模式 3

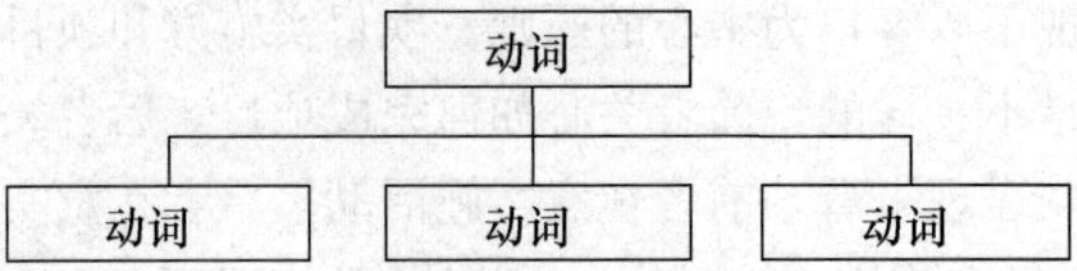

图 3-13　构成模式 4

性工作。它凝结了项目实施人员对项目范围的充分理解，也包含了大量的来自过去实践的经验总结。所以，如果一个组织实施的类似项目很多，完全可以总结出一个 WBS 模板。这个模板实际上是企业过去经验的总结，代表了企业的核心能力。前述 3 种构建 WBS 的方法中，最有价值的是类比法。

下面是创建 WBS 的基本原则：

● WBS 中的产品范围应该包含所有的中间和最终工作产品。

● WBS 中的工作范围应该包含所有的项目任务和活动。那些没有被包含在 WBS 中的活动和任务都不会被分配相应的资源，其实施也无法得到保证。

● 分解的颗粒度大小由项目特征和管理幅度来决定，没有一定的规则。

● 在 WBS 的每一个节点上，可以建立账目编码（Code of Accounts）系统来唯一标识和确定每一项工作单元。一方面，可以提高沟通的效率和准确度，减少管理成本；另一方面，这个编码可以和进度及成本管理产生对应关系，特别有利于对项目进行非常准确而详细的成本预算及核算管理。

● 在 WBS 的某一层节点及其以下所有单元，可以作为独立的单元来单独管理，被称为“工作包”。每一个工作包可以分配相应的责任人，并建立责任分配矩阵。工作包范围内的所有结果或者活动由该责任人负责。工作包的设定完全是出于管理的需要，所以其选择没有硬性的规定。

WBS 事实上是项目管理活动和工程活动的连接点，两个部分的活动在 WBS 中得到了有效的关联。后续的项目管理活动都是针对 WBS 上的工程活动来进行的。

● 项目的时间资源被具体分配到 WBS 的工作单元上。

● 项目的资源投入和成本计划被分配到 WBS 的工作单元上。

● 项目的范围变更必须基于 WBS 进行。

## 五、控制范围

项目的范围既然作为其他后续管理活动和工程活动的基础，其本身就必须保持稳定，它的变更必须处于一个严格受控的过程之下。前面在谈到项目变更的原因时，特别提到了范围变更往往是由外部因素引起的。这些因素包括以下几点：

● 项目的外部商业环境发生了变化。当初确定项目范围的一些支持性因素有了明显的改变，继续坚持原来的项目范围会导致和最初项目的商业目标发生偏离，所以必须对原有的项目范围进行更改。

● 项目范围的初始工作存在错误或者遗漏。项目在最初阶段可能存在认识和理解不够深入的问题，随着项目的逐步深化，就会发现原有的项目范围界定需要进行修正。

● 项目的客户对项目或项目产品的要求发生了变化，需要对项目范围进行更改。

● 项目的实施技术手段有了更好的选择，需要对项目范围相应地做出修改。

综上所述，无论什么原因导致范围变更，都会对项目造成冲击。这种冲击可能是：

● 项目已经完成的部分工作成果会被抛弃，直接导致资源和工作量的浪费。

● 需要对所有的管理计划根据变动的情况进行修订，这会引入一个重新计划的过程。

● 将变动的结果通知到所有受到影响的项目工作小组，并且需要反复确认每个小组都真正理解了变更内容。

虽然项目的 4 个目标因素都可能是变更来源，但范围变更却不像其他因素那样容易被接受。范围是对项目要达到目标的一种理解，项目的独特性往往就来源于范围目标的独特性，范围变动意味着项目组对项目独特性目标的理解发生改变。这种变更如果处在项目实施过程当中，可能会导致项目组人员没有足够的时间和精力去理解这种变更，从而埋下隐患。

在项目管理活动中，对范围的变更控制活动大都要经历变更申请、CCB 评估、变更实施、变更结果验证等。但如果是范围变更，则需要关注这个变更是否改变了对项目终极目标的理解和认识。如果有这个影响，则项目经理需要重视，并确保每项工作都及时调整到新的目标上来。

## 六、确认范围

确认范围是项目干系人正式承认和接受项目范围的过程，相当于对项目的范围目标做出检验，以确保其是正确的。但是范围目标的检查和其他目标有些不一样，因为它并不能在项目组内部实施，而是需要干系人介入。为了使项目范围得到干系人的正式确认，项目组必须形成一套正式的文件来说明以下问题：

● 项目活动和项目的可交付成果应该达到的要求。

● 遵循什么样的过程来评价项目工作及可交付成果。

● 判断是否达到要求的准则。

这样，项目干系人就可以在项目的目标以及如何鉴定目标完成的状态上达成一致，可以准确地评价和判断项目的工作活动和可交付成果是否符合当初的期望，同时也为项目组的工作建立了明确的目标，有助于工作顺利地完成。如果这个项目提前终止，那么这个确认范围过程也应该检查并以书面的形式把项目的完成情况记录下来。

确认范围不同于后面要讲的质量控制活动。确认范围是统一项目干系人在工作结果上如何验收的问题，而质量控制则是在生产过程中判断工作结果是否正确的问题。通俗地讲，确认范围的过程是为了向干系人证实结果的正确性，而质量控制则是排除差错。两者关注的目标并不一致，但并不排除可能采用类似的技术过程。

**案例 3－2**

### 敏捷方法在软件开发项目中的应用

科技公司 TechNova 最近接到一个大型客户关系管理（CRM）系统的开发项目。这个项目有严格的时间限制和不断变化的需求，传统按部就班的开发方法显然无法满足这些挑战。因此，TechNova 决定采用敏捷方法来管理这个项目的时间。

项目开始时，TechNova 的项目经理组织了一次启动会议，向团队介绍了敏捷方法的核心原则。她强调了迭代开发、持续交付和客户反馈的重要性。团队决定采用 Scrum 框架，将整个项目分解为两周一个周期的冲刺。

在第一个冲刺计划会议上，团队和客户代表一起选择了产品最高优先级的功能，制定了第一个冲刺的目标。每天早上，团队都会进行 15 分钟的站立会议。每个成员简要汇报昨天的工作、今天的计划及遇到的障碍。这种每日同步不仅帮助团队及时发现和解决问题，还大大提高了时间管理的效率。在第一个冲刺结束时，团队向客户展示了已完成的功能，客户则根据已经完成的产品功能进行确认，并据此又提出了一些新的需求。

整个项目的进行过程就是围绕着这种短周期的迭代，反复在功能实现和确认的过程交替，每一次及时发现的偏差，都会在下一个冲刺计划中纠正。团队和客户也在反复迭代的过程中逐步磨合而加深对真正需求的理解。其间，即使客户提出一个重大的需求变更，团队也能够在下一个冲刺中迅速调整优先级，整合新需求。这种灵活性让项目能够在保持总体时间框架的同时，适应变化。

在项目后期，团队发现他们比预期提前完成了核心功能。这使得他们有额外的时间来优化系统性能和用户界面，大大提升了产品质量。最终，TechNova 在预定时间内成功交付了 CRM 系统，而且产品质量超出了客户的预期。客户对系统的功能和可用性非常满意，特别赞赏了团队在整个过程中的响应速度和适应性。

## 拓展阅读

用户故事地图在需求管理中的应用

## 本章小结

需求收集、范围定义和创建工作分解结构是形成项目最终交付的具体目标的过程。整个过程从抽象宏观的目标开始，逐步分解展开，形成的具体交付结果是其他项目过程，如时间管理、成本管理、质量管理等的基础。项目范围管理能力的提升，最根本的是准确理解和定义项目范围的能力。

项目范围管理是整个项目活动的基础。同时，项目范围管理还需要与其他知识领域紧密结合，如时间管理、成本管理、质量管理等，才能确保项目目标的全面实现。在管理实践中，项目经理应当始终关注范围变更的影响，平衡项目约束，确保项目范围与项目目标保持一致。

## 课后思考

1. 范围说明书定义了项目内容的外围边界，它是防止“范围蔓延”的有效手段，一般会作为合同的附件进行正式的约定。请你为本组织的典型项目制定一个范围说明书的模板。

2. 一般作为技术专家的实施方在建立 WBS 的时候特别容易有以活动为中心的倾向。请找出两个日常活动来建立 WBS 进行比较。一个活动选取你作为卖方的例子，例如你工作中的一项任务，另一个活动选取你作为买方的例子，例如家庭装修。比较在这两种情况下你所建立的 WBS 有什么不同，反映出了什么问题。

3. 互联网上有很多 WBS 可供参考，去查阅一下，看看那些 WBS 的建立是否符合本书所约定的要求。

4. 请你为某个典型项目（如装修一套 100 平方米的房子）制定一个标准的工作分解结构模板。

5. 请举一个实际例子说明需求与范围之间的差别，深刻理解这种差别是什么原因造成的，并说明如何避免。

6. 如果你在软件行业工作，请你仔细思考一下需求和范围之间的关系，通过查找一些资料来说明如何进行有效的需求管理。

7. 确认范围是确保项目组所理解的范围目标和客户期望相一致的工作过程。但是，如果仅仅在最后一个阶段通过验收测试来实现，那么在出现偏差的情况下将造成巨大的损失。请说明如何在项目前期就开展确认范围工作。

# 第四章
# 项目时间管理

## 学习目标

知识目标

- 理解项目时间管理的概念和重要性。
- 掌握项目进度管理的主要过程。
- 了解关键路径法（CPM）。
- 掌握进度压缩的方法和技巧。

能力目标

- 能够定义和排序项目活动。
- 能够估算活动资源和持续时间。
- 能够制定项目进度计划。
- 能够使用关键路径法分析项目进度。
- 能够进行项目进度控制和调整。

素养目标

- 培养时间管理意识和效率意识。
- 提高资源优化配置的能力。
- 形成准时履约的职业操守。

# 第一节　项目时间管理概述

虽然说时间和成本一样，都构成了实现项目目标的效率因素，决定了项目实现目标所消耗的资源，但是时间资源有着区别于其他资源的一些特殊属性。

第一，所有人都拥有相同数量的时间资源，所以在对时间资源的使用上就出现了效率差别。

第二，无法停止时间资源的消耗，也无法存储时间资源。时间总是在流逝，无论是做事情还是不做事情，时间都会消耗。在现代社会中，时间资源已经成为每个人的稀缺资源。

第三，项目中的某些因素可能是时间的函数。例如，一个项目的预期收益也可能和市场的时间窗口（Market Window）相关。经常提到的“时机”一词，就是指某一件事情的效用和特定时间高度相关。识别和充分利用这种“时机”往往可以产生高绩效结果。

每一个项目都有一个明确的进度要求，项目的管理活动必须确保项目在指定的时间内实现目标。时间是项目所拥有的一种独特资源，最有效地利用这一资源就是项目时间管理的最终目标。

在项目管理知识体系中，项目时间管理的目标和内容主要集中在如何为项目的活动分配时间资源，控制项目的整体进度。项目时间管理过程如图 4－1 所示。

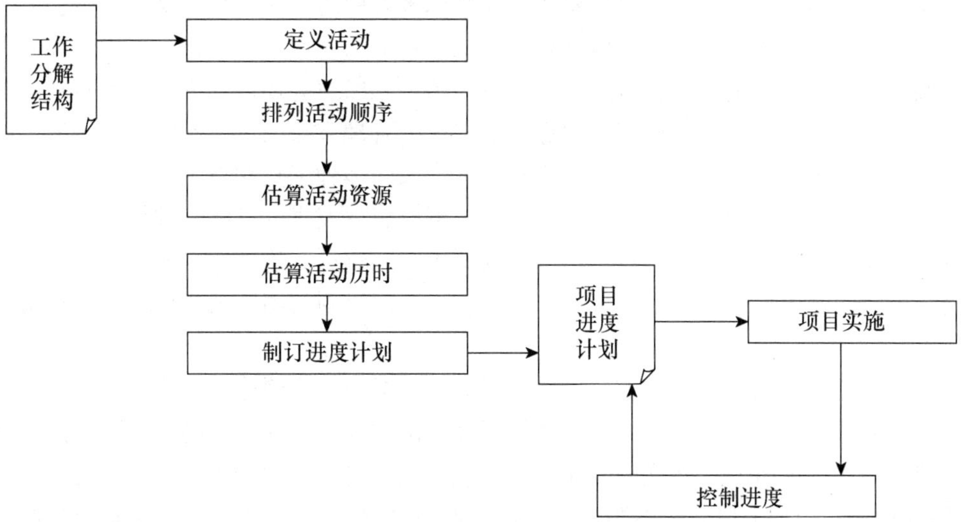


图 4－1　项目时间管理过程

● 规划进度管理（Plan Schedule Management）：为项目如何执行进度管理制定方法。

● 定义活动（Define Activities）：确定为完成各种项目可交付物所必须进行的具体活动。

● 排列活动顺序（Sequence Activities）：确定各活动之间的依赖关系。

● 估算活动资源（Estimate Activity Resources）：估计完成单项活动所需要的资源数量。

● 估算活动历时（Estimate Activity Durations）：估计完成单项活动所需要的时间。

● 制订进度计划（Develop Schedule）：编制项目的进度计划。

● 控制进度（Control Schedule）：控制项目进度计划的变更。

## 第二节 项目时间管理过程

### 一、规划进度

规划进度管理是项目时间管理的起点，它为整个项目的进度管理活动奠定了基础。这个过程的核心目标是制定一套清晰的政策、程序和文档，以指导项目团队如何规划、制定、管理、执行和控制项目进度。通过规划进度管理，项目经理可以确保项目的时间管理方法与项目的规模、复杂性和重要性相匹配。

在开始规划进度管理时，项目团队需要考虑多方面的输入信息。这些信息包括项目管理计划、项目章程、组织的环境因素及组织过程资产。项目管理计划提供了项目的整体框架，项目章程则定义了项目的高层次时间约束。组织的环境因素和过程资产则提供了历史信息和组织惯例，这些都是制定合适的进度管理方法的重要参考。

在规划进度管理的过程中，项目团队通常会采用多种工具和技术。专家判断是一种常用的方法，通过咨询具有相关经验的专家，可以获得宝贵的见解。数据分析也是重要的技术，通过分析历史项目的数据，可以预测可能影响进度管理的因素。此外，召开规划会议也是制定进度管理计划的有效方式，它可以确保项目团队成员对进度管理方法达成共识。

规划进度管理的主要输出是进度管理计划。这份文档详细描述了项目将如何制定、监控和控制进度。它包括项目进度模型的开发方法、持续时间估算的技术、进度控制的方法和工具、进度报告的格式和频率、进度绩效的测量规则以及进度变更的控制程序。此外，进度管理计划还应该明确规定进度基准，这将作为后续进度控制的重要参照。

在规划进度管理时，选择合适的进度管理方法和工具也是至关重要的。根据项目的特点和组织的需求，可以选择使用关键路径法、关键链法、敏捷方法或精益方法等。同时，选择适当的项目管理软件也可以大大提高进度管理的效率。常用的软件包括 Microsoft Project、Primavera、Jira 和 Trello 等。

通过周密的规划进度管理过程，项目团队可以为后续的时间管理活动建立坚实的基础。这不仅有助于更好地控制项目进度，还能提高项目成功的可能性，确保项目能够在预定的时间内完成，满足干系人的期望。

## 二、定义活动

活动作为工作分解结构的最底层，被称为项目过程中最基本的工作单元，如图 4－2 所示。

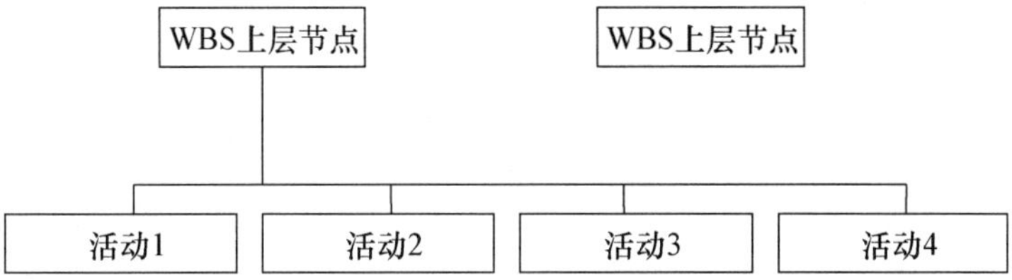


**图 4－2 定义活动**

可以看出，所谓定义活动，就是把在定义范围中所产生的工作分解结构的最底层识别出来。活动有两种类型：不连续活动和投入活动。

● 所谓不连续活动，是指有明确的开始时间和结束时间的活动，项目中的大多数活动都属于不连续活动。

● 所谓投入活动，是指那些需要周期性反复执行的活动，包括定期的管理性活动（如项目的周期例会、定期的审计活动等），以及工程维护性活动（如机器设备的定期保养等）。

对项目的后续活动来说，项目中的不连续活动是起决定作用的。定义活动过程最主要的目的就是识别出项目中的所有活动，作为后续分配资源的基础。

## 三、排列活动

1. *活动之间的关系*

活动之间并不是孤立存在的，而是有着某种依赖关系。在时间管理中，依赖关系一般都是指时间顺序上的关系。依赖关系有两种情形：强制性依赖关系（Mandatory Dependencies）和自由依赖关系（Discretionary Dependencies）。

强制性依赖关系是指两个活动之间所固有的依赖关系，它们之间通常存在某种实际的约束条件。例如，在产品开发项目中，只有设计活动完成后才能开始产品的实现活动。所以，强制性依赖关系也被称作硬逻辑关系。

自由依赖关系是指活动之间的关系可以自由处理，并不存在某种约束。但是可能由于下列原因人为地设定了某种依赖关系：

● 由于资源的限制，无法并行操作而只能串行操作，随意指定一种执行顺序。

● 某些情况下，存在一个“最佳实践”的活动顺序。

自由依赖关系并不是一种内在的、固有的关系，所以在某些情况下会被调整。

确定活动之间的关系最终是描述活动的先后关系，描述活动在时间上的逻辑顺序。先后关系决定活动在项目进度中的位置，一般来说有两种类型的活动：前导活动和后续活动。

前导活动是在另一个活动之前必须出现的活动。例如，如果去电影院看电影，那么买电影票就是看电影的前导活动 。

后续活动是在前导活动之后必须出现的活动。例如，在看电影的过程中，检票活动就是买票活动的后续活动。

活动之间的先后关系，可以用图 4－3 来说明。

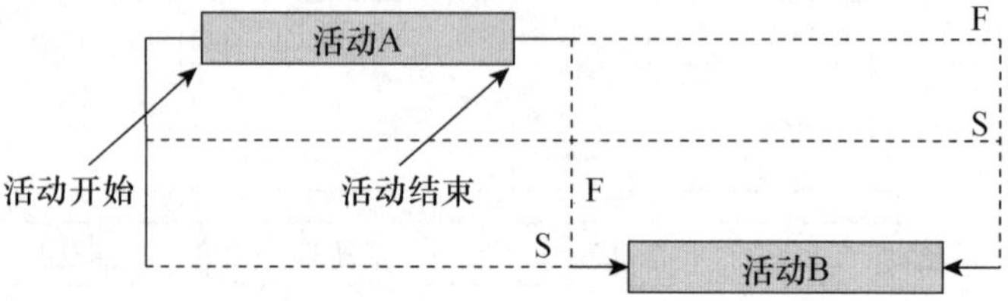


**图 4－3　活动之间的关系**

图 4－3 表示了用箭头线连接的两个活动 A 和 B。箭头所指向的活动 B 依赖于箭头线尾部连接的活动 A。同时，箭头连接代表活动图框的部位反映了“活动的开始”和“活动的结束”之间存在依赖关系。这样，活动 B 的“开始”或“结束”需要依赖于活动 A 的“开始”或“结束”，它们之间存在 4 种组合关系，如表 4－1 所示。

**表 4－1　商品分类的类目及应用实例**

| 关系类型 | 表示符号 | 说明 | 图例 |
|---|---|---|---|
| 结束后才开始（Finish Start） | FS | 活动 A 结束后，活动 B 才能开始 | 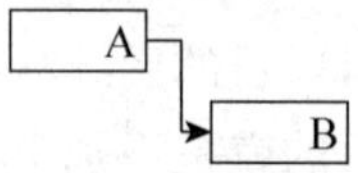 |
| 开始后才开始（Start Start） | SS | 活动 A 开始后，活动 B 才能开始 | 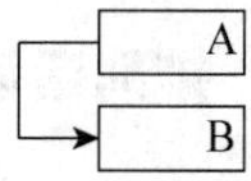 |
| 结束后才结束（Finish Finish） | FF | 活动 A 结束后，活动 B 才能结束 | 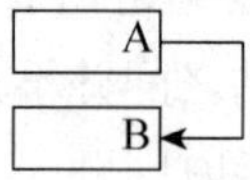 |
| 开始后才结束（Start Finish） | SF | 活动 A 开始后，活动 B 才能结束 | 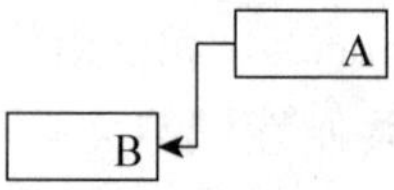 |

结束后才开始（Finish Start），这一类是最普遍的活动类型。项目中的大多数活动之间都具有这种关系。但是要特别注意这种关系所属的依赖条件，有的是强制性依赖，有的却是自由性依赖。如果是前者，往往意味着某种产品的生产过程具有工艺上的要求，违背了这个条件会对质量产生影响。另外，并没有要求后续活动一定在前导活动完

成后马上开始，可以有一定的滞后时间，但是绝不能在前导活动完成之前开始。

开始后才开始（Start Start），指一个活动开始后，另一个活动才能开始。这经常表示某种并行但具有一定依赖关系的活动。例如，产品的测试活动依赖于构造活动的结果，但又独立于构造活动。这里并没有要求后续活动一定在前导活动开始后马上开始，但是不能在前导活动开始前开始。

结束后才结束（Finish Finish），指一个活动必须在另一个活动结束之后才能结束。这经常表示某种并行，但其产出物具有一定依赖关系的活动。这里没有要求后续活动一定在前导活动完成后马上完成，但至少不能比前导活动更早完成。

开始后才结束（Start Finish），这是一种最特殊的活动逻辑关系，即一个活动的结束依赖于另一个活动的开始。例如，找到新的工作后，才放弃原来的工作。同样，一个活动开始后不意味着另外一个活动马上结束，但至少说明它不能在另一个活动开始前结束。

另外，还可以在先后关系中加入超前（Lead）和滞后（Lag）来进行更精确的描述。

所谓超前，是指逻辑关系中允许提前后续活动的限定词。例如，在一个有 10 天超前时间的完成—开始（FS）关系中，后续活动在前导活动完成前 10 天就能开始。

所谓滞后，是指逻辑关系中指示推迟后续任务的限定词。例如，在一个有 10 天延迟时间的完成—开始（FS）关系中，后续活动只能在前导活动完成后 10 天才能开始。

可以认为，超前是重叠的时间，滞后是拖后或等待的时间。

2. 项目网络图

对活动进行排序后，就可以生成项目网络图。项目网络图以图形的方式表示出项目活动之间的逻辑关系，其作用有：

- 展示项目活动并表明活动之间的逻辑关系。
- 表明项目任务将以何种顺序继续。
- 在进行历时估计时，表明项目将需要多长时间。
- 改变某种活动历时，表明项目历时将如何变化。

项目网络图的绘制方法有两种：箭线图法（Arrow Diagramming Method），又被称为双代号网络图（AOA）；前导图法（Precedence Diagramming Method），又被称为单代号网络图（AON）。两者之间的差别在于活动是表示在“节点”上还是表示在“连接线”上。

在箭线图中，箭线代表了活动，节点则代表了活动的起始点和终止点，如图 4-4 所示。

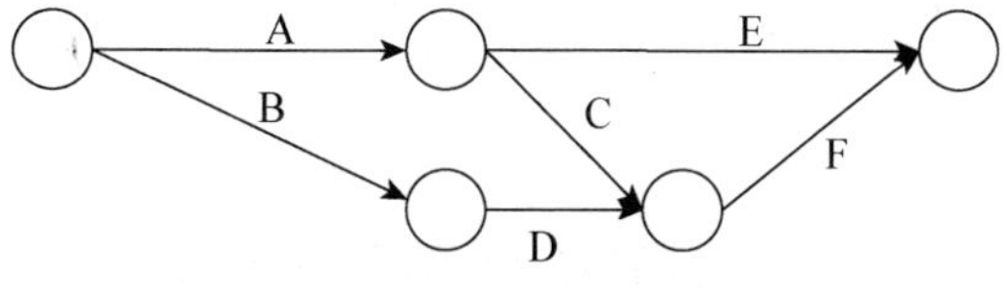


**图 4-4　箭线图**

在前导图中，用节点表示活动，用箭线表示活动之间的先后关系。如图 4－5 所示，活动 A 是活动 B 和活动 C 的前导活动，活动 B 和活动 C 是活动 D 的前导活动。

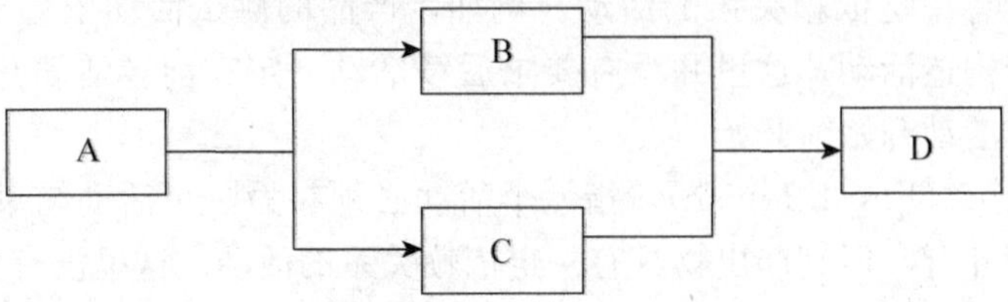


**图 4－5　前导图**

在实际中，前导图的应用要比箭线图广泛得多。

## 四、估算活动资源和估算活动历时

估算活动资源和估算活动历时是两个相互关联的活动。

对活动的资源估算是指对每一个识别出来的活动估计其所需要的资源数量（包括人员、设备、材料和资金等）。估算活动历时则是估计该活动完成实际工作所需要消耗的时间。显然，历时估计结果和分配到该活动上的资源数目是有关联的。如果分配更多的资源，活动所需要的时间就会缩短。例如，一项活动本来需要 2 个人 10 天完成，如果分配 4 个人，该活动就可能缩短所需时间。显然，对不同种类的活动，资源分配数量不同，其结果也不一样。某些类型的活动，大多是那些不需要资源之间协作的活动种类，资源数目和活动历时成反比，加倍资源可以减半时间。很多需要资源之间协作的活动类型，资源数目增加可以引起历时减少，但并不成反比。例如前述的那项活动，可能时间减为 6 天，而不是 5 天。事实上，在需要协作支持的活动中，增加资源会导致协作上的开销增加，个体工作效率降低。如果活动的总价值不变，那么增加资源会导致总体实施成本的上升。

活动资源估算和历时估算都是针对活动进行估计的。估计所采用的方法多种多样，有结构化的方法，也有非结构化的方法，但总体上来说都是基于过去的经验对未来进行预测。从效率上讲，如果没有一个有效的结构化方法来提供更为准确的估计数据，大多数组织会采用专家评估法。

## 五、制订进度计划

定义活动、排列活动顺序以及资源和历时估算的结果构成了制订项目进度计划的基础。项目的进度计划是对每个活动的进度安排，而更重要的是能够提供项目整体的进度信息。制订项目进度计划的工具和方法有干特图、关键路径分析和 PERT 估计，下面主要介绍前两个。

1. 干特图

这是一种用日历形式来列出项目活动及其活动起止时间的项目图示方法。由于这种图形表示方法最初是由泰勒的同事亨利·干特所发明的，所以又被称作干特图。现在大多数项目管理软件都可以自动生成干特图（见图 4－6）。

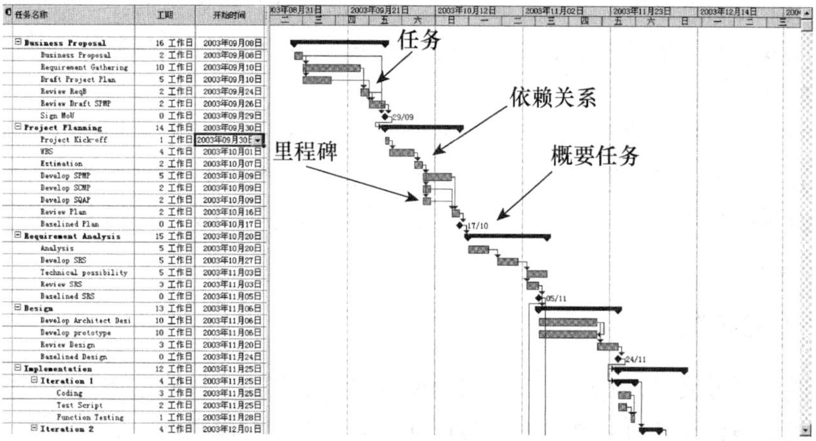


图 4－6　干特图

在项目的干特图中，有几个特殊的符号需要关注：

● 任务（Task）：用带状的水平横道来代表一个任务，所以有的时候干特图又叫横道图。横道的起点和终点代表了任务的起止时间，横道的长度代表了任务的持续时间。

● 里程碑（Milestone）：具有零历时的重要事件。在图中用菱形符号表示。

● 依赖关系（Dependency）：各个任务之间存在着一定的依赖关系。例如，FS 关系、SS 关系、FF 关系、SF 关系。

● 概要任务（Summary Task）：一些任务集合成一个更大的任务，通常代表了任务的不同层级。

干特图在表示项目进度信息方面简单明了，是应用最广泛的项目进度表示方法。

2. 关键路径分析

关键路径分析也称为关键路径法（Critical Path Method），是一种用来预测总体项目历时的项目网络分析技术。所谓关键路径，是指当完成了项目进度计划后，在项目的网络图上存在着若干条从项目启动到项目结束之间的路径，但是其中一条（严格来说，可能存在一条以上）路径具有如下特性：

● 其上所有活动的时间之和就是完成项目的最短历时。

● 路径上任何活动的延误都会导致项目时间的延长。

● 如果想缩短项目历时，就必须缩短这条路径上活动的历时。

这条路径就是项目的关键路径，如图 4－7 所示。

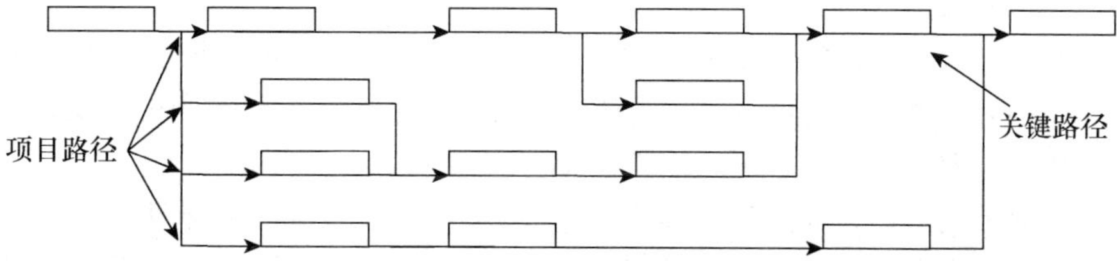


图 4－7　关键路径

关键路径实际上是项目网络图中（历时）最长的路径。在关键路径上的活动都很

“关键”，因为它们直接决定了项目的进度。每个活动都只有最少的浮动时间或时差。所谓浮动时间或时差，是指一项活动在不耽误后续活动或项目完成日期的条件下可以拖延的时间长度。

现在所有的项目管理软件都将寻找一个项目的关键路径作为最基本的功能。它是通过一些运算法则来计算得出项目关键路径信息的，这些运算法则有正推法和倒推法，其输出结果就是项目的关键路径，当然也包括项目的总历时和项目中每个活动关于进度的“关键”信息。

## 六、控制进度

项目的控制进度过程就是通过对比基准进度计划监控项目的进度，如果出现偏差就采取措施进行纠正。和所有其他的控制过程类似，项目的控制进度过程主要有两个关键性的活动：一是如何有效地获得项目进度状态信息；二是采取什么样的措施纠正项目进度偏差，避免进度拖延。

### 1. 获得项目进度状态

相对于其他信息而言，项目的进度状态信息比较容易获得。进度状态主要是检查其活动是否按照预期进行。不同规模的项目对活动进度的关注程度也不同。对大型项目来说，没有必要关注所有活动的进度状态，而应该重点跟踪影响项目整体进度的那些在关键路径上的活动的执行情况。根据检查的方式和目的不同，存在针对过程和结果的检查。

对过程的检查主要是指周期性的项目进展汇报。项目中的很多活动都需要持续一段时间，需要在其实施过程中不断监控其进展是否按照预期进行，是否会影响最后的完成期限。一般来说，对过程的检查大多依赖于实施者的主观估计和汇报，存在着一定程度的不准确。即使这样，也必须周期性地检查活动的进展状态，尽可能在偏差出现的早期采取纠正措施。大多数项目都采用定期例会的形式来对项目的进展情况进行汇报和跟踪。

对结果的检查主要依赖里程碑评审。与主观性较强的项目进展情况汇报不同，里程碑评审是通过一个客观而明确的结果鉴定标准来判断项目是否按照进度要求完成了工作，里程碑评审给出的信息要准确得多。不过，这种方法依赖于项目里程碑的选取和设定，大多数项目只在关键的阶段点上具备设定里程碑的条件。

一般来说，一个项目会综合应用两种跟踪进度状态的方法。

### 2. 纠正项目进度偏差

如果发现项目进度确实和基准计划产生了偏差（一般来说是滞后），那么需要分析产生偏差的根源，然后进行两种处理方法的选择：要么进行计划的变更以反映偏差产生的结果；要么采取纠正措施，努力消除偏差。

经过对原因的分析，如果已经确认产生偏差的因素不会继续影响项目，项目干系人同意对进度进行变更，就可以进行进度计划的变更。进度计划的变更过程和其他变更过程是一样的。

如果必须纠正和消除这种偏差，就不得不采取一些措施来缩短项目后续工作的历时。我们知道，影响项目整体最终进度的活动是那些处于关键路径上的活动。有两种方法可以进行历时压缩（Duration Compression）：一种叫“赶工”（Crashing），另一种叫“快速跟进”（Fast Tracking）。

所谓“赶工”，就是向项目关键路径上的活动增加资源，以缩短其活动历时。事实上，很多领域的项目活动时间和成本之间并不是一个线性的换算关系。例如，一个 1 人需要 10 天完成的工作，并不能保证 10 个人在 1 天内完成。否则，缩短历时只是调整了单位时间内资源投入的数量，并不增加项目总成本。但在很多技术领域，存在一个生产效率和投入资源最佳的匹配点。在该平衡点下的资源投入数量，会产生最高的单位生产效率，如图 4－8 所示。

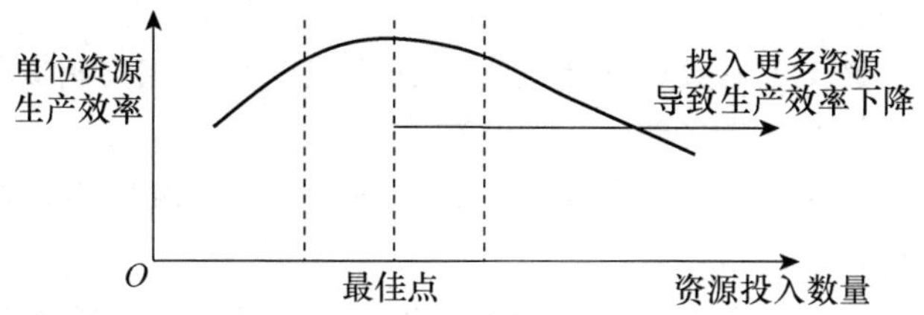


**图 4－8　单位资源生产效率和资源投入数量关系图**

如果假设最初的项目计划就是在最佳点上的资源投入数量，则任何增加资源的活动虽然缩短了活动历时，但会导致单位生产效率下降，从而导致项目总成本提高。

缩短历时的另外一种方法是“快速跟进”，这是通过改变关键路径上的活动之间的依赖关系，尽量提高活动的并行性来缩短历时。我们知道，各个活动之间存在着依赖关系，有些是强制性依赖关系，有些是自由依赖关系。这些依赖关系使得活动之间存在着先后次序。我们可以打破这种先后次序，使得某些活动重叠进行。当然，应该首先去调整那些自由依赖关系的活动，然后去考虑强制性依赖关系的活动。改变强制性依赖关系的活动会给项目带来什么影响呢？事实上，活动之间存在某种强制性依赖关系，就说明这些活动在完成项目产品目标的过程中，存在着一定的先后顺序要求。如果打破这些顺序，大多数情况下会对项目产品的质量带来风险，但是自由依赖关系则不存在这个问题。

可以看到，缩短项目进度的两种方法都会带来某种负面的影响。这个结论也是可以理解的，因为原来的进度计划就是项目在各个要素之间进行平衡的最佳结果，打破这种平衡就会偏离最优。

**案例 4－1**

### 北京奥运会场馆建设的进度控制

2008 年北京奥运会是中国首次举办奥运会，其中场馆建设是最受关注的项目之一。北京奥组委面临着严格的时间限制，需要在 7 年内完成 37 个比赛场馆的建设和改造，其中包括“鸟巢”国家体育场和“水立方”国家游泳中心。项目管理团队采用了以下策略来确保场馆按时完工：

精细的进度规划：项目伊始，管理团队就制定了详细的总体进度计划，将整个建设过程分解为多个关键阶段和里程碑。每个场馆都有专门的进度计划，并与总体计划保持一致。

关键路径管理：团队识别了每个场馆建设的关键路径，重点监控和管理这些关键活动，确保它们不会延误整体进度。

并行施工：为了缩短总体建设时间，多个场馆同时施工。这需要精确的资源调配和协调，以避免资源冲突。

定期进度审查：每周进行进度审查会议，及时发现和解决潜在的延误问题。每月还会进行更全面的进度评估，必要时调整计划。

先进技术应用：使用项目管理软件和3D建模技术，实时监控和可视化建设进度，提高决策效率。

快速决策机制：建立了高效的决策链，确保在遇到重大问题时能够快速做出决策，最小化延误。

风险管理：制定了详细的风险管理计划，包括天气、资源短缺等可能影响进度的因素，并准备了相应的应对措施。

质量与进度平衡：在追求速度的同时，严格控制质量标准，避免因质量问题导致返工而影响进度。

激励机制：为参与建设的承包商和工人设立进度奖励，鼓励按时甚至提前完成任务。

灵活调整：随着项目推进，管理团队根据实际情况不断优化进度计划，如在遇到地质问题时及时调整施工方案。

通过这些策略，北京奥组委成功地在2007年底前完成了所有主要场馆的建设，留出充足时间进行测试和调整。“鸟巢”和“水立方”等标志性建筑不仅按时完工，还因其创新设计和卓越品质赢得了国际赞誉。

这个案例展示了在大型、复杂且时间紧迫的项目中，如何通过全面、系统的进度控制策略来确保项目按时完成。它强调了详细规划、持续监控、快速响应和灵活调整的重要性，同时也显示了在进度管理中平衡多个目标（如时间、质量、成本）的必要性。北京奥运会场馆建设的成功为类似的大型项目进度管理提供了宝贵的经验。

## 拓展阅读

系统瓶颈

## 本章小结

在项目时间管理中，计划阶段实施的定义活动、活动排序、估算活动资源和持续时间的目的是生成项目进度计划，这也是项目进度管理的基准，是项目计划阶段的重要输出。宏观层面的项目进度管理规划约束了实施项目时间管理所需要的工具和方法，相对容易理解和执行；而实施阶段较微观的活动历时、资源估算和进度控制，更多地反映项目时间管理的具体操作和内在挑战，管理难度较大。项目时间管理能力，最根本的是准确估算活动所需历时和资源，以及有效把控进度的能力。在管理实践中，项目经理应当始终关注关键路径，平衡资源约束，确保项目进度与项目目标保持一致。当和范围控制、成本控制和质量控制等过程结合在一起时，非常考验项目管理者的综合管理能力，特别是平衡各目标之间的冲突。

## 课后思考

1. 无论是工作还是生活，时间都是最稀缺的资源。采取措施提高时间利用率会大大提高工作和生活的效率和质量。请你搜集一些可以帮助你有效利用时间的工具和方法。

2. 新出现的产品或者产品的新功能能够帮助人们节省时间、提高效率，请举出一些例子。

3. 活动之间的 4 种关系实际上可以以某种形式统一转化成一种关系来表示，请你思考该如何做。

4. 你所在的组织是如何进行估算的？估计的准确度如何？不准确的估计带来了哪些后果？

5. 大多数组织会用 MS Project 软件来建立项目的进度计划。项目的工作分解结构和活动之间的依赖关系都可以在 MS Project 中被准确地表达。请用 MS Project 为本组织的典型项目建立一个项目进度计划模板。

# 第五章
# 项目成本管理

## 学习目标

知识目标

- 理解项目成本管理的概念和重要性。
- 掌握项目成本管理的主要过程。
- 了解各种成本估算技术和方法。
- 掌握挣值分析法及其在项目成本控制中的应用。

能力目标

- 能够制定项目成本管理计划。
- 能够运用适当的技术进行项目成本估算。
- 能够编制项目预算和成本基准。
- 能够使用挣值分析法进行项目成本控制。
- 能够分析成本偏差并提出纠正措施。

素养目标

- 培养成本意识和效益观念。
- 提高资源优化配置的能力。
- 增强财务风险防范意识。

## 第一节　项目成本管理概述

除时间资源以外，项目实施所需要的其他资源都和“钱”有关，甚至包括人力，都可以认为是通过“钱”来调动的。在进行项目选择的过程中，财务分析是一项重要的判断依据。要完成项目目标，就需要实施项目活动，项目中的每一项活动都需要物质投入。

项目成本管理活动就是对项目的投入做出详细的计划编制，使其最有效率地被分配和使用。项目成本管理活动有三个主要目的：第一，对项目所需要的资源做出正确的估计，以供组织进行适当的评价和准备，这被称作估算成本；第二，为项目的资源使用作出预算安排，这是制定预算过程；第三，对项目实施当中资源的使用进行控制，这就是控制成本过程。

在范围较小的项目中，成本估算和成本预算之间的联系非常紧密。但是大项目上，成本估算则是在立项决策的时候就作为一个重要输入条件。

项目的成本管理过程和管理会计的目的是类似的，主要是通过项目的预算过程建立计划，对实际的成本支出和计划进行偏差控制。项目成本管理的基本过程如下：

● 规划成本管理（Plan Cost Management）：约定项目如何实施成本管理。

● 估算成本（Estimate Costs）：估计项目的总成本，该活动大多在立项前后进行。一方面，可以用于干系人在前期对项目进行评价；另一方面，干系人根据估算成本的结果来最终批准项目实施的总预算。

● 制定预算（Determine Budget）：从获得批准的总预算成本中去分配预算到每一个具体活动。对项目的各项资源投入进行仔细计划，形成项目的成本基准计划，并以此作为后续控制成本的基准。

● 控制成本（Control Costs）：根据项目成本基准计划监控项目的实际支出和预算计划之间的偏差，并及时采取纠正措施。

## 第二节　项目成本管理过程

### 一、规划成本管理

规划成本管理活动主要是确定项目实施成本管理所需要的流程、技术、方法和工具，为整个项目如何管理成本提供指导和方向。

项目成本管理活动见图 5－1。

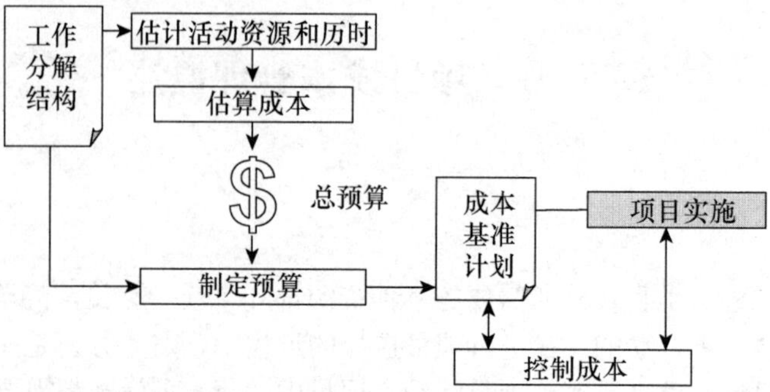


**图 5－1　项目成本管理活动**

规划成本管理过程最重要的输出就是成本管理计划，其是项目管理计划的组成部分。

## 二、估算成本

项目估算成本是指为了实现项目目标，完成项目的各项活动，预估完成项目各工作所需资源（人、材料、设备等）费用的近似值。通过成本估算可以帮助项目干系人对完成项目所需要的投入有一个近似的了解，用以评价项目是否可行，并以此为基础批准所需资源。

项目有充足的资源是其成功的一个重要条件，而批准项目总预算的一个输入条件就是估算成本的结果。最初的估算成本大多是由项目实施者来进行的。既然是对未来进行估计，就一定会存在高估或者低估的可能。但对实施者来说，显然高估有利。这就导致进行估算成本的基层管理者大多会有意过高估计工作所需的资源要求，来获得足够的风险缓冲。而作为高层管理者通常也并不信任基层管理者汇报上来的估算结果，所以最终被批准的结果往往是上下级之间的一种平衡。

项目成本估算的过程或多或少都和过去所积累的经验有关。这种经验可能来自个人、企业过去的积累。根据所依赖的数据来源不同，有 4 种常用的估算方法：类比估计法、参数模型法、自下而上估计法、计算工具辅助法。

类比估计法，顾名思义，就是同以往的类似已执行的项目进行类比而得出的当前项目的成本估计。它实质上是一种专家判断法，是一种自上而下的估计法：首先，由项目的上层管理人员收集以往类似项目的有关历史资料，会同有关成本专家对当前项目的总成本进行估计；其次，将估计结果按照项目工作分解结构图的层次传递给下一层管理人员，在此基础上，他们对自己所负责的工作的费用进行估计；继续向下一层管理人员传递他们的估计信息，直至项目基层人员。这种方法的优点是简单易行，花费少，这是一种估计项目总成本的行之有效的方法。但是这种方法的局限性在于：项目具有独特性和一次性的特点，实际中不存在完全相同的两个项目，因此会影响估算的准确性。

参数模型法是利用项目的特性参数建立数学模型来估计项目成本的方法，它实质上是一组项目成本估计的经验关系式。通过这组关系式可以对项目总成本做出一个近似估计。显然，建立的模型和一定的工程技术领域是高度相关的。

自下而上估计法是利用项目工作分解结构图，先由基层管理人员估计出每个工作单元的费用，再将各个工作单元的成本自下而上逐级累加，交给项目的高层管理者，最后由高层管理者进行汇总并估计出项目的总成本。由于基层管理者是项目资源的直接使用者，用这种方法进行成本估计得到的结果很详细，比其他方式更为准确。但实际操作起来十分耗时，成本估计工作本身也需要较多的经费支持。

随着计算机技术和软件技术的不断发展，出现了很多项目管理软件，利用这些计算工具，人们直接输入项目成本的有关数据或者自定义项目成本函数，就能够非常方便快捷地得到项目成本的估计结果。目前一些项目管理软件和电子表格软件被广泛用于项目成本的估计。

总体来说，上述四种估计方法都是通过某种形式来借用以前的经验：

- 类比估计法：专家和项目管理者个人的经验。
- 参数模型法：业界的经验经过总结、归纳、建模得以应用。
- 自下而上估计法：实施者个体的经验。
- 计算工具辅助法：将模型通过计算机软件得以应用。

## 三、制定预算

预算最基本的作用是对未来进行规划，将有限的资源投到最关键的事情上。很多公司忽视了预算的作用，虽然其口头上认可“企业资源是有限的”，但是行为却是按照“企业资源是无限的”假设工作的：任何决策都是凭直觉做出的，不在整体上进行优先级排列，不在项目上做出取舍，不在有限的资源之间做出平衡，最终企业陷入看起来很多事情都有希望但没有一件事情可以做好的境地。

预算还和组织的管理方式紧密相关。预算计划反映了项目后续的活动计划，如果预算被批准和认可，项目经理就应该得到有效的授权，在预算之内安排和执行相关的项目活动。如果企业不重视预算，就意味着每一件后续项目活动需要的资源投入都可能被管理层重新进行评估，降低了项目的执行效率。一般来说，在强矩阵型或项目型组织中，项目经理拥有较大的权力来制定预算，并且被授权按照预算来安排资源。

综合来说，项目制定预算有三大作用：

第一，项目制定预算是按照计划对项目资源进行分配，用以保证各项项目工作能够获得所需要的各种资源，并使资源得到充分利用，提高资源的使用效率。

第二，项目制定预算也是一种控制机制。项目制定预算作为项目各项具体工作的全部成本定额，是度量项目各项工作在实际实施过程中资源使用数量和效率的标准，项目工作所花费的实际成本应该尽量在预算成本的限度以内。另外也要看到，由于项目在实施过程中会面临种种不确定性，还可能遇到很多不可预测的事件，项目实际成本偏离项目预算计划也是难免的，因此需要根据实际情况，对项目各项工作的成本预算进行适当的调整。

第三，项目制定预算为项目管理者监控项目施工进度提供了一把标尺。项目费用总要和一定的施工进度相联系，在项目实施的任何时点上，都应该有确定的预算成本支出。根据项目预算成本的完成情况和完成这些预算成本所消耗的实际工期，并与完成同样的预算成本额的计划工期相比较，项目管理者可以及时掌握项目的进度。

1. 制定成本预算的方法

制定项目预算的实质就是为 WBS 的每一项活动分配资源。我们知道，WBS 是一个树型结构，上层节点的工作范围是其下层节点范围之和。最底层的叶子节点代表了项目实施最基本的活动。实施这些活动都需要资源，而制定预算就是预先对这些资源做出计划和安排。项目可以采用两种方式来进行预算制定工作：自上而下和自下而上。

所谓“自上而下”，就是项目经理先将项目的总预算分配给下一级的工作单元，再由下一级细化到次下一级。如此循环直到每个活动都被分配了一定的预算。而“自下而上”则正好相反，先由一线人员估计出每个活动所需要的预算，然后逐级向上汇总，最终得到项目的总预算。

两种预算制定方法各有利弊。“自上而下”的方法可以确保预先分配的总预算不会被“超支”，但在分配上却可能“官僚”，产生计划和实际之间的偏差，从而使得一线执行人员得不到足够的资源完成计划。如果采用“自下而上”的方法，大多数一线人员由于过分担心不确定性因素的影响，会有意地超额估计所需要的资源来缓冲风险，这就导致“自下而上”的方法往往会产生超出期望的总预算。

因此，大多数组织会混合采用“自上而下”和“自下而上”两种方法。一方面可以控制总预算不超支，另一方面也综合考虑来自一线人员的实际需求。无论怎样，制定预算的过程都体现出参与各方进行利益博弈和均衡的过程。具体预算的内容，首先要考虑项目的直接成本，例如完成项目活动所需要的物质资源、人力资源等；其次要考虑的是项目需要外购的产品或者服务的支出；再次是需要被摊销的间接成本；最后是为应付意外和风险所需要准备的风险准备金和风险储备金。它们的意义将在第 9 章中讲述。

2. 成本基准计划

制定预算过程最重要的输出就是成本基准计划。当我们把预算分配到 WBS 的每一项活动，并且加入进度计划的时间因素，就可以得到一幅累计花费的成本和进度之间的关系图（见图 5-2）。

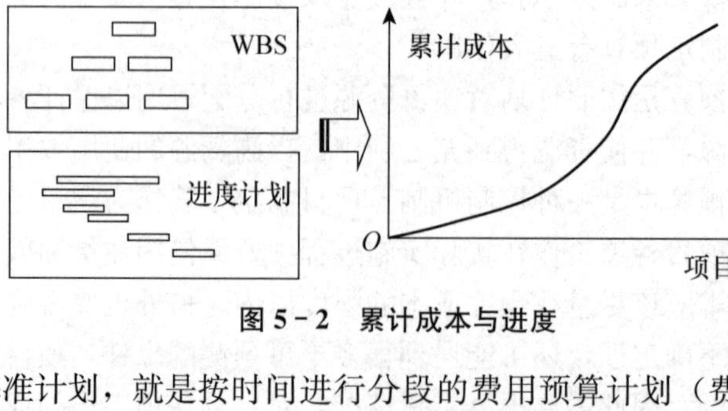


**图 5-2　累计成本与进度**

所谓成本基准计划，就是按时间进行分段的费用预算计划（费用线），可用来测量和监督项目成本的实际发生情况，并能够很好地将成本与进度联系起来，是按时间对项目成本支出进行控制的重要依据。成本基准计划一般有两种表示方法：直方图表示法和

S 形曲线表示法。

直方图表示法如图 5－3 所示。

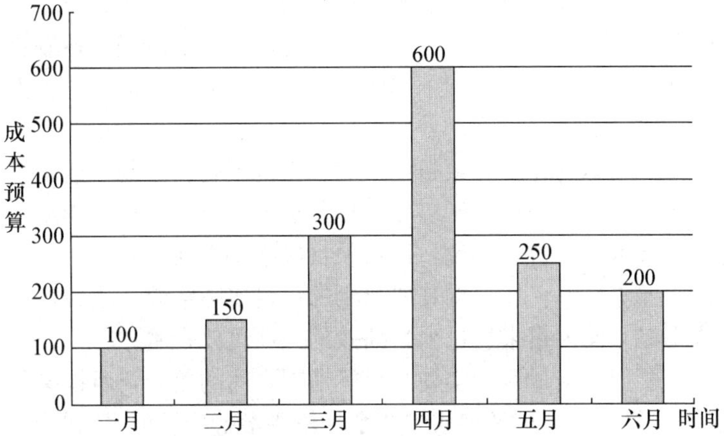


**图 5－3　成本基准计划的直方图表示法**

S 形曲线表示法如图 5－4 所示。

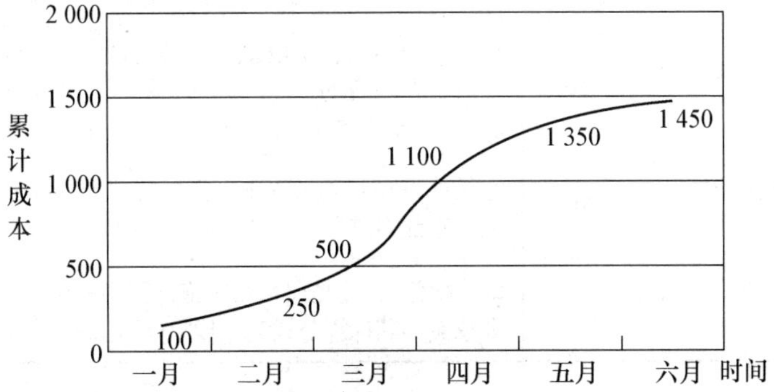


**图 5－4　成本基准计划的 S 形曲线表示法**

项目的任何一项活动都需要资源支持，即项目的工作范围和成本是有关系的，在理想情况下，花费了成本就意味着相应的工作完成了，当所有预算都花费完了，就意味着完成了项目的所有工作，也应该产生了项目的最终交付物。从这个层面上看，衡量项目的成本花费就可以得到项目的范围和进展信息。

## 四、控制成本

项目控制成本就是按照事先拟定的计划，将项目实施过程中发生的各种实际成本与预算成本进行对比、检查、监督和纠正，尽量使项目的实际成本控制在计划和预算范围内的管理过程。制定预算是控制成本的基础。控制成本的主要内容如下：

● 以工作包为单位，监控成本的执行情况，确定实际成本与预算成本之间的偏差，查找出产生偏差的原因。这主要是确保范围和成本花费在计划上相一致。

● 对发生成本偏差的工作包进行管理，有针对性地采取纠正措施，必要时可以根据实际情况对项目成本基准计划进行适当的调整和修改。

● 确认所有发生的变化都被准确记录在成本基准计划（费用线）中。避免不正确的、不合适的或者无效的变更反映在成本基准计划中。

● 在进行成本控制的同时，应该与其他控制过程（控制范围、控制进度、质量控制等）相协调，以防止因不合适的单纯控制成本而引起项目范围、进度和质量方面的问题，甚至导致不可接受的项目风险。

在项目实施中，成本的花费和项目完成的工作范围是相关的，成本控制的关键是确保花费的资源完成了相应的工作。所以在项目控制上，很少单独讨论成本控制，而是和其他因素综合在一起考虑。也就是说，衡量项目成本是否在计划内，不仅仅要考察其实际发生值是否高于预算成本，还要看其所产生的项目实际绩效。项目挣值分析就是综合范围、进度和成本三方面因素来衡量项目绩效的一项重要技术。

挣值分析法主要用来衡量目标实施与目标期望之间的差异，所以又称为“偏差分析法”。它是综合了项目范围、进度和成本 3 个目标要素来测量项目绩效的一种方法。

挣值分析法有三个关键参数，如表 5-1 所示。

**表 5-1　挣值计算的三个关键参数**

| 参数 | 表示 | 描述 |
|---|---|---|
| 项目计划工作量的预算成本（Planned Value） | PV | 它是在费用估算阶段就确定的与项目工作时间相关的成本累积值，在项目的进度时间—预算成本坐标中，随着项目的进展，PV 呈 S 状曲线不断增加，直到项目结束时达到最大值。 |
| 项目已完成工作量的实际成本（Actual Cost） | AC | 它是项目在实施过程中，实际完成工作量投入的成本累积总额。它随着项目的推进而不断增加。 |
| 项目已完成工作的预算成本（Earned Value） | EV | 即“挣值”，它是项目在实施过程中实际完成工作量的预算成本总额，其计算公式为：EV=已完成工作量的百分比×PV。 |

可以用图 5-5 来说明三个参数的相关意义。

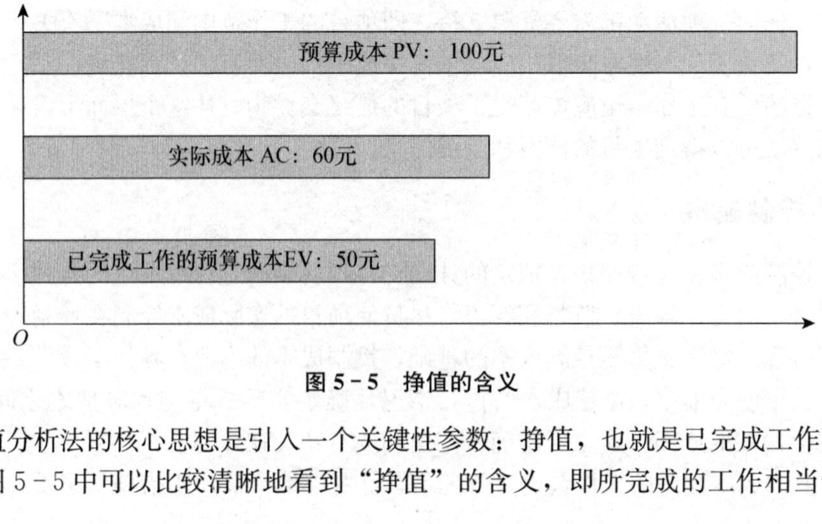


**图 5-5　挣值的含义**

挣值分析法的核心思想是引入一个关键性参数：挣值，也就是已完成工作的预算成本。从图 5-5 中可以比较清晰地看到“挣值”的含义，即所完成的工作相当于计划预算中的价值。

挣值分析法的四个评价指标如表 5-2 所示。

**表 5-2　挣值分析法的评价指标**

| 评价指标 | 表示 | 计算公式 | 描述 |
|---|---|---|---|
| 项目成本偏差 | CV | CV=EV−AC | 这个指标是指已完成工作量的预算成本与实际成本之间的绝对差异。<br>当 CV 大于零时，表明项目实施处于节支状态，完成同样工作所花费的实际成本低于预算成本。<br>当 CV 小于零时，表明项目执行效果不佳，处于超支状态，完成同样工作所花费的实际成本多于预算成本。<br>当 CV 等于零时，表明完成同样工作所花费的实际成本等于预算成本值。 |
| 项目进度偏差 | SV | SV=EV−PV | 这个指标的含义是截止到某一时点，实际已完成工作的预算成本与截止到该时点计划完成工作的预算成本之间的绝对差异。<br>当 SV 大于零时，表明项目进度提前。<br>当 SV 小于零时，表明项目进度延误。<br>当 SV 等于零时，表明实际进度与计划进度一致。 |
| 成本执行指数 | CPI | CPI= EV/AC | 这个指标的含义为已完成工作计划所花费的成本是已完成工作实际所花费的预算成本的多少倍，它用来衡量资金的使用效率。<br>当 CPI 大于 1 时，表明实际成本低于计划成本，资金使用效率较高。<br>当 CPI 小于 1 时，表明实际成本高于计划成本，资金使用效率较低。<br>当 CPI 等于 1 示，表明项目实际成本与预算成本相符。 |
| 进度执行指数 | SPI | SPI=EV/PV | 这个指标的含义是以截止到某一时点的预算成本的完成量为衡量标准，计算在该时点之前项目已完成工作量占计划应完成工作量的比例。<br>当 SPI 大于 1 时，表示进度提前，即项目实际进度比计划进度快。<br>当 SPI 小于 1 时，表示进度延误，即项目实际进度比计划进度慢。<br>当 SPI 等于 1 时，表示项目实际进度等于计划进度。 |

如果仔细分析这 4 个有关挣值管理的指标，就会发现其中一些有趣的规律。有关成本的指标都是挣值（EV）和实际成本（AC）进行某种运算；有关进度的指标都是挣值（EV）和预算成本（PV）进行某种运算。前者比较好理解，但为什么成本之间的运算会反映进度信息呢?

实际上，在挣值管理的概念里有两个前提假设：第一，项目所完成的范围和成本存在着关联关系，这就是挣值所表示的概念；第二，项目的成本花费和进度呈现线性关系，也就是说，项目成本按照相等的速率进行消耗，这就使得成本和进度之间存在关联关系，如图 5-6 所示。

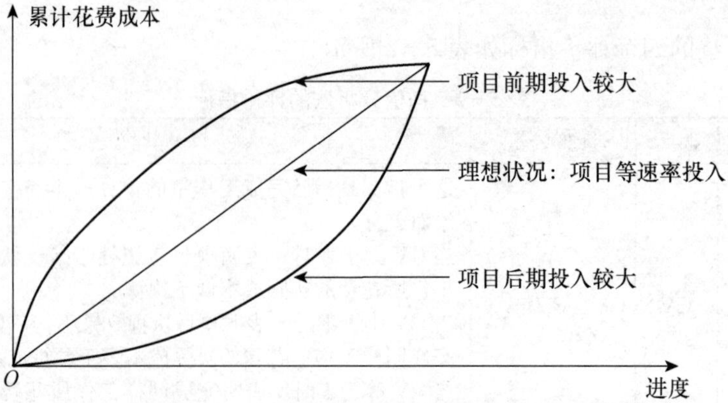


图 5-6　项目成本的投入和进度关系

从图 5-6 可以看到，在最理想的情况下，项目成本的投入和进度之间呈线性关系，这时项目进度偏差和进度执行指数反映的是真实的进度执行状况。但大多数项目却并不是这样。项目的成本投入可能在项目的不同阶段消耗速率不一样，这个时候项目进度偏差和进度执行指数则只能反映一个较简单的信息，即“超前”或“落后”。

下面来实际分析一条挣值评价曲线，如图 5-7 所示。

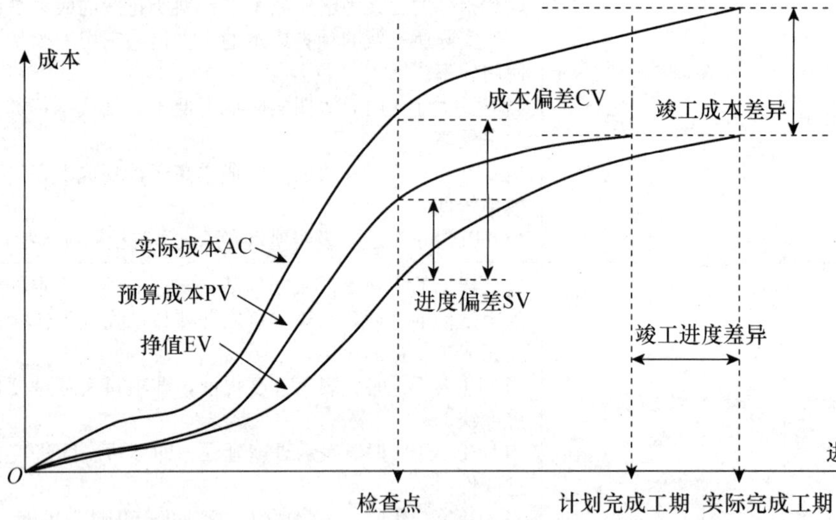


图 5-7　挣值评价曲线

图 5-7 中，PV 按 S 形曲线路径不断增加，直至项目结束时达到最大值。AC 同样是进度的时间参数，随项目推进而不断增加，也是 S 形曲线。利用挣值分析法评价曲线可以进行成本进度评价，如 CV<0，SV<0，表示项目执行效果不佳，成本超支，进度延误，应采取相应的措施。

在实际执行过程中，最理想的状态是 AC、PV、EV 三条曲线靠得很紧、平稳上升，这表明项目在按照预定计划向目标前进。如果三条曲线离散度不断增加，则表示可能发生关系到项目成败的重大问题。经过评价分析，发现某一方面实际已经出现成本超支，或预计最终将会出现成本超支，则应将它提出，做进一步的原因分析。

由于通常压缩已经超支的成本会影响其他目标的实现，因此只有当给出的措施比原计划已选定的措施更为有利，如工程范围缩小或生产效率提高时，成本才能降低。注意，不管采取什么措施，都必须取得项目客户的同意。当发现成本超支时，某些项目企图在其他工作包上节约开支，这是十分有害的。因为这样做往往会影响项目质量，若贸然采取措施，可能造成更大的成本超支。

在挣值管理活动中，判断一个活动的完成百分比是比较困难的。因为很多类型的项目的实际活动是不能简单地用工作量来衡量的，而其活动的产出物也没有可以直接度量的手段，这样就使得挣值管理在实践中出现了一定程度的障碍。为了解决这个问题，可以采用下面这种方法：虽然对某一个正在进行的活动很难估计其完成的工作量，但是如果把已经完成的工作单元设成100%，把没有开工的工作单元设成0，则我们可以得到较为准确的项目整体数据。对于那些正在进行的活动，我们可以采用两种粗略估计方法：50/50原则（见表5－3）和30/30/30/10原则（见表5－4）。这样就可以在了解项目状态和准确度之间进行平衡。

**表5－3 50/50原则**

| 设置点 | 活动描述 | 完成百分比 |
|---|---|---|
| 1 | 活动开始 | 50% |
| 2 | 活动结束 | 100% |

**表5－4 30/30/30/10原则**

| 设置点 | 活动描述 | 完成百分比 |
|---|---|---|
| 1 | 活动开始 | 30% |
| 2 | 活动结束 | 60% |
| 3 | 活动接近完成 | 90% |
| 4 | 活动完成 | 100% |

挣值管理通过“成本花费”来度量项目所完成的工作量，从而反映“工作范围”的完成状况。对某些类型的项目来说，完成的“工作范围”就等同于“产品范围”，如建筑工程类项目；但对某些类型项目来说，“工作范围”并不一定能够准确反映完成的“产品范围”状态，如产品研发类项目。

成本花费度量项目范围见图5－8。

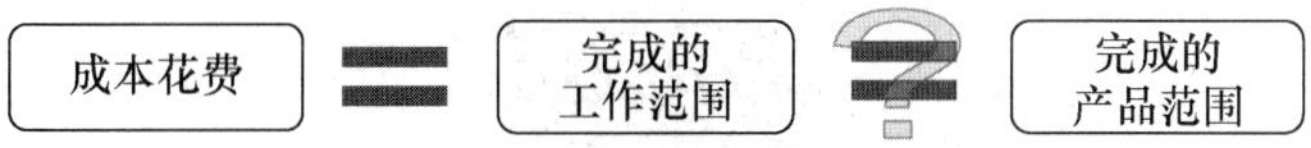


**图5－8 成本花费度量项目范围**

**案例 5-1**

## 特斯拉超级工厂建设的挣值分析应用

特斯拉公司的超级工厂项目是电动汽车行业的一个完美案例。这个位于内华达州的大规模制造设施旨在显著降低电池成本，提高生产效率。鉴于项目的规模和复杂性，特斯拉决定采用挣值分析技术来监控和控制项目成本。

项目启动时，特斯拉的项目管理团队制定了详细的工作分解结构，将整个超级工厂建设过程划分为几个主要阶段：场地准备、基础设施建设、主厂房建造、设备安装和调试。每个阶段都被进一步细分为可管理的工作包，并分配了预算和预期完成时间。这种细致的规划为后续的挣值分析奠定了坚实的基础。

在项目执行过程中，特斯拉每周收集实际成本数据和完成工作量信息。通过比较实际成本（AC）与计划价值（PV）和挣值（EV），项目团队能够实时掌握项目的财务健康状况。例如，在主厂房建造阶段的第二个月，挣值分析显示成本绩效指数（CPI）为 0.92，表明项目成本超支。同时，进度绩效指数（SPI）为 0.95，意味着进度略有滞后。基于这些数据，特斯拉的管理层迅速采取了行动。他们深入分析了成本超支的原因，发现主要是由于某些建筑材料价格的意外上涨。为了解决这个问题，采购团队重新谈判了供应合同，并探索了替代材料的可能性。同时，为了赶上进度，项目经理决定增加工人数量并实施轮班制。

随着项目的推进，挣值分析持续为决策提供支持。在设备安装阶段，挣值分析显示该部分工作进展顺利，CPI 达到了 1.05，表明成本控制得当。这使得管理层能够将资源重新分配到其他需要关注的领域。

然而，在项目后期，由于技术创新和市场需求变化，特斯拉决定对部分生产线进行升级。这一决定导致了范围的变更，挣值分析帮助团队快速评估了这一变更对项目成本和进度的影响。通过计算修订后的完工估算（EAC）和完工尚需估算（ETC），特斯拉能够准确预测项目的最终成本和完成时间。

最终，尽管遇到了一些挑战，特斯拉还是成功地在预算范围内完成了超级工厂的建设。挣值分析在整个过程中发挥了关键作用，帮助管理层及时发现问题，做出明智决策，并在必要时进行调整。

## 拓展阅读

内部收益率

## 本章小结

在项目成本管理中，计划阶段通过成本估算和预算制定生成成本基准计划是后续实施阶段控制成本和监控项目实施绩效的参考基线。宏观层面的成本管理规划约束了实施成本管理所需要的工具和方法，相对容易理解和执行；较微观的成本估算、预算制定和成本控制，更多地反映项目成本管理的具体操作和内在挑战，管理难度较大。项目成本管理能力，最根本的是准确估算成本和有效控制成本的能力。在管理实践中，往往从规划成本管理入手，进而推动项目成本管理能力的全面提升。

项目成本管理是项目成功的关键因素之一。本章介绍的项目成本管理过程为项目的预算控制提供了方法论基础，读者需要通过不断实践来加深对这些过程的理解和应用。同时，项目成本管理还需要与其他知识领域紧密结合，如范围管理、时间管理、质量管理等，才能确保项目目标的全面实现。在管理实践中，项目经理应当始终关注成本绩效，平衡项目约束，确保项目成本与项目目标保持一致。

项目成本管理体系的改变，最根本的是项目经理和团队对成本估算和控制方法的改进。在管理实践中，往往从改进成本估算技术入手，进而推动整个项目成本管理过程的优化和提升，最终实现项目成本的有效管理和控制。挣值管理等先进技术的应用，更是提高了项目成本管理的科学性和有效性，使得项目经理能够更准确地监控项目成本绩效，及时采取纠正措施。

## 课后思考

1. 你所在的组织是如何进行成本估算的？

2. 为什么说类比估计法、参数模型法、计算工具辅助法都借鉴了以前的经验？它们是如何借鉴的呢？

3. 你所在的组织做预算吗？预算工作是否起到了作用？如果没有，请你总结一下由于没有正确进行预算工作而导致的问题。

4. 为什么说挣值管理技术是综合了范围、进度和成本三者的项目绩效表示方法？挣值管理技术有什么缺陷？

# 第六章
# 项目质量管理

## 学习目标

知识目标

- 理解项目质量管理的概念和重要性。
- 掌握项目质量管理的主要过程。
- 掌握质量控制工具和技术，如因果图、控制图、帕累托图等。

能力目标

- 能够制定项目质量管理计划。
- 能够运用质量管理工具进行质量问题分析和改进。
- 能够实施质量保证活动，确保项目过程符合质量标准。
- 能够进行质量控制，识别质量问题并采取纠正措施。
- 能够运用统计方法进行质量数据分析和报告。

素养目标

- 培养质量意识和建立质量优先的思维习惯。
- 增强以客户需求为标准的质量观念。
- 形成对工作结果质量精益求精的工作态度。
- 建立持续改进的理念和方法。

# 第一节 质量的基本概念

## 一、什么是质量

所谓质量，就是完成的结果所应该达到的要求。国际标准化组织（ISO）对质量所作的定义：反映实体（产品、过程或活动等）满足明确的或隐含的需要的能力特性总和。这个定义包括以下三个含义：

含义一：实体是承载质量属性的具体事物。这可以包括：产品，提供各种享用功能的有形实物；过程，带来某种享受的服务；活动，在生产产品或提供服务过程中所开展的工作。

含义二：满足用户需求的能力特性总和，表明质量高低并不取决于实体的各种能力特性是否最好，而只要满足需求（明确的或隐含的）即可。

含义三：不同实体，质量实质内容不一样。例如，产品质量是指产品能够满足用户使用要求所具备的功能特性，服务质量是指服务满足顾客期望的程度，活动质量由工作结果来衡量。

对比最初的定义，有几个需要引申的地方：第一，完成结果不仅仅指有形的产品，也可能指并不交付任何物质产品而相对无形的“服务产品”；第二，应达到的要求不仅仅是明确的、显性的需求，还包括隐含的需求。

有关质量概念的另外一个误解来自对技术指标等级的认识。衡量质量的标准来自对客户需求的满足，它是衡量相对性的指标，和绝对性的技术等级没有直接的关系。

## 二、坏质量的代价

质量是工作结果所需要达到的要求，但如果没有达到要求会产生什么后果呢？例如，买了一台不工作的电视机，你肯定会要求商家调换一台。但对厂家来说，不仅仅是给你更换了一台新机器，更麻烦的是原来的坏机器必须采取措施处理掉，或者维修，或者报废。但无论怎样，生产厂家都要花费额外的代价处理这些“没有达到要求的结果”。这类活动称为返工（Rework）。事实上，交付给客户后出现质量问题，其代价绝不仅仅是修复产品本身的问题。这个客户很可能会拒绝购买同一生产商的所有产品，而且会影响他周围的人，使企业产生更大的隐性损失。

促使人们关注质量的真正动机其实是如何减少返工的代价。进一步的深入研究，人们揭示了一条极具指导意义的COPQ曲线（Cost of Poor Quality，坏质量代价）。这条曲线度量了缺陷修复成本和缺陷产生与被修复阶段之间距离的关系，如图6－1所示。

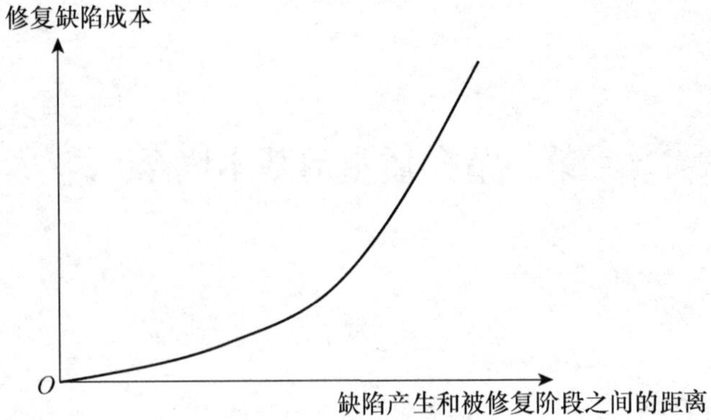


图 6-1 COPQ 曲线

返工成本与缺陷产生和修复阶段之间的距离呈迅速上升的指数关系。也就是说，项目初期的一些小错误，如果不及时修复会造成巨大的损失。这和大多数人的直觉经验是相似的。

由于 COPQ 曲线的存在，人们意识到：仅仅在最后关头检验工作结果，虽然可以避免交付不合格产品给用户，但仍然会导致高昂的内部返工成本，所以还需要在整个生产过程中加入更多的检验措施，以期在产生错误的早期阶段就纠正错误。这些检验措施被称作"质量控制"（Quality Control，QC）。

# 第二节　质量的控制过程概述

## 一、控制质量

控制质量都是通过质量控制（QC）活动来实施的。质量控制活动主要是监督项目的实施结果，以判定它们是否符合相关的质量标准，纠正被发现的不一致情况，工作内容包括：

- 获得项目及项目产品质量的真实信息。
- 将质量实际值和质量标准进行比较。
- 识别项目的质量偏差并确认问题。
- 纠正偏差。

1. 质量控制

质量控制活动最主要的特征就是直接对产品进行检查，并且这种检查应该尽可能早地进行，以便最大限度地降低 COPQ。检查活动需要贯穿整个生产过程，但需要有几个条件：

● 需要制定明确的质量目标，因为有目标才有检查的参照物。

● 最初的目标可能是针对最终产品的，但这只能支持最后一道的产品检验，不利于减少 COPQ。所以我们还需要把这个质量目标分解到产品的构造过程当中，以便于在早期就发现并纠正缺陷。

● 错误被发现后，需要采取措施确保其被纠正。

综上所述，质量控制活动就是确保产品在构造过程中符合其制定的规范和标准，及时发现和纠正其不符合标准的地方。但需要强调的是，质量控制活动的实施重点在于把质量目标的检查分解到生产过程中，如图 6－2 所示。

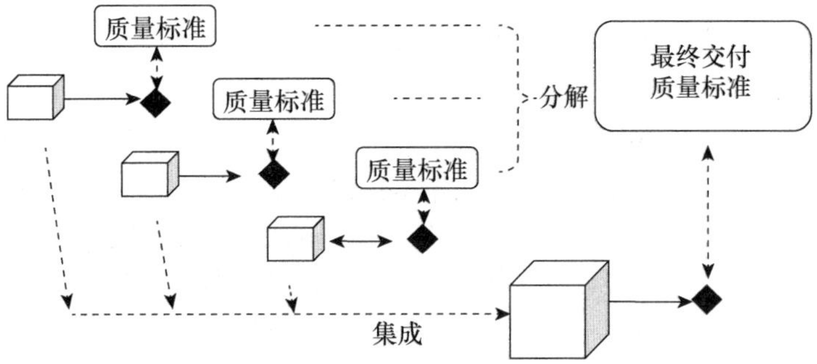


图 6－2 质量目标的分解

实施的关键点是最终交付质量是否可以被有效地分解下去。常见的有两种情况：

第一种情形类似于图 6－2 所示，最终交付产品是子产品的集成。此时可以在子产品构造完成后就开始检验，所有产品集成后再进行检验，主要关注各个子产品协同工作的问题。一般来说，这种情况下的质量控制活动比较好分解和实施。

第二种情形有些复杂，产品的构造过程不是产品本身的分解，而是过程的分解。例如，软件产品要经过需求分析、设计、编码等几个阶段。每个阶段都会有产出物，但都不是最终产品，质量控制活动可以对阶段产出物进行检验，但效果则取决于对中间产品检验的有效性。中间产品如果是最终产品的子件，则一般可以按照最终质量标准分解来直接测试。但大多数情况下，中间产品都是最终产品的另一种形态。例如，描述最终产品的规格或者设计，这种情况下多是通过“评审”来检验。评审过程本身的有效性对最终产品的质量影响很大，并不像对最终产品直接检验那样有效。

很多项目的过程是上述两种情形的混合，但都普遍存在类似问题：检验中间产品远不如检验最终产品有效。

质量控制活动除了关注对生产过程的中间产品进行检验外，还有一个重点：对发现的缺陷进行修复，也就是返工过程。返工活动有两个要点：

● 对发现的缺陷进行跟踪和记录。

● 对修复的结果进行检验。

另外，还需要通过检验来确保修复过程没有对产品其他部分产生影响。

简单来说，就是确保被发现的缺陷得到妥善修复。这一活动需要完善的管理制度来保障实施，例如缺陷跟踪系统。产品的质量缺陷是在整个产品构造过程中被有计划的质量控制活动或其他的随机活动所发现的，所以记录并跟踪其解决过程就显得很重要。

2. 质量的适用性

简单来说，质量就是需要达到的要求，没有达到就是偏差，需要被纠正。这就是质量控制活动最主要的目的，但是这个判别是否达到“要求”的标准是什么呢？也就是说质量控制参照什么来判定是否符合要求？

首先产品应该符合预先规定的规范和标准。符合标准就算满足要求。这一质量观点始于“质量管理”概念的早期阶段，被称作“符合性质量”阶段。符合的程度反映了产品质量的水平。

显然，“符合性质量”概念更适合于标准化的产品。例如，商店里出售的各种货物和产品，每一个产品都可以用一个显性的规格定义和明确其应该达到的技术指标。但这一观点也有明显的问题，因为技术标准是由生产方定义的，会不会出现因为符合技术要求，厂方对产品满意，但顾客却对其不满意呢？

生产商看问题的角度和顾客是有差异的，这种差异就产生了分歧。如果所有生产商都一致忽视这种偏差，顾客也只能忍受。但如果有生产商做了有利于顾客的改变，它就会脱颖而出，最终赢得顾客。这种改变就是把质量的衡量依据从是否符合生产的规范和要求转向了是否适合顾客需要。这种质量观点称为“适用性质量”，是质量管理发展的第二阶段，始于20世纪60年代。从“符合性”到“适用性”，反映了人们在对质量的认识过程中，已经开始把顾客需求放在了首要位置。

但这又有了另外的问题：符合性质量是用明确的规格来显性定义的，并可以把它作为生产过程中质量控制活动的基准，但适用性质量如何判断是否符合顾客的需要呢？是否可以由明确的规范来定义呢？由谁来进行判断呢？

适用性质量的概念注意到这样一个事实：客户的某种需要转化成了产品的某种规格并显性表示出来，按照规格生产和制造出产品，反过来满足客户最初的需要。看起来这一过程是严格而准确地把顾客需要转化成了产品规格，但是否顾客需要就等同于产品的规格呢？这一点恰恰就是适用性质量的关键点。客户的需求并不能被完整地转化成为规格定义，也就是说，衡量产品最终的质量标准不能仅仅是产品的规格，还应该包括客户隐含的期望和最终需求。

由于顾客需求和对产品规格的认识存在偏差，而且通常情况下这种偏差并不能被生产商准确认知，所以适用性质量大多只能由最终用户判断。

从“符合性质量”发展到“适用性质量”，其实是伴随着世界经济和商业环境的变化而出现的转变。符合性质量阶段是一个产品经济阶段。生产力的发展使得人们逐渐从商品短缺的卖方市场时代进入商品极大丰富的买方市场时代。市场的竞争促使商家思考如何更有效地吸引消费者。产品制造商逐渐发现，人们是由于某种需要而来到市场上购买某种可以满足他们需要的商品。产品的规格和客户的真正需要之间总是存在着某种鸿沟，在没有更好选择的情况下，这种鸿沟是由客户自己来跨越的。于是，某些制造商为了更好地吸引客户，就会努力去缩小需求和规格之间的差异，这就逐步形成了“适用性质量”的概念。

3. 验证与确认

质量控制是为了在生产过程中检查产品是否符合要求的措施。符合性质量和适用性质量是两种不同的质量观点，其参照的标准也会有所区别，从而反映出两种不同类型的质量控制活动：验证（Verification）和确认（Validation），简称 V&V。

验证与确认的中英文定义见表 6-1。

**表 6-1 验证与确认**

| 中文名称 | 中文定义 | 英文名称 | 英文定义 |
|---|---|---|---|
| 验证 | 正确地构造了产品 | Verification | build the product right |
| 确认 | 构造了正确的产品 | Validation | build the right product |

验证与确认都是质量控制手段，但是两者参照的标准并不一样。验证参照的是产品的规格，确认则参照产品本来的用途。显然，验证所参照的产品规格是显性的文档，确认则要复杂得多。

当客户有某种需要而产生产品需求时，开发人员会把需求转化成规格。而这个规格就成为生产和制造过程中的参照基准。但不可能把所有的需要都真实而完整地转化成规格。从需求开始，构造产品的每一个过程都会产生中间产品，都需要对其进行检查。参照定义的规格检查产品就叫验证。看看产品是不是能满足其预先期望的用途就是确认。我们用图 6-3 来说明。

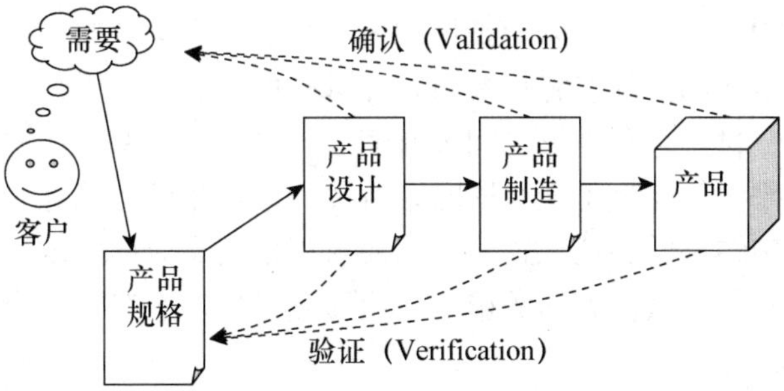


**图 6-3 验证与确认**

简单地说，验证所参照的基准是明确的规格和需求，确认所参照的基准是客户的期望，如表 6-2 所示。

**表 6-2 验证与确认的适用**

| 质量理念 | 质量的参照点 | 质量控制活动 |
|---|---|---|
| 符合性质量 | 产品规格 | 验证 |
| 适用性质量 | 用户需求 | 确认 |

大多数情况下，验证过程比较容易操作，而确认过程则容易被忽视。产品的最终期望是由客户确定的，确认过程的最重要的标志就是必须有客户参与。但是对于一个中间产品，作为非技术专家的客户如何进行确认呢？这恰恰就是确认工作的难点。很多情况下，确认工作由于工程活动的局限而无法实施。产品完成后自然可以给客户作确认工作了，但是这就可能太晚了，因为确认的目的就是要确定是否构造了一个正确的产品。显然这是一个两难的境地，因此大多数确认过程都有一个共同的目标，就是在还没有出现最终产品之前，帮助客户想象产品完成之后的样子。

## 二、质量控制过程

我们来总结一下前面有关质量控制活动的要点，如图 6－4 所示。

● 明确质量目标，作为质量控制活动的参照基准。

● 在产品构造过程中实施质量检验活动，包括两种类型：验证，即检查产品是否符合预先定义的质量规范；确认，即检查产品是否符合用户的最终需要。

● 对质量检验活动所发现的缺陷进行记录并跟踪修复过程。

● 对修复的缺陷进行检验，并确保没有产生其他影响。

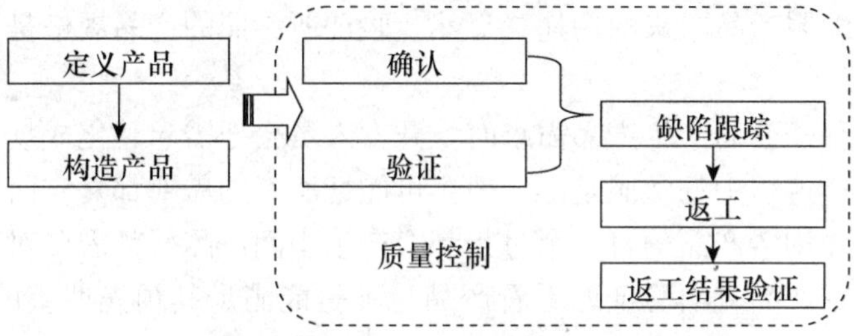


图 6－4　项目中的质量控制活动

项目的质量控制活动和交付质量直接相关，很少被完全忽略，但可能忽视了以下几个环节：第一，确认活动必须有客户参与，并且采取一定的方法使客户能够进行有效的检查来确保项目的交付目标和需求之间没有偏差。第二，具有完备的缺陷跟踪机制，确保被发现的缺陷被修复并经过验证。同时，有关缺陷产生的数据也有利于项目质量的趋势预测。第三，返工结果的验证。这一活动要求不仅仅是对已发现缺陷的修补，还需要去检查修补工作是否带来其他方面的影响。后一点经常被忽略，因为修补而引发更大损失的例子不在少数。

质量控制活动还需要提高效率，如何更有效率地发现并解决缺陷依赖于工程领域的技术和手段。作为管理者，其主要责任在于为质量控制活动分配足够的资源，以确保其有效开展。如果管理者对工程领域本身有丰富的经验，则非常有助于细化质量控制的具体手段及提高质量控制活动的有效性。但如果管理者没有经验，则必须借助相关资源，高度关注质量控制活动。

# 第三节　质量保证概述

## 一、预防

虽然可以靠增加质量控制手段来防止将有缺陷的产品交付给客户，从而提高整个生产过程的质量，但是否会降低缺陷产生的概率呢？答案是否定的。事实上，增加质量控制活动只能减少返工成本，而不会降低缺陷发生的可能性。进一步降低错误发生的可能性依赖于采取措施防止错误的发生，也就是预防措施。换个角度说，与其依靠后续的检查措施（质量控制）来发现问题再修正，不如在一开始就把它做好。

中国古代先哲孟子提倡："未雨绸缪，既雨而绸缪，未晚也乎？"强调了在问题出现之前采取预防措施，而不是等到问题出现后才去应对。这种"第一次就把事情做对"的理念很好理解，也确实没有人会有意识地做错事情，但犯错的概率确实存在。所以，预防所提倡的机制是基于"人是会犯错"的假设，设置一定的措施防止人们出错或者可以在第一时间发现错误而迅速纠正。实施预防机制的关键是：需要一定的资源投入预防活动，预防才能发挥作用。如果仅仅是"期望"不出错，而没有采取任何前期的投入来防止出错，自然就达不到应有的效果。所以，判别是否采取了预防措施，主要看是否在预防活动上有前期投入。

**案例 6-1**

### 世界上最复杂的交通标志

很多年前北京西直门有个被称为"世界上最复杂的交通标志"（见图 6-5），几乎所有的司机在开车状态下都无法根据这个指示牌做出正确判断，所以就出现了这样一种现象：面对这么一个完全正确的指示牌，几乎所有第一次走这条路的人都会犯错。这显然不是这个交通标志牌设计者的初衷。

再如，每个人都希望自己健康，不生病，但一个人生不生病和他是否想不生病没有关系，而和他是否坚持锻炼身体、保持良好的生活习惯等一系列积极的预防措施有关。这些前期投入的预防措施是基于自己可能会得病的前提，从而愿意事先做出一定的投入。

图 6-5 世界上最复杂的交通标志

认识到了预防的作用，就需要在项目活动中去贯彻预防措施，包含以下三个实施要点：

第一，实施预防活动的前提是承认“普通人是会犯错误的”。这个观念被认可是实施预防措施的前提。

第二，建立可以让普通人不犯错误的工作方法和流程，并加以遵循。这体现了前述“继承和传播成功经验”的基本原则。

第三，一个建立好的流程要想起到作用，实施者必须对流程的把握到位，这样才能使得好的经验被真正复制和传承。所以对实施者进行培训，以掌握不犯错误的方法，也是预防措施得以起作用的必要环节。

避免侥幸心理，预先安排资源，充分实施以上三个活动，才能真正起到预防作用。

## 二、质量保证的基本概念

为了实现质量所建立起来的一系列质量管理活动，如通过预防措施、质量控制和返工等活动共同作用来保障质量目标的实现。如果没有这些措施，就可能出现产品达不到预定要求的情况，也就是质量目标没有实现。在现实中，由于各种原因，对质量目标实现的判别存在“滞后性”。例如，消费者对一件专业性较强的产品缺乏专业判断；或者刚买来的时候产品是好的，过了一段时间后才发现有缺陷；或者外包一个项目，必须在项目开始运作之前选定可以保证质量目标的承包商。所有这些，都意味着对质量目标实现认定的滞后性。也就是说，即使不实施这些有利于保障质量目标的活动，在当时也可能不会发生问题，但却可以马上节省这些活动的实施成本。这种短期利益行为可能产生诱惑，必要的质量活动因此被忽视，但产品的缺陷早晚会被发现，而且发现得越晚，其修复代价越高。所以，质量管理实施的真正难点在于此：如何避免追求短期利益而损害长期利益。

对客户来说，需要判别质量目标状态，对组织内部的管理来说，需要用某种手段来真实地了解当前质量目标的状态。因此，需要找到一种方法来判别未来交付产品的质量趋势，这就是质量保证的概念。

质量保证包括两个最主要的活动：

- 制定实现质量目标所应遵循的制度和标准。
- 确保制度和标准是被遵循的。

质量保证的实质在于：在一个产品制造前，约束和定义产品和产品制造过程的标准和制度；在制造过程中遵循定义的产品和过程标准，其质量结果最终就得到保证。质量获得保证的信心来自一个被认可的过程标准。

## 三、独立的监督

遵循规范就能达到质量要求，但如何确保规范被遵循呢？利用经济学的理性人假设，每个人都是趋利避害的，人不会无理由地遵守制度和规范。我们虽然希望流程和制度被遵守，但是却需要假设人们不会自觉地遵守，从而需要监督机制的建立来保证其被落实。图 6-6 就是实施质量保证的示意图。

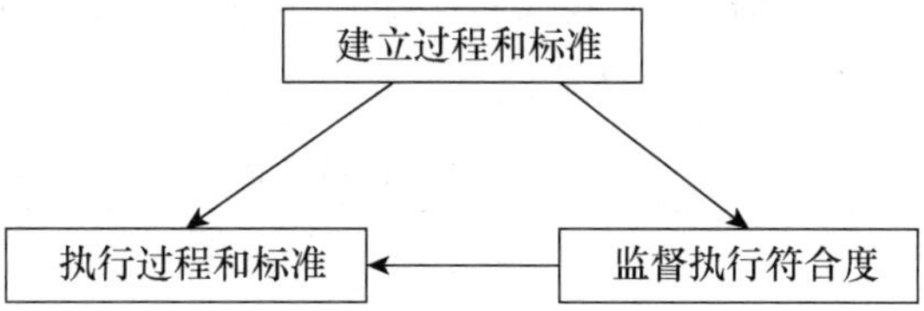


图 6-6　质量保证体系

对质量保证理解的另外一个角度是，让非技术人员来判断技术专家的工作成果是否可以实现其约定的质量目标。这不是通过直接检查产品和结果来判定，而是通过验证其是否遵循了约定的过程和规范来推测。这一过程能够起作用的基础就在于，需要事先制定出一个确实能够起到作用并被干系人认可的过程标准，且判别这一过程是否被遵循。

# 第四节　规划质量管理

## 一、质量活动和质量成本

实现质量目标所需要实施的活动如图 6-7 所示。

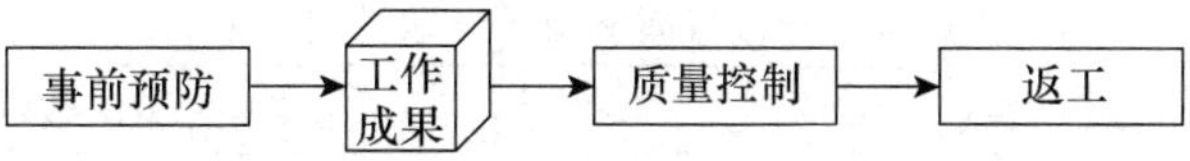


图 6-7　质量活动

质量活动包括：

● 事前预防（Prevention），通过一系列的预防措施，尽可能一次性把工作做对，减少错误的产生。

● 事后检查，利用质量控制活动对完成的工作成果进行检查。这部分工作也被称作质量控制（QC）或评价（Appraisal）。

● 出错后的补救活动。

这 3 种类型的活动构成了质量活动的主要内容，它们的执行都是需要成本的。其中，预防活动称为 P 成本（Prevention），检查活动称为 A 成本（Appraisal），补救活动称为 F 成本（失效成本，Failure，COPQ 就是失效成本）。3 种成本构成了质量成本（Cost Of Quality，COQ）的 PAF 成本模型：

$$COQ=Prevention+Appraisal+Failure$$

表 6-3～表 6-5 是预防成本与评价成本的示例，其中失效成本又被细分为内部失

效成本（用于发生在交付给客户之前的修复活动）和外部失效成本（用于发生在交付给客户之后的缺陷处理活动）。

表 6-3　预防成本与评价成本举例

| 预防成本 | 评价成本 |
| --- | --- |
| 培训 | 审查 |
| 计划 | 测试 |
| 过程研究和改进 | 度量 |
| 供应商调查 | 验证 |
| 咨询 | 确认 |
| 获取资格 | |

表 6-4　内部失效成本与外部失效成本举例

| 内部失效成本 | 外部失效成本 |
| --- | --- |
| 返工 | 废品 |
| 回归测试 | 现场支持 |
| 缺陷修复 | 客户投诉处理 |
| | 产品保修 |

这里 P 成本和 A 成本发生在产品被发现不一致之前，又叫一致性成本（Cost of Conformance）；而 F 成本发生在出现不一致之后，又叫不一致成本（Cost of Non-conformance）。

表 6-5　一致性成本与不一致性成本举例

| 一致性成本 | 不一致性成本 |
| --- | --- |
| 制订质量计划 | 返工 |
| 培训 | 废品 |
| 评审 | 现场支持 |
| 测试 | 客户投诉处理 |
| 质量保证 | 产品保修 |

## 二、质量经济性

质量的不一致性成本发生在偏差被检查出来之后，它可能是被客户或者是内部的质量控制活动所发现，但只要发生这种情况，这部分成本就必然会被花费。这部分成本是被动产生的，很难事先估计。

质量的一致性成本发生在偏差被发现之前，也就是说，还不知道是否会“做错事”，但必须假设可能会出错，从而预先做出一系列的预防和检查活动。这部分活动是一种主动性的保障措施，是可以事先计划的。

事实上，一致性成本和不一致性成本之间是存在关联的，一致性成本是主动因素，而不一致性成本是被动因素。如果一个项目在一致性成本上投入比例较大，那么其质量也会较高，不一致性成本会相应较低；在一致性成本上投入较低，其质量会较差，从而不一致性成本就会相应升高。项目的质量成本是两者之和，如图 6－8 所示。

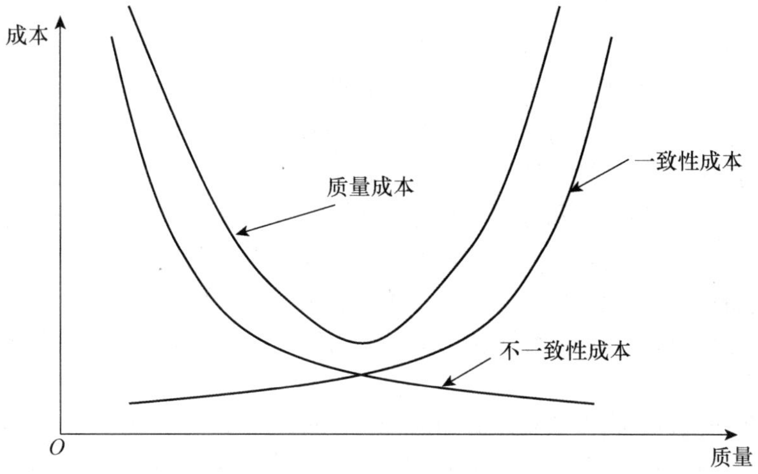


**图 6－8　质量经济性原则**

图 6－8 显示了一个最佳平衡的原则，控制一致性成本在一个适当的比例可以取得最佳的效益和成本之间的平衡。但却存在这样一种情况：过高的质量会带来高成本，因为有高昂的一致性成本；但过低的质量并不意味着低成本，因为其后期有高昂的不一致性成本。两者的差别仅仅在于高质量是先期高投入产生的，而低质量则是先期低投入产生的，但后期会带来不得已的高返工成本。所以在没有把握产生最恰当的一致性控制成本时，偏向过高的好处总是大于偏向不足。

在一个成熟的产业中，工艺和技术都比较稳定，其一致性质量成本占总成本的比例是一定的，这往往可以作为一种对质量活动评估的重要参考数据。

## 三、制订项目质量计划

正如在前述质量管理的基本原理中所介绍的那样，项目的质量计划就是确定项目所要实现的质量标准，以及通过什么样的过程去达到这些标准。这份在项目初始阶段生成的“项目质量计划”，其内容应包括：

- 项目和产品需要达到的质量目标。
- 实施项目质量管理的各项资源分配、人员的职责和权限。
- 为了达到质量目标，项目所应遵循的过程和规范。
- 在相应的阶段对产品所实施的质量控制活动。
- 确保过程和规范被遵循的质量审计活动。
- 在项目的进程中所实施的质量改进活动和机制。
- 达到质量目标的度量方法。
- 为达到质量目标必须采取的其他措施。

编制质量计划的方法通常有质量费效比法（Benefit/Cost Analysis）、质量标杆法（Benchmarking）、质量流程图法（Flowcharting）、质量实验设计法（Design of Experiments）等。

质量费效比法，就是利用前述的质量经济性原则，分析质量的投入成本和所获取收益之比，选择那些对项目最有价值的质量活动。能够采用质量费效比法来制订质量计划的项目，必须具备大量的历史数据可供参考，且这些数据所反映的活动过程是高度可重复的。这样才能帮助本项目去识别最有效的质量活动。

质量标杆法，是寻求本行业中的最佳实践（Best Practice）。在很多类型的项目中，由于产业本身的成熟度问题，还无法得到准确的量化数据来反映质量成本和效益之间的关系。而同时，精确地获取和分析数据也会产生较高的代价。这个时候，通过在组织中或者行业中寻求横向对比，直接吸取和继承别人的优势，就可以比较容易地实现目的。质量标杆法依赖于在行业内部建立基准比较的机制，也就是说，必须可以获取行业内的最佳实践。但这一活动一般依赖于独立的咨询组织，可以在整个行业内部建立标杆基准进行比较。

质量流程图法，是指按照顺序分别描述工作过程各个阶段的图表（见图 6－9）。在这些过程中特别标注出质量形成和产生的工作环节，包括质量产生活动、质量控制活动、坏质量修复活动等。

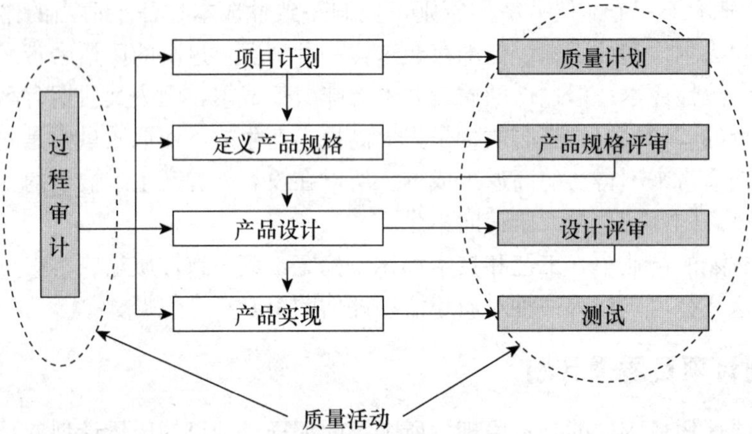


**图 6－9　质量流程图法**

质量实验设计法，是指在一些大型项目中，为了确定哪些因素会对质量产生影响，在确定质量计划之前进行某些实验活动，来识别和确认那些对质量产生影响的因素，以便于更好地建立质量计划。

## 四、项目的质量目标

项目的质量目标包括对交付产品的质量要求和实施过程的质量要求两个方面。

产品的质量要求是指那些衡量产品的质量属性（见表 6－6），这一般和产品的工程技术领域高度相关，但是也可以从一般性的原则出发来考虑。

表 6-6　产品特性

| 产品质量属性 | 英文 | 描述 |
| --- | --- | --- |
| 功能性 | Capability | 功能性反映了所开发的产品满足用户的需求程度，即用户要求的功能是否全部实现了。功能性之所以排在质量因素的第一位，是因为如果产品不满足用户需求，应用起来不正确或者不精确，就会给用户造成不便甚至损失。 |
| 性能 | Performance | 性能是指在指定的条件下，用产品实现某种功能所需要消耗资源（包括时间）的程度，同时也反映了在完成功能要求时，有没有浪费资源。 |
| 易用性 | Usability | 易用性是指对于一个产品，用户学习和操作所需要努力的程度。这里既包括使用产品的最终用户，也包括需要对产品进行维护的人员。 |
| 可靠性 | Reliability | 可靠性对产品来说是一个很重要的质量要求，是指在规定的时间和条件下，产品所能维持其性能水平的程度。它除了反映产品满足用户需求正常运行的程度，也反映了在故障发生时能继续运行的程度。不同类型的产品，影响可靠性的根源不一样。可靠性的度量指标通常是指平均故障间隔时间（Mean Time Between Failure，MTBF）。 |
| 可维护性 | Maintainability | 可维护性是指产品在运行时发生了错误，进行相应修改所做的努力程度。可维修性反映了在用户需求改变或应用环境发生变更时，对产品进行相应修改的容易程度。可维护性通常是指平均故障修理时间（Mean Time to Repair，MTTR）。 |
| 有效性 | Availability | 相对可靠性来说，有效性的衡量指标更符合实际的状况。有效性定义如下：$\text{Availability}=\frac{\text{MTBF}}{\text{MTBF}+\text{MTTR}}$ 有效性是一个比值，它意味着在产品的生命周期中可以提供有效服务的概率。有的时候，单纯提高 MTBF 是非常困难的，可以通过缩短 MTTR 达到同样的目标。 |

并不是所有组织都对实施过程提出了质量要求和目标，特别是某些过程特性（见表 6-7）。

表 6-7　过程特性

| 过程质量属性 | 英文 | 描述 |
| --- | --- | --- |
| 生产效率 | Productivity | 主要指单位人员在单位时间内所完成的产品规模。 |
| 周期 | Cycle Time | 主要指完成某一过程活动所用的时间周期。 |
| 质量成本 | Cost of Quality | 主要指项目在实施质量活动中所花费的成本。一般来说，质量成本包括预防成本（Prevention）、评价成本（Appraisal）、缺陷成本（Failure）。 |
| 坏质量成本 | Cost of Poor Quality | 主要是指项目在修复缺陷活动中所花费的成本。 |
| 变更代价 | Cost of Change | 主要指由于外部变更所花费的成本。这要特别区别于由于修复缺陷而花费的成本。 |

# 第五节　实施质量保证

## 一、项目中的质量管理活动

从质量保证的概念中我们发现，人们对质量管理的认识已经从“关注产品本身”提升到“关注产品被制造的过程”上来。也就是说，好的过程确保了好的产品，这一点也重复验证了前述的“过程起到了经验传承的作用”。对过程的保障就是对产品的保障，其根源也在于“过程就是制造好产品的经验”。

在项目中，质量保证活动都是围绕着项目执行过程展开的（见图 6－10），但包括了两个方面的内容：

● 确保约定的过程被遵循，也就是质量审计活动。其活动内容是检查项目实施活动是否遵循了约定的过程。如果发现偏差，需要及时纠正。

● 在实施过程中，根据所出现的问题寻找过程改进的机会，改进质量。

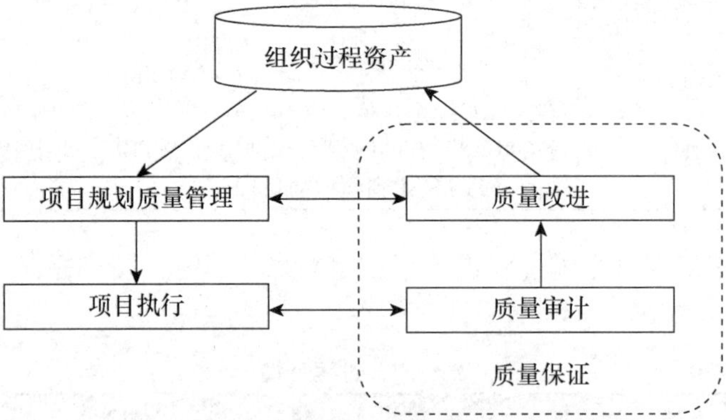


图 6－10　项目的质量保证活动

上述两部分内容相辅相成，其本质还是不断去完善过程来产生“好产品”。但项目本身的实践经验传播和继承并不局限于项目内部，而是和组织级的活动有关。这既包括在制定质量计划的时候参照组织过去的经验，也包括把自身的实践经验贡献给组织。

## 二、质量审计

质量审计（Quality Audit）的目的是确保项目遵循所约定的实施过程、规范和标准。这一方面是为了确保现代化大规模生产活动的有序进行，另一方面也意味着被认可的经验得以传承。对组织来说，有序的生产活动显然更有效率，但获得这种结果的前提是个体遵循约定的制度和过程。

质量审计活动就是对生产活动进行检查，以确保制度被遵循。一般来说，这种检查集中在过程符合度（Process Compliance）上。质量审计大多是由独立的质量保证人员来实施的，可以是内部人员，也可以是外部人员，但必须遵循独立的原则。审计中所有发现的不符合项目都会被记录下来，项目经理应该在后续工作中尽快纠正这些不符合项目。一般来说，质量审计的流程如图 6－11 所示。

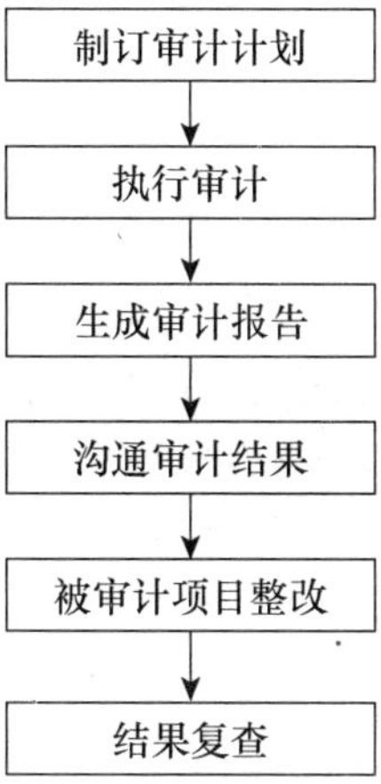


**图 6－11 质量审计活动流程**

质量审计是建立质量保证体系的必要组成部分，因为只有确保流程被实施，其项目活动的行为才具有一定的可预测性。大多数企业在初次建立质量保证体系的时候会遇到来自一线的阻力。在没有开展质量保证活动之前，大多数工程技术人员都会有一个相对自由的做事习惯，并且都认为自身的做法是最有效率的。但现在却被要求去遵循一个预先约定的流程，同时还被定期地监督和检查，这显然会遭到他们本能的抵触。质量保证活动的推行需要的是一个概念、意识和习惯的转化。在这个过程中，质量保证人员和一线的项目实施人员经常会产生矛盾和冲突。这也是大多数企业在建立质量保证体系过程中遇到的难题之一。

大多数企业在建立质量保证体系的初期经常把质量保证人员定位为“警察”，用以监督企业流程执行的符合情况。从功能上来说，这种比喻并没有错，但却让一线的实施人员和质量保证人员形成了一种对立关系，并没有对工作产生积极的作用。质量保证人员无论是在项目初期帮助项目组确定项目应该遵循的流程，还是在执行中通过监督发现流程执行中的问题，都是为了更好地实现项目目标，所以我们可以把质量保证人员看作项目的顾问和咨询人员，两者之间不是对立的关系，而是合作伙伴。监督并发现问题不是为了惩罚，而是为了寻找更好的机会，这样流程反而会被执行得更好。

**案例 6－2**

### 质量体系标准 ISO 9000

所谓质量体系，就是把质量保证的概念延伸到了整个组织层面。组织通过建立起完善的质量管理体系，从而全面地提高产品质量，实现客户满意。虽然质量体系本身的范畴已经超出了项目管理的范围，但项目是处于组织环境之中的。项目的质量管理活动必然受到组织在质量管理上的实施方针、策略和要求的影响。而国际通行的 ISO 9000 标准就是对组织建立质量体系的一种规范和要求。它提出了八项质量管理原则：

原则 1：以顾客为中心。

原则 2：领导作用。

原则 3：全员参与。

原则 4：过程方法。

原则 5：管理的系统方法。

原则 6：持续改进。

原则 7：基于事实的决策方法。

原则 8：互利的供方关系。

这 8 项原则对于深刻理解质量管理的内涵以及指导实际工作都有很重要的意义。而 ISO 9000 本身几乎成了"质量"的代名词，它也使得质量成了贯穿人们日常生活的必备要素。

## 三、质量改进

检查项目实施是否遵循流程的审计活动，不是为了"揭短"，而是为了寻找改进的机会。但机会从何而来呢？缺陷的预防是通过预定义的过程来实现的，即使如此，通过质量控制活动仍然可以发现很多产品缺陷，这些缺陷的产生可能是由于以下两个原因：

- 预定义的过程是可以预防的，但是操作者没有遵守。
- 预定义的过程并没有考虑到该类"缺陷"，也就是并没有对它进行预防。

对于前者，我们需要做的是对操作者进行更好的培训，或者对过程的遵循加强监督。但后一种原因则说明了所制定的过程存在改进的机会。

所有人都不喜欢犯错，但不犯错误的前提是掌握了"正确的方法"，从而避免犯错误。有经验的人成功率高，是因为他们已经固化了正确的行为习惯，但这一优势仅属于他们自身。对于一个组织来说，它需要的是一个属于组织一级的能力。具体来说就是：组织通过定义的执行过程使得所有人都可以达到有经验的人的执行结果。这里并没有简单地把出现的缺陷当作一个负面影响来处理，而是把它看作一个可以被改进的机会。出现问题并不可怕，可怕的是重复出现以前出现过的问题。项目中的质量改进操作过程如图 6-12 所示。

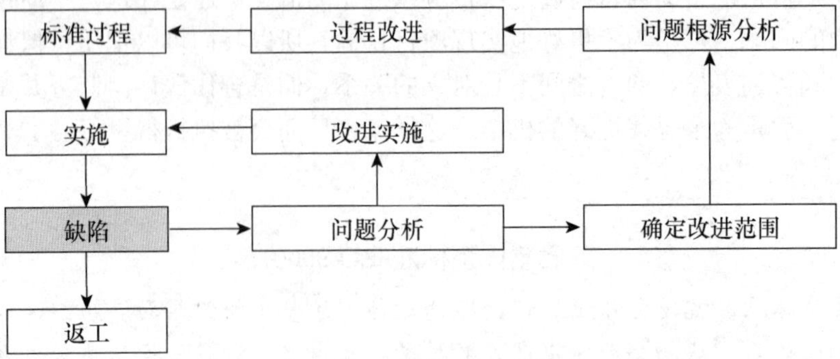


图 6-12　质量改进操作过程

对出现的缺陷除了进行返工外，还需要判断缺陷的来源。如果是实施的问题，则需要改进实施措施。例如，加强培训，提高人员质量意识，引起上级管理层重视等。如果是过程本身的问题，则进入过程改进的环节当中。

**案例 6-3**

**先僵化再优化**

虽然过程优化的理念比单纯遵循过程更容易被人们所接受，但事物本身的发展必须遵循由低到高的基本过程。过程改进是在过程制度完备的基础上实施的。对于一个还没有建立过程机制的组织，直接强调过程优化和改进往往会导致过程混乱。

华为公司在推行企业正规化建设的初期也出现过类似的情形。一开始在实施企业研发过程化建设的时候，那些平常自由惯了的研发者对过程化建设有相当的抵触情绪。此时任正非提出一个非常著名的过程化建设的口号："先僵化，再优化。"这成了中国企业进行现代企业运行机制建设的一个具有特色的标志。

过程改进并不是一个随意的活动，虽然可改进的机会很多，但如果考虑到改进活动是需要消耗资源的，就必须寻找那些能够带来最大回报的机会。所以我们首先要借助于帕雷托分析寻找到"关键性的少数"，对这些少数的核心问题进行"根源分析"，通过寻求"过程上的改进"来避免问题的重现。

## 四、寻找关键性的少数——质量工具：帕累托分析

人们通常有这样的直觉：对一件事而言，所有的原因大致一样重要；对于一个商家而言，所有的顾客都一样重要，都需要关注；对于一个企业而言，某一范围内的所有员工大致有同等的价值；所有的生意、每一种产品、每一分利润对企业而言都一样好……推而广之，所有的机会都有近似价值，我们应平等以待。

可是，意大利人帕累托给了我们一个反直觉的失衡的世界。他得出这样的结论：20%的人口享有 80%的财富，某一族群占总人口的百分比与该族群所享有总收入或财富之间有一致的数学关系，而且这种不平衡模式在不同时期、不同国度会重复出现。因此，80/20 成了这种不平衡关系的简称，后人称为 80/20 定律或帕累托定律。80/20 定律的重点不在于百分比是否精确（实际上精确的 80/20 关系出现的概率很小），而在于告诉我们：以一个关键的小的诱因、投入和努力，通常可以产生大的结果、产出或酬劳，这是一个可预测的事实。

帕累托所发现的 80/20 原则强调了这样一个原则："关键性的少数，其重要性大于次要的多数。"把有限的资源投入那些关键而重要的事情上，其回报投入比（ROI）要高得多。在质量改进环节中，需要利用 80/20 原则首先关注那些产生了 80%问题的 20%因素。其做法是，统计分类事件发生的频率分布，并且按照发生次数由高到低排列，这样可以看出哪些情况比较重要，这样的图被称作"帕累托图"（见图 6-13）。$Y$ 轴左边表示某种因素发生的频数（次数），$Y$ 轴右边表示某种因素发生的累计频率。$X$ 轴表示影响项目质量的各个因素或项目，曲线表示各种影响因数的累计百分数。

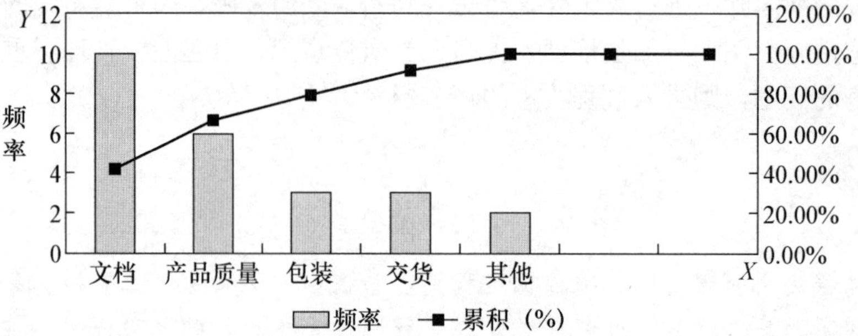


图 6-13　帕累托图

80/20 原则其实并不仅仅是质量工具，它也是一种工作和生活中的指导性原则，和其他一些管理理论相互呼应。例如：

● 在资源有限的情况下，对目标排列优先级，这就要求识别出对项目最有价值的那些目标并优先保障。

● 约束理论中，强调识别瓶颈，并且投入资源首先全力消除它，也反映了寻找最关键要素的指导思想。

● 在系统模式中，寻求解决根本问题的杠杆解也是要求去除表面的解，寻找关键的思路。

## 五、寻找问题的根源——质量工具：鱼骨图

通过帕累托分析可以得到那些最需要首先解决的 80%的问题，下一步就是寻找这些问题产生的根源。我们可以借助一个工具——鱼骨图，也称因果分析图，又因为其发明人为石川馨而被称为“石川图”。鱼骨图的目的是将原因和结果联系起来，并且对观点进行有效分类。鱼骨图如图 6-14 所示。

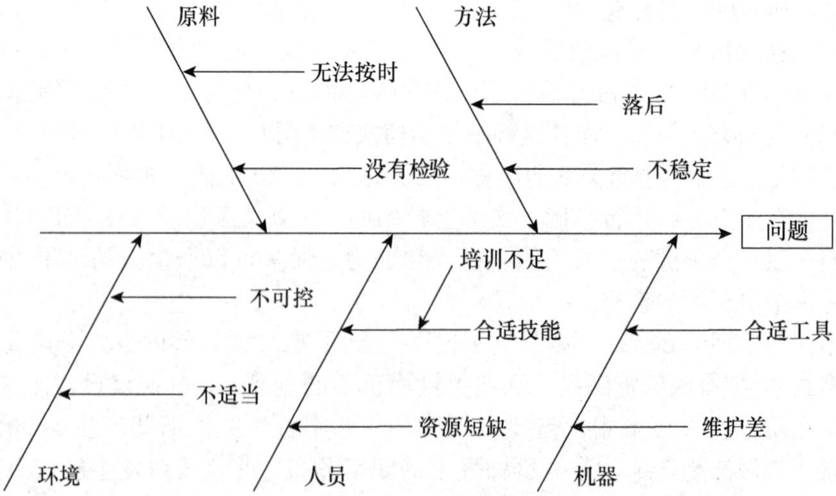


图 6-14　鱼骨图

一个经常采用的分析过程是从“人、机、料、法、环”五个因素作为起点开始进行

“头脑风暴式”的原因查找：

- “人”，是指过程实施的人员。
- “机”，是指操作过程所需要的工具或者机器设备。
- “料”，是指原材料，也就是项目的输入。
- “法”，是指操作方法或者操作过程。
- “环”，是指实施活动所处的环境，包括工作环境，也可以指管理、市场等外部因素。

这 5 个方面仅仅是帮助寻找问题根源的 5 个出发点，其目的是给出一个指引。鱼骨图强调的是发散性思维。也就是说，先不管这是否是主要因素，只要是对问题的产生有影响，都可以在第一阶段进行罗列，罗列的同时进行分类。从 5 大类开始，利用类似鱼骨的形式，“大刺”上生“小刺”，逐步细分。但总体来说，鱼骨图是通过发散来汇聚所有可能导致问题出现的原因，强调的是“广”而“全”。实际操作上，鱼骨图往往仅是寻找问题根源的第一步，这种广撒网的方式无法给出有针对性的解决办法，因为资源总是有限的。所以在罗列完所有的可能性之后，需要给出每一类因素对问题产生所占的权重。也就是说，还需要判断哪一类因素是最先要解决的，然后针对这类因素进行深入挖掘，即先“广”后“深”。

## 六、追根溯源——质量工具：五个为什么

为什么—为什么分析法，也被称为 5 个为什么分析法。它是一种诊断性技术，被用来识别和说明因果关系链。通过恰当地、不断地提问为什么前一个事件会发生，直到回答“没有好的理由”或者转到了一个新的故障模式，才会停止提问。通过解释根本原因防止问题重演。

**案例 6－4**

### 杰斐逊纪念堂外墙脱落的根本原因

美国杰斐逊纪念堂是一座白色大理石建筑。该纪念堂曾经遇到一个重大问题：白色大理石墙体发生严重脱落，严重影响了整座建筑物的安全，更不用提及对建筑物美观的影响了。

为解决这一重大问题，美国政府曾斥巨资但却未能奏效，后来请专家来对这一问题进行研究，以找到解决问题的答案。专家经过初步研究给出结论：清洁剂对墙体是有害

的，清洗大理石墙体的频率与大理石墙体脱落的程度呈正相关，清理大理石墙体的频率越高，脱落的程度也就是越大。因此，建议减少大理石墙体的清理次数，这样就可以确保建筑物的安全了。

但这一结论的指导性却并不好，因为减少或停止对大理石墙体的清理，带来的结果是白色大理石变得非常脏，严重影响了杰斐逊纪念堂的景观。

为此，专家继续研究：

1. 为什么会频频清洗墙体？建筑物顶部经常积满鸟粪。

2. 为什么同处于华盛顿广场的林肯纪念堂没有鸟粪而偏偏杰斐逊纪念堂有？杰斐逊纪念堂顶部有大量的蜘蛛，蜘蛛吸引大量的燕子前来觅食筑巢，从而留下了鸟粪。

3. 为什么会有这些大量的蜘蛛？因为建筑物顶部有某种非常多的小虫子，而这种小虫子恰恰是蜘蛛最喜欢的食物。

4. 为什么会有如此多的这种虫子爬到纪念堂顶部？上面开着一些窗子，阳光容易从窗口射入，这些小虫子除了喜欢灰垢外，更喜欢阳光，因此它们集居顶部，并在阳光下极速繁衍，形成了厚厚的虫子层。

当问题解答至此时，专家给出了有效的解决方案：把顶层的窗户关上。

一个用巨资都无法解决的问题就这样解决了。

---

相对其他质量工具来说，5个为什么并不像一个正规化的方法，而更像是一种思维方式或者处事态度。操作时，有一个技巧需要掌握。

**案例 6-5**

### 你为什么没有时间

例如，虽然大多数人知道看书是好事，但未必做得到。我们就此做以下提问：

问：为什么不看书？　　　　第 1 个 Why

答：没有时间。

问：为什么没有时间？（追问，第 2 个 Why）

答：工作忙。

问：为什么工作忙？（追问，第 3 个 Why）

答：因为老板分配的工作多。（这个回答阻止了继续追问的可能性，因为问题根源被转移了）

上面的示例具有普遍性意义。连续的“为什么”追问会在最后那个回答后终结，因为回答者把根源转移到他人身上。也就是说，为什么会出现这个现象，是因为“别人”造成的，“我”无能为力。发问者在遇到这种情况时要特别注意，这说明：

- 已经接近问题根源，因为回答者开始试图转移视线。
- 可能问题真的需要从其他环节上寻找，可以照此继续追问他人。

如果是第一种情况，我们说问题的根源基本上很接近了，但这个时候需要某种技巧处理这种转移视线的回答。例如：

问：你的工作效率还有提高的可能性吗？　　　　（把问题重新转移回来）

答：可以。
问：那为什么不想办法提高工作效率呢？ （继续追问）
答：自己以前没有意识到，只从外部找原因。 （找到问题根源）

上面的例子显示出在追问“为什么”的过程中，往往有这样一种倾向：人们常常把责任推脱到外部因素上。但一件事情要想成功，依赖的条件既包括所能控制的内部因素，也必然包含所不能掌控的外部因素，如图 6－15 所示。

这说明，就算你百分之百努力并做到位，也仍然存在使事情不成功的外部因素，“谋事在人，成事在天”。此时你的处事态度有两种：一种是只关注外部那些不可控的因素，但这只会为事情不成功寻找理由，为自身不努力寻找借口。久而久之，不可控因素的范围会扩大，可控因素的范围会缩小，事情成功的可能性也就越来越小了（见图 6－16）。

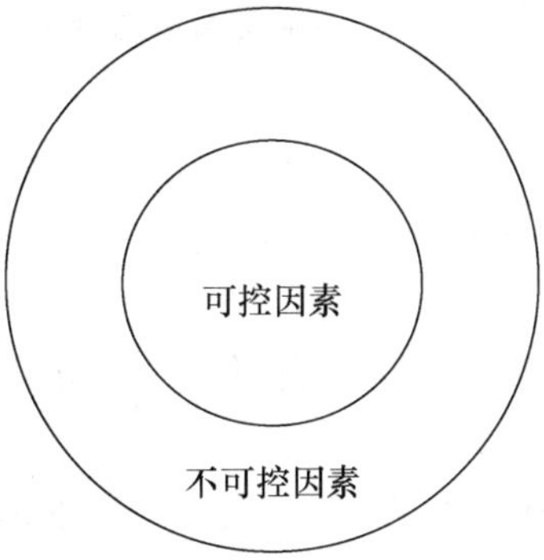


**图 6－15 可控与不可控因素**

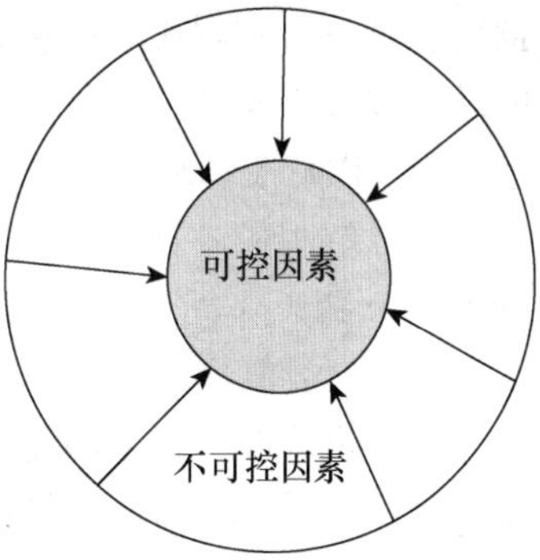


**图 6－16 关注不可控因素**

另一种是忽视那些不能掌控的外部因素，仅仅关注自己所能影响的，这样就会继续努力。虽然事情的成功仍然存在不可控的外部因素，但由于你的争取，实际上影响事情成功的可控因素范围在扩大（见图 6－17）。

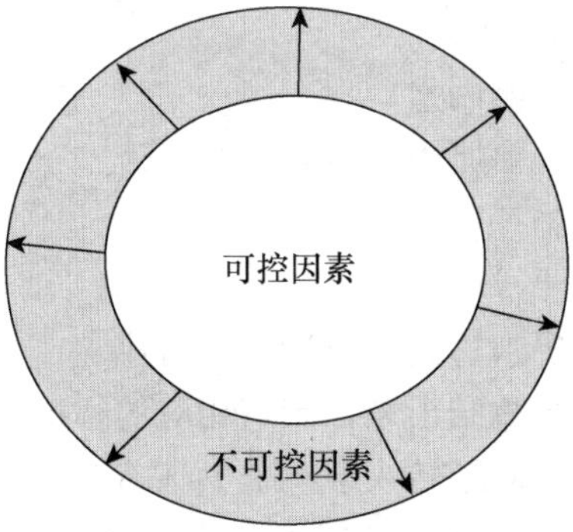


**图 6－17 关注可控因素**

由此可以看到两种处事态度的差异：前者称为消极的，因为其总在关注事情不利的一面；后者称为积极的，因为其即使存在不利因素，但仍然不放弃努力。虽然不能保证在某一件事情上后者一定会做成，但至少成功的概率总是比前者要高得多。虽然努力不一定成功，但不努力肯定不会成功。道理很简单，但体现在日常行为上面，上述的 5 个为什么追问往往受阻于人们的消极态度。

## 七、过程改进

寻找到产生问题的根源，通过制定或者改进流程来消除，这一过程被称为 PDCA 循环，由戴明博士最早提出。P、D、C、A 四个字母所代表的意义如下：

● P（Plan）——计划，包括方针和目标的确定以及活动计划的制订。

● D（Do）——执行，执行就是具体运作，实现计划中的内容。

● C（Check）——检查，就是要总结执行计划的结果，分清哪些对了，哪些错了，明确效果，找出问题。

● A（Action）——行动（或处理），对检查的结果进行处理，成功的经验加以肯定，并予以标准化或制定作业指导书，便于以后工作时遵循；对于失败的教训也要总结，以免重现。对于没有解决的问题，应提到下一个 PDCA 循环中去解决。

PDCA 循环有以下四个明显特点：

● 周而复始：PDCA 循环的四个过程不是运行一次就完结，而是周而复始地进行。一个循环结束了，解决了一部分问题，可能还有问题没有解决，或者又出现了新的问题，再进行下一个 PDCA 循环，以此类推。

● 大环带小环：类似行星系，一个公司或组织的整体运行的体系与其内部各子体系的关系，是大环带小环的有机逻辑组合体。

● 阶梯式上升：PDCA 循环不是停留在一个水平上的循环，不断解决问题的过程就是水平逐步上升的过程。

● 统计的工具：PDCA 循环应用了科学的统计观念和处理方法作为推动工作、发现问题和解决问题的有效工具。

典型的模式被称为“四个阶段”“八个步骤”。四个阶段就是 P、D、C、A，而八个步骤是：

● 分析现状，发现问题。

● 分析质量问题的各种影响因素。

● 分析影响质量问题的主要原因。

● 针对主要原因采取措施。

● 执行，按措施计划的要求去做。

● 检查，把执行结果与要求达到的目标进行对比。

● 标准化，把成功的经验总结出来，制定相应的标准。

● 把没有解决或新出现的问题转入下一个 PDCA 循环中解决。

显然，PDCA 循环强调改进是一种试探性的行为，结果被确认达到了目标，才会被引入流程中来固化。事实上，一次流程改进活动融合了前面所讲的几个活动，包括识别改进机会、确定改进范围、定位问题根源、制定改进方案并实施等。

质量改进过程如图 6－18 所示。

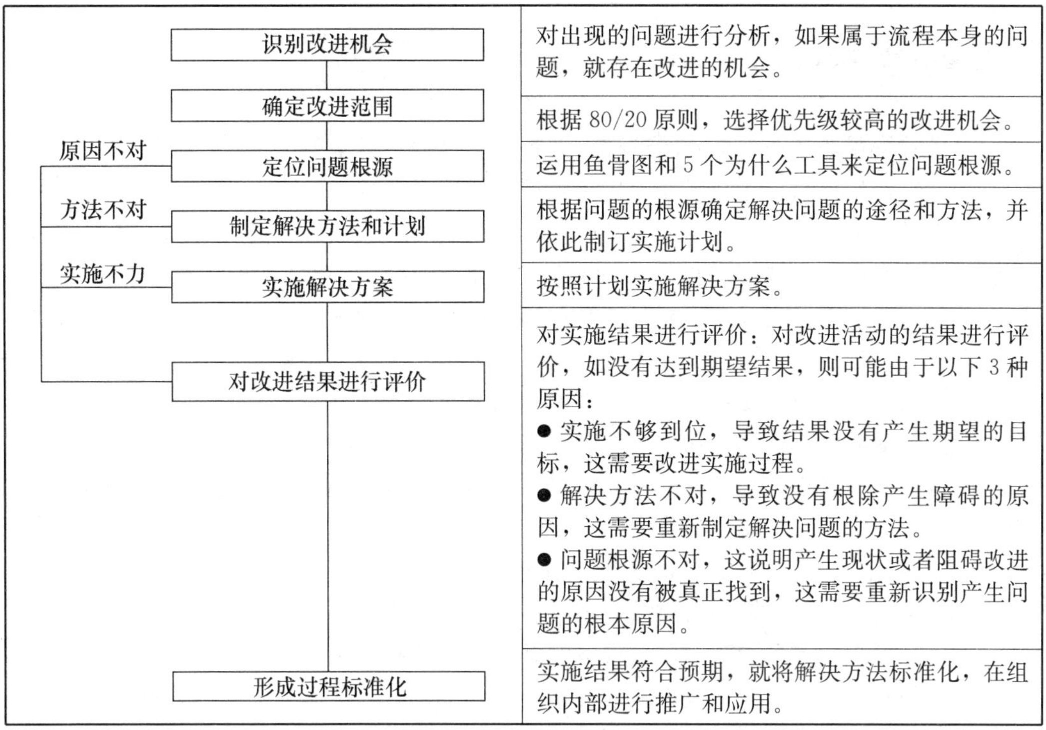


**图 6-18　质量改进过程**

最初的过程管理思想可以追溯到泰勒的科学管理，其目的是推广最有效率的工作方式，之后这一思想在工业界被发扬光大。早期强调的是：贯彻和执行已被证明是最有效率的标准化过程。但随着发展，过程管理的重心逐渐从执行转移到了确定最优过程本身。既然过程是过去最佳实践经验的集合，那也就意味着随着经验的累积，过程本身也会不断改进。强调遵循过程是一方面，更重要的是所遵循的过程确实是最佳经验。所以建立过程不断被优化和改进的机制就成了过程管理的核心。但经验的继承和传播不仅仅是项目一级的活动内容，必须上升到组织级层面才有更有效率和意义。

## 拓展阅读

帕累托分析：抓大放小，何必事必躬亲

## 本章小结

项目质量管理是一个系统的过程，其各个子过程不可割裂。在管理实践中，只有整体考量、规划和控制，才能确保项目达到预期的质量标准。

在项目质量管理中，质量规划和质量保证是核心。整个过程由外向内，是由宏观到微观的。较宏观的质量管理规划，相对容易理解和执行；较微观的质量保证和质量控制，更多地反映项目质量管理的具体操作和内在挑战，管理难度较大。项目质量管理能力，最根本的是建立质量意识和有效实施质量控制的能力。在管理实践中，往往从规划质量管理入手，进而推动项目质量管理能力的全面提升。

项目质量管理是项目成功的关键因素之一。本章介绍的项目质量管理过程为项目的质量控制提供了方法论基础，读者需要通过不断实践来加深对这些过程的理解和应用。同时，项目质量管理还需要与其他知识领域紧密结合，如范围管理、时间管理、成本管理等，才能确保项目目标的全面实现。在管理实践中，项目经理应当始终关注质量绩效，平衡项目约束，确保项目质量与项目目标保持一致。

项目质量管理体系的改变，最根本的是项目经理和团队对质量理念和控制方法的改进。在管理实践中，往往从改进质量规划技术入手，进而推动整个项目质量管理过程的优化和提升，最终实现项目质量的有效管理和控制。质量工具和技术（如因果图、帕累托图、控制图等）的应用，更是提高了项目质量管理的科学性和有效性，使得项目团队能够更准确地识别质量问题，采取预防和纠正措施。

质量管理的“适用性质量”理念和“持续改进”思想，强调了项目质量管理不仅要关注产品本身的质量，还要关注满足客户需求和期望的程度。这种全面质量管理的思想为项目质量管理提供了更广阔的视角，有助于项目团队在追求质量的过程中始终保持客户导向。

## 课后思考

1. 质量是一种意识，它的定义比我们通常的理解要广泛得多。请你举一个身边的例子，来说明你在学习本章后对质量意识产生的认识变化。

2. 一个寻找“质量”问题最简单的办法就是：生活中哪里出现了不满意，哪里就有质量问题。请你举例说明，哪些属于符合性质量问题，哪些属于适用性质量问题。

3. 请举例说明你所在的组织在做项目的时候，哪些活动是做“验证”，哪些活动是在“确认”。它们的参照点都是什么？

4. 请把“质量保证”的概念用在家庭装修活动中，设想一下该如何确保装修的质量符合要求。

5. “IS 9000”提出了 8 项质量管理原则，请展开讨论每一项原则的必要性。

6. 遵循工作流程的目的之一是继承过去的经验，但假如有人质疑所参照的流程不一定是最佳的，你该如何应对呢？

7. 预防机制和质量保证机制有一个共同点，就是当你期望某种结果的时候，需要先假设这种结果是不会出现的，然后采取措施使结果出现。请你搜集一些信息，谈谈对这种现象的体会。

8. 大多数组织不愿意为质量而先行投入，请你思考一下该如何说服企业高层管理者改变这种思想。

9. 为你所在的组织制定一份质量计划模板。

10. 中国古代先贤有很多关于积极心态和对待可控与不可控因素的智慧言论，你知道的都有哪些？

# 第七章
# 项目人力资源管理

## 学习目标

知识目标

- 理解项目人力资源管理的概念和重要性。
- 掌握项目人力资源管理的主要过程。
- 了解团队发展的阶段理论和团队动力学。
- 掌握激励理论和领导力理论在项目管理中的应用。

能力目标

- 能够制定项目人力资源管理计划。
- 能够有效地组建和管理项目团队。
- 能够运用适当的技术和方法进行团队建设。
- 能够识别和解决团队冲突。
- 能够运用适当的激励方法提高团队绩效。

素养目标

- 培养以人为本的管理理念。
- 提高人际沟通和协调能力。
- 形成尊重、信任、包容的团队文化意识。
- 增强跨文化管理的敏感性和适应能力。

## 第一节　人力资源管理概述

现代的人力资源管理来源于传统的人事管理。人事部门的产生则起源于产业革命后所形成的工厂系统，其目的在于为工厂主提供劳动力。由于工厂系统本身的性质以及科学管理思想和方法的推广和应用，工厂中每一个职位的工作范围和性质都是确定的，其工作所产生的价值也是相当明确的。这个时候人事部门最主要的工作目标就是在确定的工作目标和价值的基础上降低实施劳动的人力成本。传统人事管理活动的特点是：

- 以事为中心，要求人去适应事。
- 将人力较多地视为成本。

可以看出，传统的人事管理是基于泰勒的科学管理思想。随着社会的发展和经济特征的逐步转型，人在企业中的作用不仅仅局限在提供重复的“劳力”上。在很多新兴产业中，人的贡献越来越多的体现在一些创造性工作中。此时已经很难简单地预测出其劳动的价值，而且越来越多的企业在很大程度上高度地依赖这种“创造”出的价值。人力已经不是“成本”了，而是“利润”的来源。与其去关注如何降低成本，还不如激发“人力资源”来创造出更大的利润价值。人力资源理论就是将“人力”看作企业的资本，而不是“成本”，力图使其创造更高的价值。

人力资源管理与传统人事管理的区别：

- 建立以人为本，以人为核心的管理理念。
- 把人力当成资本，当成能创造更多价值的资源。
- 把人力资源开发放到首位，提高人力资源品位，大力开发人力潜能。
- 人力资源管理被提高到组织战略高度，而不是当事务性工作看待。
- 人力资源管理部门被视为生产与效益部门。

人力资源管理的基本理论可以追溯到著名的“霍桑实验”，在这个实验里首次揭示出人际关系对生产效率的影响。第二次世界大战之后，有关人力资源管理理论进入了一个蓬勃发展的时期。研究方向主要是如下几个方面：

- 单纯研究个体。研究者从个体人的角度出发，探讨人工作的动机，寻求管理者驱动下属努力的途径。这方面的研究成果包括人性理论、人格理论以及激励理论。
- 研究个体之间的协作。研究者从人与人之间的协作角度出发，探讨高效率协作的技巧、方法和环境。所涉及的方面包括：协作、冲突、博弈以及公司政治等。
- 研究团队行为，包括团队形成理论、团队角色理论等。
- 研究管理者本身，这方面的代表是领导力理论。

**案例 7-1**

### 中国古代用人哲学

中国古代的思想家很早就意识到如何有效地选择和使用人才，才能最大限度地发挥人的才干。这些思想在今天不但没有过时，反而成为很多优秀领导者的座右铭。

《尚书·咸有一德》中说："任官惟贤才，左右惟其人。"后世据此典故引申出成语"任人唯贤"。

《荀子·王制》中说："欲立功名，则莫若尚贤使能矣。"后世引申出成语"任贤使能"。

《孟子·公孙丑上》中说："贤者在位，能者在职"。

司马光《资治通鉴》中说："才者，德之资也；德者，才之帅也。"

明代张居正《论时政疏》中说："才者，材也，养之贵素，使之贵器。"

## 第二节　项目人力资源管理过程

项目中的人力资源管理过程有"管事"的一面，如对所需人力作出规划，获取资源，通过管理有效利用资源。这一管理思想忽视了人与人之间的差异性，把人当作一般性的可替代资源来考虑。从这一点来看，它传承了传统人事管理的思维。

在项目管理知识体系中，项目的人力资源管理过程（见图 7-1）包括：

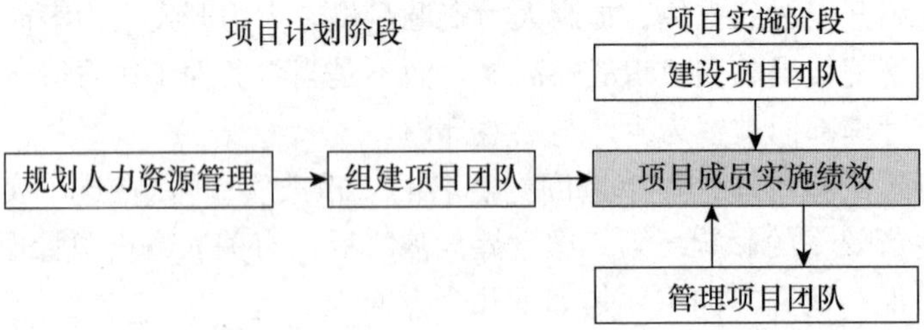


**图 7-1　项目人力资源管理过程**

- 规划人力资源管理（Plan Human Resource Management）：项目的组织结构、人员角色和责任的分配、人力资源的使用计划。
- 组建项目团队（Acquire Project Team）：获取需要的人力资源。
- 建设项目团队（Develop Project Team）：提高团队表现的绩效。

● 管理项目团队（Manage Project Team）：管理项目的团队绩效。

在整个项目管理过程中，“建设项目团队”过程偏重“管人”的层面。

规划人力资源管理和组建项目团队大多是在项目计划阶段完成的，其最终目的是为项目配备相应的人力资源。

建设项目团队和管理项目团队是项目实施阶段的管理过程。前者通过一些主动性的团队建设活动提高人员绩效，后者则是建立一套客观的绩效体系，监测和控制团队绩效水平，两者相辅相成，共同作用。

## 一、规划人力资源管理

规划人力资源管理包括 3 个方面的内容：

● 确定项目的组织结构。

● 建立项目的责任分配矩阵。

● 编制项目的人力资源使用计划。

在大多数项目中，组织计划主要作为项目最初阶段的一部分。但是，这一活动的结果应当在项目全过程中经常性地复查，以保证它的适用性。如果最初的组织计划不再有效，就应当立即修正。规划人力资源管理总是和沟通计划紧密联系，因为项目组织结构会对项目的沟通需求产生重要影响。

不同领域的项目在组织计划的内容上有很大的差异，没有一个通用的模板，我们以一个包含产品研发过程的工程实施项目为例。

1. 项目的组织结构

不同类型的项目，项目的组织结构会有很大的区别，但大体上可以分成项目管理人员和项目工程实施人员。为了保证监督的独立性，质量保证人员采用了双线汇报机制。如图 7－2 所示，在具体的实践中需要把这张图逐步细化到每一个人上，所以可能会用多图分级绘制。

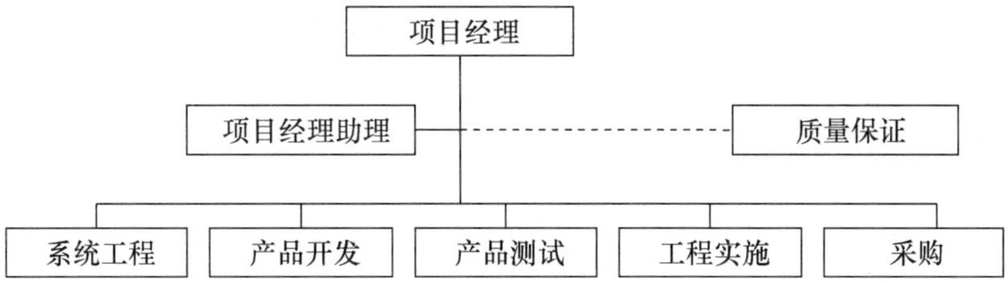


**图 7－2　组织结构图**

2. 项目的责任分配矩阵

项目的责任分配矩阵主要用来将项目的主要工作职责和人力资源产生对应关系，以明确人员在项目活动中的作用和责任关系。其示例如表 7－1 所示。

表 7-1 项目责任分配矩阵示例

| | 项目计划 | 系统工程 | 产品开发 | 产品测试 | 工程实施 |
|---|---|---|---|---|---|
| 项目经理 | 主导 | 参与 | 参与 | | 参与 |
| 系统工程 | 参与 | 主导 | 参与 | 参与 | 参与 |
| 产品开发 | | 参与 | 主导 | 参与 | 参与 |
| 产品测试 | | 参与 | | 主导 | |
| 工程实施 | | | | 参与 | 主导 |
| 质量保证 | 参与 | 参与 | 参与 | 参与 | 参与 |

3. 人力资源使用计划

人力资源使用计划（Staffing Plan）为项目的人力资源使用在时间上做出计划。其示例如表 7-2 所示。

表 7-2 人力资源使用计划示例

| | 第一个月 | 第二个月 | 第三个月 | 第四个月 | 第五个月 |
|---|---|---|---|---|---|
| 系统工程 | 2 | 2 | 2 | 2 | 2 |
| 产品开发 | 2 | 3 | 8 | 3 | 2 |
| 产品测试 | 2 | 2 | 4 | 8 | 3 |
| 工程实施 | 1 | 1 | 2 | 6 | 3 |

## 二、组建项目团队

项目实施所需要的最重要资源就是人力，但是将一群人召集来，并形成富有战斗力的团队需要一个建设过程。这个过程包括如下几个方面：

- 获取所需要的人员。一般来自两方面：组织内部调配和外部招聘。无论哪种情况，都需要仔细地选择，以期和工作性质的要求尽可能匹配。
- 将一群人打造成一个团队，需要遵循某种团队形成的规律。
- 高绩效的团队需要各种角色的成员。

1. 为项目选择合适成员

组建项目团队最主要的目的是为项目选择合适的人员，项目人员要求和项目各个工作职位性质高度相关，一般来说要遵循匹配的原则。在具体操作中，一般需要考虑以下因素：

第一个考虑因素：和工作相关的基本知识和技术，这是首要的基本条件。虽然这一条件是通过大体一致的教育、培训等来获得，但能力的大小仍会有差异。

第二个考虑要素：经验。这个因素决定了个人在非理想情况下解决问题的能力。教育和培训只能帮助人们完成基础的知识累积，个人的实际工作时间越长，他所积累的处理问题的经验也就越多。经验要素除了自我积累外，还可以通过组织学习、经验共享来快速获取。

第三个考虑要素：人际关系及合作能力。主要通过观察个人是否易于或主动愿意与他人相处，了解其思维和行为方式是否有利于合作。前两个要素无疑是针对个体完成工作的能力要求提出的，而第三个要素则是针对团队工作提出的。现代项目很强调合作，团队的协作效率直接影响整个团队绩效的高低，某些关键性的协作岗位更需要关注。

第四个考虑要素：领导能力。这里所指的领导能力主要是除了有效完成本职工作外，还可以帮助或带领他人。和前面 3 个要素只关注完成工作本身的要求不同，它更关注团队的长远目标：提高团队能力。

第五个考虑要素：工作动机。由受聘者回答为什么选择这份工作，是以满足生存和物质需要为主，还是因为兴趣，或者为了提升自身能力等。一般来说，工作动机和人的需要层次相关，这一点请参考后续的激励理论。

工作动机和员工在日常工作中的态度相关联。态度是驱动员工工作的本质动因。它决定了员工的工作目标是否和企业一致，是仅仅达到要求，还是超出期望。

大多数项目经理选择人员时可能更关注人员的综合素质和基本能力，但如果缺乏本质动因，意味着所有这些都不会真正产生价值。我国古代有一句谚语："先知先觉，可用也；后知后觉，亦可用也；不知不觉，不可用也。"说的就是这个道理。GE 的前总裁杰克·韦尔奇也说过："Lead，follow，or get out the way."原意就是：要么领导，要么跟随，否则离开。

上面 5 项基本要求是一个递进关系，选择人员可以从这 5 方面进行系统的考察。不同的工作岗位，5 方面要素的排列顺序也不一样。前两项是基本要求，但可以创造条件改进和提高。而后面三项，却和一个人的性格和行为习惯有关。虽然也会在适当条件下发生改变，但至少在短期内发生改变的代价较高。从某种程度上说，选择人员时也需要平衡，这取决于关注的内容，也和项目本身性质有关。

2. 团队形成的规律

在组建项目团队中，需要关注的第二个问题就是"从聚集一群人到成长为一个可以战斗的团队"之间所需要的过程。Tuckman 和 Jensen 的研究结果表明，团队形成要经过一系列的阶段和过程，如图 7－3 所示。

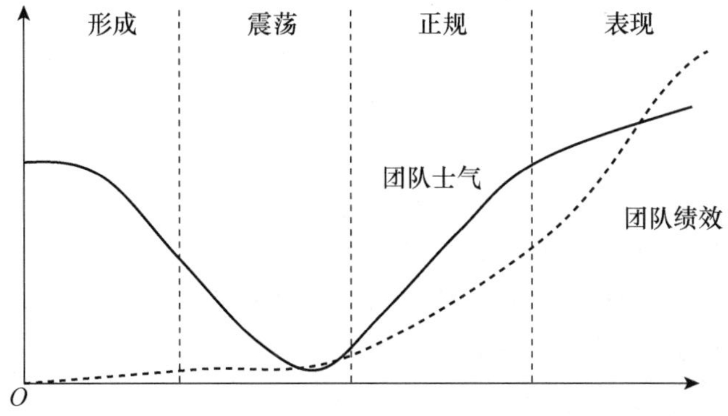


**图 7－3　团队形成规律**

一般来说，团队从建立到产生绩效需要经历 4 个不同的阶段：形成阶段、震荡阶段、正规阶段、表现阶段。

（1）形成阶段。

团队成员带着一个共同的目标聚集在一起，每人怀着既兴奋又紧张的心情憧憬未来，渴望有美好的前景；但也同样会生出很多的疑问：我们的目的是什么？其他团队成员的技术、人品怎么样？每个人都急于知道他们能否与其他成员合得来，自己能否被接受。

在这个阶段，团队有很高的士气，团队成员也抱有很高的期望。虽然大部分人可能是没有合作过的，但相互之间仍然充满了信任，迫切希望及早投入工作当中。

实际上，只要一开始工作，团队很可能进入一个危险的震荡阶段，这是一般项目团队必须经历的时期。

（2）震荡阶段。

尽管所有人都热情高涨，但是理想总要被现实所打破。团队成员之间的技术水平、工作习惯和方式上的差异，对目标诉求的不同，都会在工作中表现出来。团队成员内部的矛盾和冲突会日渐凸显，高涨的团队士气会迅速地降低，抱怨、不信任、推卸责任和难以协作等情绪和现象滋生，有些人甚至会选择逃避而离开团队。这是一个理想被现实打破的阶段。

震荡阶段几乎是不可避免的，这个阶段处理得不好会导致团队最终瓦解。

（3）正规阶段。

正规阶段最主要的目的是建立团队规则。团队规则的内容包括：团队的任务目标、工作流程、任务分配和职责等。

经历震荡阶段的团队士气低落，人与人之间充满了不信任。职责不清导致互相推诿或推卸责任。这种情况也有好的一面，因为这正是建立团队规则最好的时机。要让大家明确，只有建立人人能遵守的规则和制度才能实现有效协作，维护团队的一致性。

在团队规则的指引下，团队成员明确自己的任务和责任，也懂得如何和他人进行有效的协作。经过一段时间的磨合，逐步形成默契。渐渐地，团队的绩效有所提升，团队士气也有所恢复，从而达到正规阶段最主要的目的。

（4）表现阶段。

进入表现阶段的团队是一个基于明确规则高效运行的团队。此时的团队目标是完成任务，实现绩效。大多数团队在完成初期的几个阶段之后进入表现阶段，意味着一支富有战斗力的团队形成了。

从上面的分析可以看出，整个团队形成的过程就是团队的核心聚集力从一股热情转移到团队规则上来的过程。在这4个阶段中，最重要的是正规阶段。因为，震荡阶段是不可避免的。而把团队从崩溃的边缘拉回到正常的轨道，并逐步树立起信心和建立起绩效依靠的是正规阶段所形成的团队规则和基于规则的默契协作。

## 三、建设项目团队

建设项目团队过程是项目管理里唯一具有“管人”概念的过程。对“人力”这一特殊资源有两种看法：一种看法认为，人力只是所需资源的某一类，只关注数量而忽视人本身的独特性；另一种看法认为，伴随着人力资源管理理论的发展，强调人的本性和人与人之间社会联系的独特性，充分挖掘人的才能。这两种思路并不相互排斥，一般来说，前者广泛应用在宏观层面。在高层管理中，领导者无法仔细甄别每一个具体人的特征，只能依赖群体特征制定政策和制度。而在微观层面，则应更多关注个体及个体差异，采取不同策略应对。

影响和利用员工的工作动机，可以激发员工努力工作，也称作激励。为什么员工需要激励呢？对于机器和设备，只要给足所需要的资源，它们就会不折不扣地完成“本职工作”。但人除了能像机器一样提供“劳动力”外，还有思想和情感。这是不同于机器的一个优势，但也会是一个劣势。某些管理学的研究方向也曾把组织系统想象成一条生产线，把人看成生产线上的一个环节，只要提供工作动力（工资），就可以重复而稳定地工作。这种假设在某些领域，例如制造业是个不错的简化模型。但在一些更多依赖智力活动的行业，则必须考虑非物质因素对工作绩效的影响。实际上，驱动人努力工作的动力要比我们的简单假设复杂得多。人力资源管理理论中有很大一部分是探讨影响人们工作动机的因素，汇总如下。

- 讨论“基本人性”的麦格雷戈 X 理论—Y 理论。
- 需要型理论，包括马斯洛的需要层次理论、ERG 需要理论、麦克利兰的成就需要理论。
- 满意度理论，包括赫茨伯格的双因素理论、亚当斯的公平理论。
- 行为理论，包括期望理论、强化理论。

1. 麦格雷戈 X 理论—Y 理论

麦格雷戈认为，基于人性的理论存在两种截然相反的假设基础，分别被定义为 X 理论和 Y 理论。

X 理论主要体现了集权型领导者对人性的基本判断，这种假设认为：

- 一般人天性好逸恶劳，只要有可能就会逃避工作。
- 人生来就以自我为中心，漠视组织的要求。
- 人缺乏进取心，逃避责任，甘愿听从指挥，安于现状，没有创造性。

基于 X 理论对人的认识，持这种观点的领导者认为，在领导工作中必须对员工采用强制、惩罚、解雇等手段来迫使他们工作，对员工应当严格监督和控制，在领导行为上应当实行高度控制和集中管理，在领导模式上采取集权的领导方式。

Y 理论对人性的假设与 X 理论的假设完全相反，主要观点是：

- 一般人天生并不是好逸恶劳的，他们热爱工作，从工作中获得满足感和成就感。
- 外来的控制和处罚不是促使人们为组织实现目标的有效方法，下属能够自我确定目标、自我指挥和自我控制。
- 在适当的条件下，人们愿意主动承担责任。
- 大多数人具有一定的想象力和创造力。
- 在现代社会中，人们的智慧和潜能只是部分地得到发挥。

基于 Y 理论对人的认识，领导者应该对职工采取民主和放任自由型的领导方式，在领导行为上必须遵循以人为中心的、宽容的、放权的领导原则，将下属目标和组织目标很好地结合起来，为人的智慧和能力的发挥创造有利的条件。

X 理论—Y 理论的选择决定管理者处理员工关系的方式。但是迄今为止，还没有足够的证据证明哪一种假设更为有效。实际中既有因采取 X 理论而取得成效的例子，也有因采取 Y 理论精华而得到发展的例子。

*2. 需要层次理论*

需要层次理论是研究人的需求结构的一种理论，为美国心理学家马斯洛首创。他在 1943 年出版的《人类动机理论》一书中提出了需要层次理论。马斯洛的需要层次理论可以说是研究组织激励时应用得最广泛的理论。这个理论的构成根据 3 个基本假设：

- 人要生存，他的需要能够影响他的行为。只有未满足的需要能够影响行为，满足了的需求不能充当激励工具。
- 人的需要按重要性和层次性排成一定的次序，从基本的（如食物和住房）到复杂的（如自我实现）。
- 当人的某一级的需要得到最低限度的满足后，才会追求高一级的需要，如此逐级上升，成为推动继续努力的内在动力。

基于此，马斯洛把人的需要分成生存需要、安全需要、社交需要、自尊需要和自我实现需要五类，依次由较低层次到较高层次，如图 7－4 所示。

**图 7－4　需要层次**

- 生存需要，最低级别的需要，这类需要被满足之前，人们不会转向较高层次的需要。管理者应该明白，如果员工还在为生存而忙碌，他们所真正关心的问题就与他们所做的工作无关。人们是为报酬而工作，只关心和收入直接相关的物质回报。
- 安全需要，是指维持生存的稳定性和对意外伤害的规避，例如，员工虽然有了一份可以糊口的工作，但他会进一步关注工作是否稳定，是否有足够的福利等来保障稳定的生活、抗御外来意外的伤害。安全需要没有被满足的员工，一般较少冒险，更愿意承担把握性大的工作，对工作本身并不挑剔。
- 社交需要，这是与前两者截然不同的另一层次。可简单表述如下：人们寻求被接纳的社会环境，工作被作为寻找和建立和谐人际关系的机会。在这种需求下，员工十分希望工作场所和同事之间有着“家”一样的感觉。管理者此时可以采取一些强调集体氛围之类的团队建设活动，以增强员工的集体感和主人意识。
- 自尊需要。员工非常关注他人对自己的认可与尊重是他们自尊需要的体现。这是他们在被接纳成为团队一员（社会需求）之后的进一步要求。有尊重需要的人希望别人认可他们的实际能力，按照自我评估的要求接纳他们。他们关心的是成就、声誉、地位和晋升机会，这需要得到别人的认可。

● 自我实现需要的目标是自我实现，也称发挥潜能。达到自我实现境界的人，接受自己也接受他人。这类人有较强的解决问题的能力，自觉性高，善于独立处事。他们可能已在某个时刻部分地满足了其他的需要，希望得到更充分的发挥来显示自己的才华。当然，他们可能会由于过分关注这种最高层次的需要的满足，而自觉不自觉地放弃满足较低层次的需要。自我实现需要占支配地位的人在受到激励后，会在工作中运用最富于创造性和建设性的技巧。他们认为，无论哪种工作都可以进行创新，创造性并非管理人员独有，而是每个人都期望拥有的。

对需要层次理论的简单概括如表 7-3 所示。

**表 7-3 需要层次理论**

| 激励因素 | 需要层次 | 激励措施 |
|---|---|---|
| 成长 | 自我实现 | 有挑战性的工作 |
| 成就 | 自我实现 | 创造性 |
| 提升 | 自我实现 | 在组织中获得提升 |
| 承认 | 自尊 | 同事和上级认可，奖励增加 |
| 地位 | 自尊 | 工作职称 |
| 自尊 | 自尊 | 工作本身 |
| 自重 | 自尊 | 责任 |
| 志同道合 | 社会 | 管理的质量 |
| 爱 | 社会 | 和谐的工作小组 |
| 友谊 | 社会 | 同事的友谊 |
| 安全 | 安全 | 安全工作条件 |
| 保障 | 安全 | 外加的福利 |
| 胜任 | 安全 | 普遍增加薪水 |
| 稳定 | 安全 | 职业安全 |
| 食物 | 生存 | 基本工资 |
| 住处 | 生存 | 工作条件 |

3. *激励因素—保健因素理论*

激励因素—保健因素理论是美国的行为科学家弗雷德里克·赫茨伯格（Fredrick Herzberg）提出的，又称为双因素理论。他进行的研究显示导致工作满意的因素与导致工作不满意的因素是有区别的，管理者消除了工作中的不满意因素，只能安抚员工，而不能激励员工。赫茨伯格将这些导致工作不满意感的因素为保健因素，包括公司政策、管理措施、监督体系、人际关系、工作条件、工资、福利待遇等。当它们得到充分改善时，人们就没有不满意感了，但也不会感到满意。要想真正激励员工努力工作，必须注重那些能带来积极、满意和激励作用的因素，被叫作“激励因素”，唯有这些因素的改善才会增加员工的工作满意感。这些能满足个人自我实现需要的因素包括：成就、被赏识、挑战性的工作、更多的工作责任，以及成长和发展的机会。这些因素能对人们产生更大的激励。

从这个意义出发，赫茨伯格认为传统的激励假设，如工资刺激、人际关系的改善、良好的工作条件等，都不会产生更大的激励；它们能消除不满意，防止产生问题，但这些传统的激励因素即使达到最佳状态，也不会产生积极的激励。按照赫茨伯格的观点，管理当局应该认识到保健因素是必需的，不过它一旦产生不满意，就不能产生更积极的效果。只有激励因素才能使人们有更好的工作成绩。

激励与保健因素举例如表 7-4 所示。

表 7-4　激励与保健因素举例

| 激励因素 | 保健因素 |
|---|---|
| 成就 | 监督 |
| 认可 | 公司政策和行政管理 |
| 工作本身 | 与主管的关系 |
| 责任 | 工作条件 |
| 晋升 | 薪金 |
| 成长 | 同事关系 |
|  | 个人生活 |
|  | 与下属的关系 |
|  | 地位 |
|  | 安全保障 |

赫茨伯格的双因素理论同马斯洛的需要层次理论有相似之处。他提出的保健因素相当于马斯洛提出的生存需要、安全需要、感情需要等较低级的需要；激励因素则相当于受人尊敬的需要、自我实现的需要等较高级的需要。当然，他们的具体分析和解释是不同的。但是，这两种理论都没有把“个人需要的满足”同“组织目标的实现”这两点联系起来。

4. 斯金纳的强化理论

强化理论由美国的心理学家和行为科学家斯金纳、赫西、布兰查德等人提出。斯金纳在心理学的学术观点上属于极端的行为主义者，其目标在于预测和控制人的行为而不去推测人的内部心理过程和状态。他提出了一种“操作条件反射”理论，认为人或动物为了达到某种目的会采取一定的行为作用于环境，当行为后果对他有利时，这种行为就会在以后重复出现；不利时，这种行为就会减弱或消失。人们可以用正强化或负强化的办法影响行为的后果，从而修正其行为。这就是强化理论，也叫作行为修正理论。

强化理论具体应用的一些行为原则如下：

● 经过强化的行为趋向于重复发生。

● 要依照强化对象的不同采取不同的强化措施。

● 小步子前进，分阶段设立目标，并对目标予以明确规定和表述。

● 及时反馈，在行为发生后尽快采取适当的强化方法，对有效实施强化手段有积极作用。

● 正强化比负强化更有效，所以在强化手段的运用上，应以正强化为主。

5. *人为什么需要工作：激励理论总结及实践应用*

如果我们对上述繁杂的激励理论做个总结，可以发现这么一个规律：

● 驱动人们工作的动力因素可以分为物质和精神两大类。

● 动力可以来自自身，也可以来自外部环境。

我们分析3种需求理论，其中生存和安全需求都属于来自外部的物质满足，社会、合群和被认可的需求则属于来自外部的精神满足，而自我实现和权力需求属于来自内在的精神满足。可以简单地认为，这是一个从低级被动到高级主动的需求变化（见图7-5）。

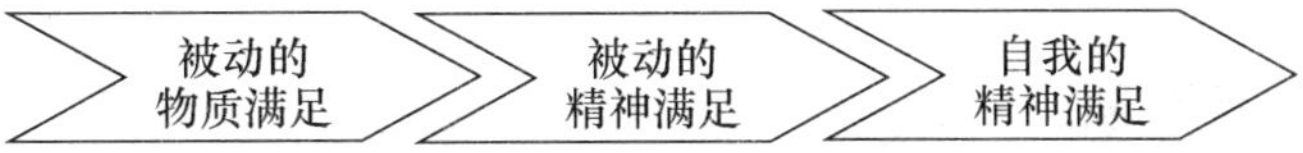


**图7-5　从低到高的需求变化**

这些需求因素在什么条件下可以起作用呢？赫茨伯格的双因素理论给了很好的总结，简化来看，激励因素总是和精神层面的需求有联系，而保健因素则依赖于物质需求的满足。但作为管理者去施加这些因素的时候，对被激励者来说是来自外部的被动作用。事实上，在最高层次的自我精神满足方面，管理者提供的是一个可以让被激励者自我获得需求满足的平台。也就是说，给他提供自我发展的空间和平台，这就是更高层次的激励。

强化理论关注的是激励因素的运用时机。它强调在行为过程中就可以实施正负激励因素来强调所期望的行为。显然在运用强化理论的时候，更多的是物质层面的短期行为。被动性的精神鼓励也有作用，但对最高层次的自我激励因素则几乎不起作用。

具体到实践操作层面上，给予被激励者物质奖励比较容易操作，见效也比较快，对实施者的要求也低，所以物质奖励是最常用的一种手段。但如果长期使用物质激励，其缺陷也显而易见：

● 考虑到“人的适应性”，其边际效应会逐步递减。

● 直接提高了成本，这在很多财务基础不是很雄厚以及初创的公司里都不容易操作。

● 会逐步改变人员的工作动机，从而产生负面影响。物质激励用得过度会导致员工产生依赖性。

● 不利于创造性工作的发挥，因为创造性工作的动力来自成就感。

基于此，大多数真正有持续性的激励手段都在于如何有效利用精神需求来实现目标，而激励的艺术性也体现在这点上。精神层面的激励是一个优秀管理者必须掌握的软技能之一，其最终达到的效果是：不需要太多的物质手段就可以让员工努力工作。

案例 7-2

### MBTI 职业性格

MBTI 职业性格测试工具最初由瑞士心理学家荣格建立，后由美国心理学家 Katherine Cook Briggs（1875—1968）和她的心理学家女儿 Isabel Briggs Myers 发展起来。

这套工具最大的作用就是帮助你认识到人与人是怎样的不同。它提供了一套结构化的方法去识别和有效利用不同人之间的这种差异性。我们经常说要用人所长，但如何识别每个人的长处和短处，又如何根据工作去匹配每个人的特点，MBTI 正是这样一套在实践中被证明解决这些问题的有效方法。这也是它被称为职业性格测试的原因。

MBTI 认为在日常生活中，人的大脑主要在做感知和判断，但是每个人在行使这两项功能时却有不同的倾向组合。这种不同的倾向性行为会让每个人在不同类型的工作中表现出优势，抑或是不足。如果匹配，往往会事半功倍；反之，如逆水行舟。利用这套工具既能认识自己，又能辨识他人，能成为职场工作中非常有力的助手。

## 四、管理项目团队

团队建设过程的目的是寻求团队自身提高和发展的主动性措施，偏向“软”的层面，而管理项目团队过程则注重硬性的制度建设，例如建立团队的规章制度和绩效考核体系，同时在运行过程中管理出现的冲突等。

1. 绩效考核

绩效考核是一套明确的目标评价体系，用来客观地判断和评估人员的行为结果。管理者可以通过绩效考核体系的设置来向下传递其所期望的行为和结果，并以此来影响下属的行为，鼓励与惩罚都会非常明确。建立绩效考核体系本身并不复杂，其实施难点在于考核指标的建立。

考核指标可以是主观的判断因素，如果需要评价一个员工是否和其他员工积极协作，可以设计一个调查问卷，让和其有协作关系的员工给其打分。显然参与打分的每个人都是基于自己的主观印象，甚至是个人关系来做评估。这种方式的优缺点明显，操作简单，但其结果易受其他因素干扰。

最理想的是建立客观的量化指标来评估绩效。如果我们打算评价一个项目进度计划的质量，可以设定一个指标来度量项目的实际进度和计划进度之比。在第 6 章中所讲的度量方法就可以用于绩效考核指标的建立。建立客观的量化指标的好处是很明显的：第一，它可以反映准确的实际情况，不受其他因素干扰；第二，在信息的传递过程中，不会产生失真。但为每一项考核因素都建立客观的量化指标存在实际操作上的难点，所以大多数组织执行中都是主观考核和客观考核并用的。

另一个和考核指标相关的内容是考核点的选择，可以选择考核工作结果，或者工作过程，甚至是工作态度，其目的和诉求不一样。不同类型的任务，对考核点的选择也不一样。

大多数情况下只需要关注工作结果，而不在乎其产生结果的过程。这时考核点就偏重于对工作结果的评价。例如，很多销售或市场开拓类型的工作都是拿结果说话。这一类任务都有一个特点，就是积极鼓励创造性地去完成任务，而不拘泥于原有的工作过程。

在某些活动中，工作过程与工作结果的质量高度相关，特别是其质量的判定往往有很大的滞后性，对这类活动如果仅仅考核工作结果就可能出现偏差，所以还必须去检查工作过程。这和第 6 章中所提出的质量保证活动目标是一致的。一般来说，考核过程的同时也需要考核结果，但考核结果却不一定需要考核过程。

还有一些活动主要是和“人”打交道，例如和客户、供应商或者合作伙伴的协调工作，其工作是事件驱动的。其工作态度直接影响着他人感受，也会对结果质量产生作用，这时就需要去考核其“工作态度”。这类活动大多和建立良好的人际关系有关。在很多窗口行业中，如银行的柜台受理，客户可以直接对服务进行“满意”或者“不满意”的评价。这种评价直接来自客户的感受，而这种感受又很大程度上受到服务人员所表现出来的工作态度所影响。有的时候一个业务未必办理得顺利，但服务人员尽心尽职的态度却同样会获得客户的认可。总结如表 7－5 所示。

**表 7－5　考核点及其适用范围**

| 考核点 | 适用范围 |
|---|---|
| 工作结果 | 鼓励有创造性的任务 |
| 工作过程 | 工作结果质量依赖工作过程 |
| 工作态度 | 需要良好的人际关系 |

2. 管理冲突

所谓冲突，就是组织团队或成员为了限制或阻止另一部分组织团队或成员达到其预期目的而采取的行为和措施。所有项目都存在冲突，冲突是一种相当普遍的现象。冲突左右着项目的进程及其结果。冲突可能会阻碍组织或个人目标的实现，但也可能给决策带来新信息，产生新方法，促进项目工作的开展。

在项目管理过程中，冲突来源于各种情形，项目约束冲突、项目优先级冲突、技术冲突、管理程序上的冲突以及团队成员间的个性冲突等都是主要的冲突源。

- 项目约束冲突：项目的 4 个目标是相互制约的条件，为了满足某一方面的目标也意味着要牺牲另一目标。例如，压缩进度和成本，常常需要小心地平衡质量的取舍。
- 优先级冲突：它是项目的参加者因对实现项目目标应该执行的工作活动和任务次序意见不同而产生的冲突。优先级冲突的直接影响就是对资源分配产生不同观点。
- 技术冲突：它是指在技术质量、技术性能要求、技术权衡以及实现性问题上产生的冲突。
- 管理程序冲突：它是指围绕项目管理问题而产生的冲突，包括项目经理的报告关系定义、责任定义、项目工作范围、运行要求、实施计划、与其他组织协商的支持程序等方面造成的冲突。
- 人际冲突：它是指由于项目成员的价值观、事物判断标准以及个性之间的冲突。

冲突主要发生在各个干系人之间，可能出现在项目团队内部，也可能出现在项目合作的各方之间。

传统上认为冲突总是造成项目团队协作上的阻碍，降低了团队运行效率，一般来说都是想办法压制和避免。但仔细分析发现，冲突本身意味着项目各干系人之间出现了对某一个项目观点的不一致。这种不一致既然存在，就必须解决。单纯压制并不会消除这种不一致，大多数只会拖延解决的时机。当这种矛盾最终被积累而爆发出来的时候，反而会产生更大的破坏力。

项目冲突管理要求创造性地处理冲突，其作用是引导这些冲突的结果向积极的、协作的而非破坏性的方向发展。预见到冲突的出现、减少冲突的负面影响，需要把项目冲突和项目的生命期结合起来，了解冲突的性质，寻找解决冲突的途径。

尽管引发冲突的因素多种多样，但解决冲突的途径有规律可循。引发冲突的原因大多是因为一件具体的“事”，但由于各方利益的代表者都是“人”，在处理的过程中，同样需要关注“事”和“人”两个方面，因此可以采取的处理冲突的方法也有两个诉求方向：

- 客观地解决问题本身。既然是冲突，那就意味着需要解决冲突双方的矛盾。
- 由于一方的“吃亏”，由此可能会损坏人际关系，所以解决冲突的同时需要避免人际关系的恶化，甚至可以想办法借机来提升。

按照解决问题所关注的两个维度，可以归纳出 5 种基本模式，如图 7－6 所示。

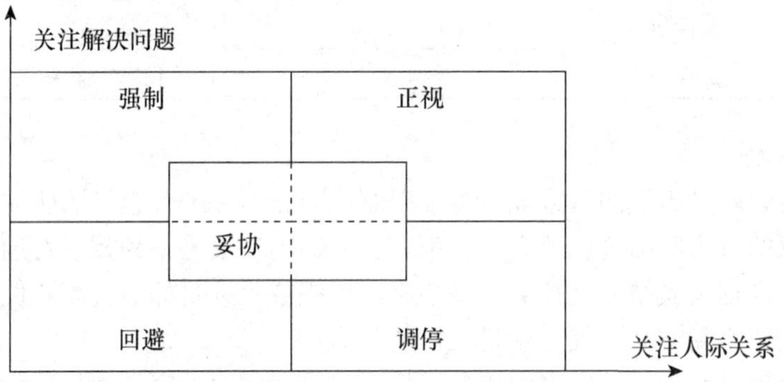


**图 7－6　冲突解决的途径**

“回避”和“强制”两种模式都是仅仅关注解决问题本身。在这种情况下，冲突双方都面临着非赢即输的局面，这也被称为“零和博弈”。无论哪一方赢，都意味着另一方输，总和仍然为“零”。而达到这种目的的手段有两种：回避，一方主动放弃，避免争端；强制，一方采取强制措施来达到目的，这主要是利用权力来解决问题。这两种情况都会导致某一方处于“让步”的情形，特别是采用“强制”手段获得的短期利益，其结果并没有得到双方真实而一致的认可，在执行上就可能出现偏差，或者有意识地“反弹”，其根基并不牢靠。

“调停”和“正视”两种模式的关注点都在如何避免人际关系的冲突上，同时寻求一种双方都可接受的解决方案。“调停”的实质是求同存异，尽可能在冲突中强调意见一致，弱化差异。这一模式的实施关键就是冲突双方始终维持良好关系，避免直接的冲突和对立，这样才能做到将双方的不同点搁置，而更加强调“一致”的地方。但如果双方能够主动去寻找一个更好的解决办法，实现“共赢局面”（Win－Win Situation），这就是“正视”，所以“正视”是“调停”的高级阶段。但“正视”不容易操作，因为寻找到一个共赢的解决办法在很多情况下十分不易。

除了以上 4 种外，还有第 5 种方式——“妥协”。它似乎是处于一种中间状态，冲突各方都做出一定的让步，使得最终结果是在各方得失之中达到一种平衡。这样看起来没有哪一方被牺牲，在各方都可接受的前提下，推动项目不受阻碍地继续发展。“妥协”这种模式在冲突发生时经常被对等实体采用，其结果往往就是寻求各方利益的均衡点。

冲突是项目运行中最普遍的一种现象，也是项目管理人员经常要面对并解决的局面之一。很多冲突背后都伴随着各自利益的得失，所以冲突虽然来源于一件具体的事情，但冲突的解决过程却往往不自觉地卷入“人情”要素。冲突解决的关键钥匙掌握在冲突中客观上“占理”的一方。直觉上，这一方如果强化优势地位，高举高打，虽然可能取得对本方有利的冲突解决方案，但必然引起另一方的不满，可能会引起日后的反弹心态。而相反，如果“有理”一方在强调对本方有利的解决方法能同时照顾对方情面，则会产生相当积极的反馈。所以，冲突解决的过程不完全依赖理性和客观，相反，在很多情况下“注重人际关系维护”会带来相当好的促进作用。所谓“不打不相识”的道理也体现于此。

## 本章小结

纵观项目人力资源管理活动，按照所需要的技能可以清晰地分为两大类：以传统硬技能占主导地位的传统管理活动包括：规划人力资源管理，组建项目团队和管理项目团队，相对容易理解和执行；而建设项目团队，以及包含在其他管理过程中的选拔项目成员、形成项目团队、管理冲突则更突出软性技能，反映人力资源管理在日常工作中的具体操作和内在挑战，管理难度较大。项目人力资源的管理能力，很大程度反映在如何建立高效的团队和如何激励每一个团队成员的主观能动性上。

项目人力资源管理是项目成功的最具有挑战的因素。本章介绍的项目人力资源管理过程为项目的团队管理提供了方法论基础，读者需要通过不断实践来加深对这些过程的理解和应用。同时，项目人力资源管理还需要与其他知识领域紧密结合，如沟通管理、风险管理、干系人管理等，才能确保项目目标的全面实现。在管理实践中，项目经理应当始终创造一个积极的团队氛围，调动起团队个体的能动性，促进成员个人成长和项目发展的一致性和关联性，提高团队整体士气和绩效，确保项目团队努力与项目目标保持一致。

## 拓展阅读

我是谁：MBTI 自测

## 课后思考

1. 在组织中，并不是所有的职位都是“成本”，也不都是“利润”。请分析一下你在组织中的职位特征。

2. 组织录用和挑选合适的人员是一个相当有挑战但又随意性较大的难题。请总结一些在面试的时候应该考虑的问题。

3. 有关激励的理论很多，请你总结一下本书所介绍的几种理论，说明它们之间有没有关联关系。

4. 很多人都在质疑需求理论的有效性，认为人的需求和社会文化背景有关，你怎么看？

5. 有这么一个故事：“一群小孩在一个老人家门前踢球，老人觉得很吵，就让孩子们离开。但孩子们不听老人的，继续吵吵闹闹地玩耍。于是，老人想出一个办法。第二天孩子们来踢球时，老人给了每个人 1 元钱。孩子们很高兴，第三天继续来踢球，老人给了他们每人 2 元钱。孩子们看到踢球还能挣钱，第四天又来了。这时老人不给孩子们钱了，孩子们非常生气，就去别处玩了。”请你分析一下主导小朋友行为背后的动机。

6. 团队冲突的解决过程事实上是一种人与人之间的“博弈”过程。最近几十年，研究人在各种情况下的决策过程成了一门单独的学问——“博弈论”。找一本有关博弈论入门的书看看。

7. 团队形成的规律反映了一种合作默契关系的形成规律，它不仅仅用在项目的团队建设过程中，日常生活中的其他地方也会体现相似的规律。请你举例说明。

8. 你所在组织是如何实施绩效考核的？总结一下优缺点，并说明如何改进。

9. 中国古代哲学也对人性本善和本恶有着两种截然不同的观点，请你找出两种观点的代表人物和他们的主要论述，再讲讲你的理解。

10. 中国古代哲学中虽然没有直接提出现代语境中的“高绩效团队”这一概念，但确有很多关于团队合作、集体智慧和领导艺术的论述，请你收集并举例说明。

# 第八章
# 项目沟通管理

## 学习目标

知识目标

- 理解项目沟通管理的概念和重要性。
- 掌握项目沟通管理的主要过程。
- 了解沟通理论和沟通模型。
- 掌握各种沟通方法和工具，包括书面、口头和非语言沟通。

能力目标

- 能够制定项目沟通管理计划。
- 能够识别项目干系人的沟通需求。
- 能够选择和使用适当的沟通渠道和工具。
- 能够有效地进行信息收集、分发和存储。
- 能够准备和呈现项目报告和演示。

素养目标

- 培养积极主动的沟通意识。
- 提高倾听和反馈的能力。
- 形成开放、透明的沟通文化。
- 增强跨文化和跨部门沟通的方法和能力。

# 第一节　项目沟通管理概述

做好项目沟通管理是项目成功的重要保证，它犹如项目的神经系统，连接着所有的项目元素和干系人。在当今复杂多变的项目环境中，有效的沟通管理不仅能确保信息的及时、准确传递，还能促进团队协作，化解冲突，管理干系人期望。研究表明，高达80%的项目失败可归因于沟通不畅。因此，掌握沟通管理的技巧对项目经理而言至关重要。本章将深入探讨项目沟通管理的核心过程，包括规划沟通管理、管理沟通和控制沟通。我们将学习如何制定有效的沟通策略，选择适当的沟通方法和工具，以及如何在项目全生命周期中持续优化沟通效果。通过系统的沟通管理，项目经理可以显著提高项目成功的概率，实现项目目标。

## 一、沟通的基本原理

项目中的沟通活动根据目的和作用不同，分为两种类型：

● 人际沟通，其目的是维持人际关系，促进人与人之间的协作，以及人员的激励、矛盾的调和等。这一类型活动的最终目的是提高人力资源的使用效率。项目人力资源管理过程很多是以人际沟通的形式来进行的，这类沟通活动大多是非正式的。

● 组织沟通，是指项目内部或者项目组织之间的正式的信息传递。其主要目的是促进项目内部各方的协作，获得真实而准确的项目实施状态信息，以便及早做出正确的对策。

项目沟通管理过程主要是指组织沟通活动，包括：项目组织中上级向下级布置任务，获取项目执行的真实状态，对项目状态进行汇总报告，向项目干系人汇报项目状态，项目成员执行项目活动时所需要的协作活动等。所有这些活动都依赖于信息传递的准确和有效程度。项目沟通管理就是帮助实现这一目标。

下面先介绍沟通的基本原理、沟通的障碍，以及促进有效沟通的基本形式。

*1. 沟通原理和沟通模型*

沟通可以被简化成一个信息传递的过程，如图 8－1 所示。

**图 8－1　沟通模型**

信息发送者（Sender）和接收者（Receiver）之间并不是简单的信息直接传递，而是需要经历若干个环节。发信者首先需要把信息（Information）进行编码（Coding），变成那种可以在通道中进行传递的形式，这经常被称为消息（Message）。接收者将收到的消息解码（Decoding）后获得信息。

人与人之间的沟通真的需要这么复杂的过程吗？可以举一个例子来说明：当我们外出游玩归来的时候，家人会问游玩的情形。这个时候所有有关游玩的信息都是脑子中的一幅幅图像，但是你无法直接把这些图像转递给家人。你不得不将它们用语言来描述，实际上这个时候你是在编码。原始的信息是图像，经过编码后的信息变成了文字。文字可以通过语言、书面等各种形式传递给接收者。而你的家人在接收到这些文字后，就开始根据文字所传递的信息来想象你游玩时的情景。这是一个我们生活中经常遇到的场景，但它却包含了信息传递过程中几个重要的概念：

第一，信息所包含的内容广泛，五官就是接收信息的器官。我们听到的、看到的、闻到的、触摸到的都是信息。

第二，信息是无法直接进行传递的，它必须通过编解码转化为某种类型的消息，然后利用支持该消息进行传递的通道进行传输。发送和接收双方必须使用同样的编解码方式，这又被称为符号系统（Coding Schema）。每一种符号系统所擅长表示信息的种类和能力是不一样的。

第三，消息是通过通道进行传输的，某一种通道只能承载特定的消息种类。在很多情况下，通道在传递消息时可能会失真。

在实践中，不同类型的信息会由于选择不同的通道和编解码方式而体现不同的特征。例如：我们可以通过阅读获取文字所传递的信息，通过广播和电视接收被传递的声音和图像。我们通过表 8－1 来进行比较。

**表 8－1　信息传递方式**

| 通道种类 | 编码方式 | 所表示的信息类别 | 特点 |
|---|---|---|---|
| 语言交流 | 文字 | 抽象的概念和内容 | 几乎可以传递任何想传递的信息。信息传递的效率很高，但容易失真。 |
| 声音记录 | 声波 | 听觉信息 | 可以完整地保留和传播声波的原始信息，但传递效率不高。 |
| 图像记录 | 图像 | 视觉信息 | 可以完整地保留和传播视觉的原始信息，但传递效率不高。 |

信息在传递的过程中，是否会产生偏差和失真取决于三个关键环节：

第一，选择的编解码方式是否可以完整地表述信息。现代的声音和图像记录技术已经可以让我们以接近没有失真的程度来保留信息。但是最古老的文字，虽然其本身很容易被保留和传递，但文字后面所代表的内容却不一定准确地表达了信息发送者的初衷。

第二，双方之间是否采用了同样的编解码方式。声音和图像记录所用的编解码过程都是由机器设备完成的，工作过程是对称而一致的，其失真和偏差也是一种客观而稳定的指标。但是语言文字所用的编解码器却是由人脑完成的，这个编解码器的工作水平受到很多因素的影响。人与人之间的差异性，也就自然导致了在语言文字的沟通过程中，编码和解码之间在很多情况下并没有采用对等的规则。同样一句话，不同的人会有不同的理解，就是这个道理。

第三，通道传送中是否会产生偏差。大多数信息传输通道都依赖于某种技术。人类科技的发展已经大大促进了人与人沟通和交流的方式。从古代的书信传递，到现代的通信技术都是为了更加准确有效地传递信息。一个通道在信息传输中经常会由于噪声的干扰而产生偏差。例如：我们在公共场合谈话，经常会由于周围噪声的干扰而听错。但是在现代通信技术条件下，例如无线移动通信、互联网等，则基本不用考虑通道所带来的偏差。

综上所述，现实中遇到的问题更多的是那种基于语言文字的、人与人之间的信息传递，准确地说这才能被定义为“沟通”。虽然同样是信息的发送和传递，但是在人与人之间和设备与设备之间，同样过程中的困难和关注有着很大的不同。下面给出有关“沟通”的一个更详细而准确的描述：沟通，就是通过说话、信号、书写或行为来交换思想、消息或信息；是指信息通过预先设定的符号系统在个人间传递的过程；是为了设定的目标，把信息、思想和感情在个人或群体间传递的过程。

这种在人与人之间进行语言沟通的过程存在其特殊性，因此需要细化上面那个被简单化了的信息传递模型，见图 8－2。

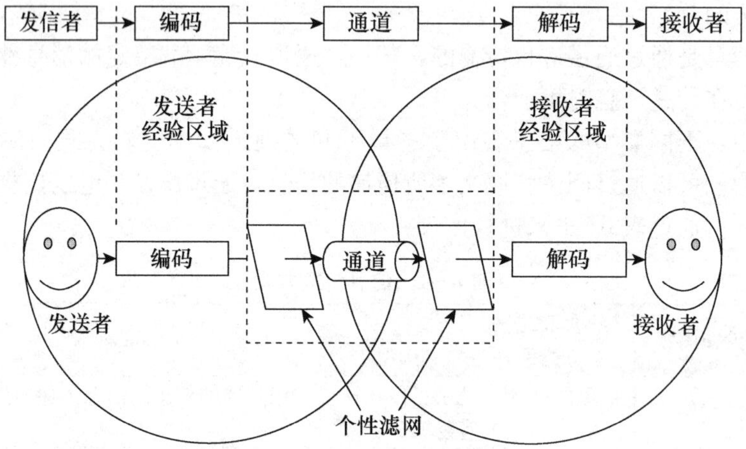


**图 8－2　人与人之间的沟通模型**

在图 8－2 中，同样有发送者、编码、通道、解码和接收者五个环节，但是每个环节都被考虑了可能影响其“性能”的外部因素。编码和解码都分别处于发送者和接收者的经验区域之内，这意味着它们的工作受到发送者和接收者个体的影响。在传递信息的通道“两端”包含受发送者和接收者个体影响的“个性滤网”。由于人与人之间存在着差异，这些差异就使得在整个沟通过程中的各个环节出现偏差。例如：编解码由于个体差异而不对称，个性滤网的存在意味着信息在通道内传递会有选择地丢失等。

事实上，我们在讨论这个沟通模型的时候，更关注那些会导致沟通障碍的因素。

**案例 8－1**

### 这里是灯塔

下面这个故事流传了很久，并多次被引用以作为信息沟通的例子……

1995 年 10 月 10 日，美国海军总部首次公布纽芬兰海岸管理局人员与美国海军舰船的真实无线电通话记录：

加拿大人员："请改变你的航向朝南15度以避免碰撞"。

美国人员："建议你改变你的航向朝北15度以避免碰撞"。

美国人员："这是美国海军军舰舰长，我再说一次，改变你的航向"。

加拿大人员："不，我再说一次，改变你的航向"。

美国人员："这是美国海军林肯号航空母舰，美国大西洋舰队第二大舰队，我们与三艘驱逐舰、三艘巡洋舰及多艘支援舰同行，我要求你改变拟定航向朝北15度。我再说一次，朝北15度，否则我们将采取反制措施以确保本舰队安全"。

加拿大人员："这里是灯塔"。

---

2. 沟通的障碍

虽然几乎没有人认为沟通是个轻松而简单的事情，但是不同经历的人对沟通的理解却并不一致。例如：很多有理工科背景的人经常假设沟通就是一个信息传递的过程，他们习惯了在一个确定的符号系统下，用简单而准确的语言传递他们的想法；而有文科背景的人则更加擅长利用文字背后所体现的"意境"来传递言语之外的信息。前者追求准确而有效率，后者常常给人遐想的空间。显然两者目的不同，追求的效果也不一样。

但是沟通是一个涉及双方的协作，发送者和接收者必须"匹配"才能够达到目标。我们所说的障碍就来自这种"不匹配"。

语义：这主要是指沟通双方是否采用了同样的符号系统。符号系统的定义相对广泛。最基本的层面是人们所用的语言，例如不同国家和民族都有属于自己本国或本民族的语言文字，大家交流时就必须进行翻译。更高的层面则是指有关专业领域的术语。一个特定的应用领域往往存在着一定范围内的语言习惯，这经常被称作"行话"。显然，如果不是熟悉该领域的人就会听不懂"行话"。

"行话"在特定的领域内能起到提高沟通效率的作用。学习项目管理知识，一个最基本的好处就是能够懂得"项目管理行话"，在交流项目管理信息的时候可以用最简明的语言来准确地传递信息。

选择性知觉：这是指人们对信息中最重要的那部分的关注。每个人都倾向选择那些对其自身重要的信息，而对其不重要的信息就会忽视。每个人的选择性知觉并不相同，一个人觉得重要的信息却不被另一个人关注，这就产生了沟通的障碍。人在一生中不断获取经验，增加知识，事实上就是在增强知觉的选择性，不断提高从纷繁复杂的背景中识别出有用信息的准确性。

选择性知觉的形成和人的经历、思维模式、文化背景都有极大的关系。它可能恰恰是某些人区别于他人的重要特征。但在沟通过程中，选择性知觉却常常给我们造成麻烦，因为它根据过去经验所形成的"滤网"筛选信息，易造成"先入为主"的主观判断。

噪声：是指在沟通过程中所受到的"干扰"，导致信息在传输过程中出现丢失或者偏差。噪声大多来源于环境对通道的影响。例如：工作或者交流过程中被意外地打断，注意力由于某种原因被临时转移等，都会导致信息在传输过程中出现错误。

信息漏斗：由于存在上面所提到的各种沟通障碍，这些障碍会产生所谓的“信息漏斗”现象，如图 8－3 所示。

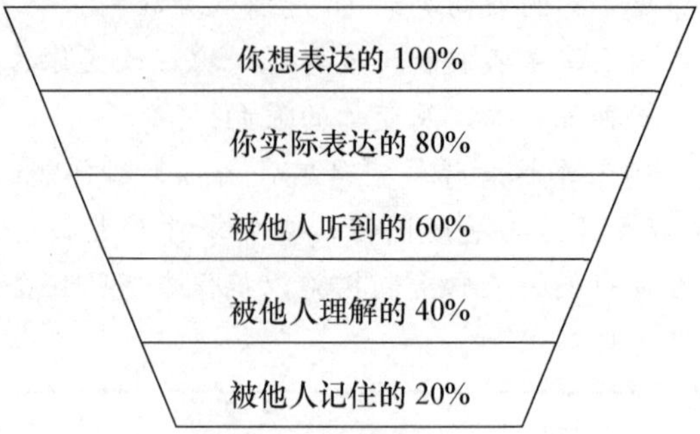


**图 8－3　信息漏斗**

从图 8－3 可以看出，沟通实际是相当困难的。人与人之间由于各种各样的原因导致信息被误解、被丢失的情况会经常发生。

**案例 8－2**

### 哈雷彗星将军

1910 年，美国一位营长对值班的军官说：“明晚大约八点钟，哈雷彗星将可能在我们这个地区看到，这颗彗星每隔 76 年才能看见一次。命令所有士兵，着野战服在操场上集合，我将向他们解释这一罕见的现象；如果下雨，就在礼堂集合，我为他们放一部有关彗星的影片。”

值班军官立即执行营长的命令，对连长说：“根据营长的命令，明晚八点，每隔 76 年才能看见一次的哈雷彗星将在操场上空出现。如果下雨，就让士兵穿着野战服列队前往礼堂，这一罕见的现象将在那里出现。”

连长立即执行值班军官的命令，对排长说：“根据营长的命令，明晚八点，非凡的哈雷彗星将军穿野战服在礼堂中出现，这是每隔 76 年才出现的事。如果操场上下雨，营长将下达另一个命令，这种命令每隔 76 年才会出现一次。”

排长立即执行值班连长的命令，对班长说：“明晚八点，营长将带着哈雷彗星在礼堂中出现，这是每隔 76 年才出现的事。如果下雨，营长将命令彗星穿上野战服到操场上去。”

最后，班长对士兵说：“在明晚八点下雨的时候，著名的 76 岁的哈雷将军将在营长的陪同下身着野战服，开着那辆彗星牌汽车，经过操场前往礼堂。”

---

3. 有效沟通的方法

沟通是否成功，取决于发信者想要表达的意思与收信者通过理解而获得的意思是否一致。事实上，沟通属于高度个人化的“软性技能”，需要实践者自身不断总结和提高。

（1）以听者的思路说话。

信息发送者最重要的目的不是把信息发送出来，而是要让信息接收者得到正确的信息，所以确保信息被准确传递的关键在于发送者。由于人与人之间的教育背景、经历、所处的环境都不尽相同，沟通双方可能会在信息的理解上产生很大的差异。同样一句话，会被理解成不同的意思。在这种情况下，信息发送者是信息的来源，他必须想办法确保信息被正确地理解。一个好的实践就是发送者以接收者容易理解的语言来讲话。从沟通模型中看，就是发送者选择和接收者同样的编解码方式来进行沟通。道理看似简单，但是在实践中却对发送者有着较高的要求。它要求发送者从接收者的角度来组织语言。

（2）建立共同语言。

信息沟通的载体是文字和符号，但要求沟通方使用同一个符号集合，即共同语言。在某一专业技术领域中，形成的专业术语就是该领域专业人员的共同语言，它使沟通变得准确、快捷和有效。学习项目管理知识的一个显著好处就是，约束和规范项目干系人在进行项目沟通中使用共同语言。

（3）描述整体背景。

沟通时注重交代整体背景，有助于沟通的达成，会给信息接收者一个由远及近、由森林及树木的自然过渡，增进对发送者信息含义的理解。

（4）重视双向沟通。

在沟通过程中重视反馈过程，使发送者能及时了解接收者对信息的理解是否正确，有助于发送者调整沟通的思路，提高沟通的效果。

（5）多种信息表达方式并用。

使用最多的信息表达方式是语言和文字，但并不是每一种信息都能由语言和文字最佳表达。一项研究表明：人类大概只有40%的信息可以由文字准确地表达，其余的信息内容则需要借助图表、声音和图像等其他形式。所以我们在选择信息表达方式时，应根据信息所要传递的内容选择最佳的表达方式。

如前所述，沟通能力属于一种“软技能”（Soft Skill），这种技能的提高需要长期实践和培养，在某种意义上还与天生的“人格”因素有关。好的沟通能力是一个管理者必备的技能，因为他大部分的管理活动必须借助于“沟通”来完成。

## 二、沟通的形式

在日常工作和生活当中，根据具体情况的不同，经常会采用不同的沟通形式。下面对经常遇到的沟通形式作一个简单的分类（见表8-2）。

**表8-2　沟通的形式**

| 分类方式 | 沟通类型 | 描述 |
|---|---|---|
| 参与形式 | 一对一 | 两个人之间的单独交流，是最常用的形式。 |
| | 一对多 | 大多用于单向的信息传播过程，例如信息发布或通知、培训等。 |
| | 多对多 | 多用于集体发散性思维等讨论形式的会议。 |

续表

| 分类方式 | 沟通类型 | 描述 |
| --- | --- | --- |
| 信息传递途径 | 书面沟通 | 指用书面形式所进行的信息传递和交流，如通知、文件、报刊、备忘录等，优点是可以作为资料长期保存，反复查阅。 |
| | 口头沟通 | 运用口头表达进行信息交流活动，如谈话、游说、演讲等。优点是比较灵活、速度快，双方可以自由交换意见，且传递消息较为准确。 |
| 沟通的正规性 | 正式沟通 | 是通过项目组织明文规定的渠道进行信息传递和交流的方式，如组织规定的汇报制度、例会制度、报告制度及组织与其他组织的公函来往。优点是沟通效果好，有较强的约束力，缺点是沟通速度较慢。 |
| | 非正式沟通 | 指在正式沟通渠道之外进行的信息传递和交流，如员工之间的私下交谈、小道信息等。优点是沟通方便，沟通速度快，且能提供一些正式沟通中难以获得的信息。缺点是沟通的信息容易失真。 |
| 沟通方向 | 上行 | 上行沟通是指下级的意见向上级反映，即自下而上的沟通。只有上行沟通渠道畅通，项目经理才能掌握全面情况，做出符合实际的决策。 |
| | 下行 | 下行沟通是自上而下的信息沟通，是领导者向被领导者发布命令和指示的过程。 |
| | 平行沟通 | 平行沟通是指组织中各平行部门之间的信息交流。 |
| 沟通的交互性 | 单向沟通 | 单向沟通是指发送者和接收者两者之间的角色不变，一方只发送信息，另一方只接收信息。双方无论是在情感上还是在语言上都不需要信息反馈，如作报告、发布指令等。优点是信息传递速度快，缺点是准确性较差，容易使接收者产生抗拒心理。 |
| | 双向沟通 | 发送者和接收者两者之间的角色不断交换，且发送者是以协商和讨论的姿态面对接收者，信息发出以后还需及时听取反馈意见，必要时双方可进行多次商谈，直到双方共同明确和满意为止，如交谈、协商等。这种方式的优点是沟通信息准确性较高，接收者有反馈意见的机会，产生平等感和参与感，增加自信心和责任心，有助于建立双方的感情。缺点是对发送者来说，在沟通时随时会受到接收者的质询、批评和挑剔，因而心理压力较大，同时信息传递速度也较慢。 |
| 信息传递方式 | 言语沟通 | 是利用语言、文字、图画、表格等形式进行的沟通。优点是简单明了，通俗易懂。 |
| | 体语沟通 | 是利用动作、表情、姿态等非语言方式（形体）进行的。比如欢乐时手舞足蹈，悔恨时捶胸顿足，惧怕时手足无措等。优点是一个动作、一个表情、一个姿势都可以向对方传递某种信息，缺点是信息表达的范围比较有限。 |

**案例 8-3**

## 企业通信工具信息化的过去与现在

一个大型企业的运作效率很大程度上取决于企业内部信息沟通方式的成本与效率，这也是信息技术发展最活跃的舞台。

很长一段时间企业远程沟通主要依赖电话，以及在电话之上发展起来的图文传真技术。这一方式延续了近一个世纪，直到 20 世纪 90 年代互联网的出现。

电子邮件是互联网带给人们的第一个通信革命，它从 20 世纪 90 年代起一直活跃至今。虽然有近半个世纪的发展历史，但它仍然是今天几乎所有企业内部和外部沟通最广泛的工具，特别是作为各种正式沟通的标准载体。

90 年代后期，以 ICQ 为代表的即时通信工具迅速流行起来。由于可以实时传输文字、图片、语音和文件，它迅速扩展到传统电子邮件无法覆盖的很多应用场景。可以说，即时通信工具迅速拉近了人与人沟通的无论是时间还是空间的距离，从最早的 ICQ，到后来的 QQ，以及通过智能手机而迅速普及的微信等，基于即时通信模式而演化的各种企业通信工具也层出不穷。

进入 21 世纪，利用互联网改造传统电信而诞生的 VoIP 技术逐步取代了传统的电话系统。人们越来越习惯在互联网上直接语音甚至视频沟通。不同于日常生活中的 1 对 1 通话场景，企业借助互联网技术开展的多人多地同时在线的电话会议以及视频会议。企业中的任何人，无论身在何地，只要他时刻保持着互联网连接，都可以随时随地地进行沟通和讨论。这在以前是不可想象的事情。

近些年，随着一些突发公共事件的影响，越来越多的企业开始加强远程办公的基础设施建设。这进一步促进了基于互联网技术的企业内部沟通和协作办公的新技术发展，例如：越来越多的企业开始广泛使用腾讯会议、Teams 等视频会议软件来进行远程会议；用企业微信、飞书、钉钉、Slack、Discord 等软件进行内部团队协作办公和讨论。这类新技术和新服务仍然在快速发展。特别值得注意的是，这类基于云计算平台用于促进企业内部沟通的新兴技术，正在和另一项正在迅速崛起的基于大语言模型（Large Language Model）的人工智能技术进行融合，也许不久的将来，企业内部的信息沟通和知识分享会出现革命性的突破。

## 第二节　项目沟通管理过程

项目沟通管理是确保及时、正确地产生、收集、发布、储存和最终处理项目信息所需的过程。这包括如下几个过程：

- 规划沟通管理（Plan Communications Management）：制订项目沟通活动的计划。
- 管理沟通（Manage Communications）：将项目相关信息收集、生成、汇总、传递和发送的过程。
- 控制沟通（Control Communications）：监督和控制项目信息沟通的活动，以确保信息被及时有效地准确传递。

项目沟通管理过程见图 8-4。

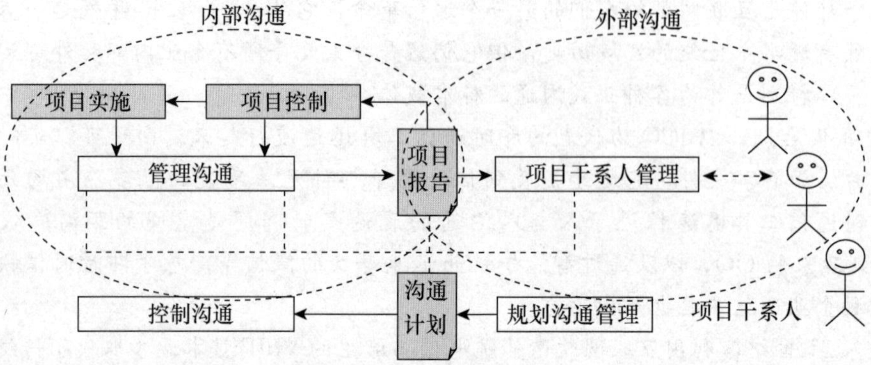


**图 8-4　项目沟通管理过程**

项目内部需要进行的沟通信息主要是有关项目本身的信息，这些信息产生于项目的实施过程中。经过一定的收集和整理，产生了反映当前项目状态的报告，一方面可以和计划进行对比来对项目实施控制；另一方面则通过事先约定的机制把相关信息发送给干系人，由干系人据此评估项目运行是否正常并作出相应决策。这一过程在最新版的 PMBOK 中单独形成“项目干系人管理”一个领域。

## 一、规划沟通管理

编制项目沟通计划就是确定、记录并分析项目的干系人所需要的信息和沟通需求。其结果就是确定出谁需要信息、需要何种信息、何时需要以及如何将信息有效地进行传递。虽然每个项目都需要充分地进行交流，但信息的需求和分发方式却大不相同。项目沟通计划就是规定未来项目进行沟通管理的文件。它一般是在项目的初期阶段制定，但为了提高沟通的有效性，也应该根据项目实施中的具体情况和沟通计划的适用性来定期进行检查和修改。

大多数情况下，我们可以认为沟通计划就是反映以下内容的一张表（见表 8-3）。

**表 8-3　沟通计划**

| 条目 | 描述 | 举例 |
| --- | --- | --- |
| 干系人 | 确定具有沟通需要的干系人 | 客户、发起人、合作方等 |
| 沟通需求 | 描述干系人具有什么样的沟通需求 | 项目进度状况、风险水平、成本信息等 |
| 信息收集方式 | 采用何种方法、何时、从何处收集什么信息 | 每周从例会中获取项目进度、成本及风险信息 |
| 信息记录方式 | 说明信息如何记录和保存，如何查阅 | 项目报告所使用的模板，报告所存放的物理位置 |
| 信息发送方式 | 说明通过何种方式将信息发送给干系人 | 通过电子邮件定期将信息发给各个干系人，或者定期在网站公布 |
| 信息发送频度 | 说明什么时候信息进行发布 | 定期，例如每周或每月特定时间，或者在每个阶段结束的时候发布项目最新状态的报告 |

大多数情况下，沟通计划并不是一个复杂的文档。它主要说明项目将产生哪些信息、怎么产生、这些信息保存在哪里、谁需要这些信息，以及如何把这些信息发送出去。

## 二、管理沟通

管理沟通是项目中沟通活动的主要实施过程，它主要包括两大类活动：

- 获取项目的实施状态信息。
- 分发项目的实施绩效报告。

这一方面可以有效地促进项目内部各方协作，另一方面则是让管理者及项目干系人真实而准确地了解项目实施状态，判断项目是否处于正常的轨道，以便及早发现和解决问题。

在具体实施当中，根据信息发送的内容、目的和发送对象选择各种不同的沟通方式，并且还可以组合应用各种方式。虽然项目沟通可以以正式的和非正式的两种方式进行，但沟通管理计划中的预定活动几乎都是正式的沟通模式，其中又以书面沟通和多对多的会议沟通为主。

1. 正式沟通的模式

项目成员为了完成项目工作，在明确规定的组织系统内部进行沟通和协调工作，这种沟通是通过一种正式的明确的渠道进行的。在这个过程中，信息发送者和接收者并不一定直接交流，中间可能要经过某些人的转发，这就形成了一定的沟通渠道和沟通网络。同样，沟通的结构形式也会对沟通的效率产生影响。正式沟通的模式见表 8-4。

**表 8-4　正式沟通的模式**

| 类型 | 描述 | 图示 |
|---|---|---|
| 链式 | 消息由高层次到低层次逐级传递，信息可以自上而下或自下而上地交流。 | 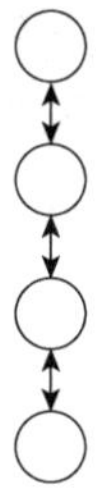 |
| 轮式 | 主管人员分别同下属部门发生联系，成为信息汇集和传递的中心。这种情况下只有处于领导地位的主管可以了解全面情况，而下属部门之间没有沟通联系，只分别掌握本部门的情况。 | 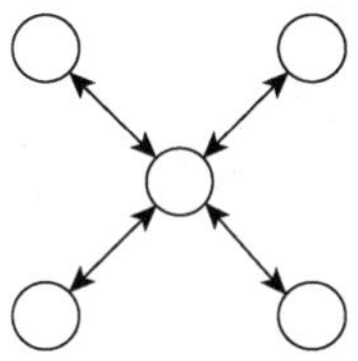 |
| 环式 | 指组织内部不同成员之间依次联络沟通。 | 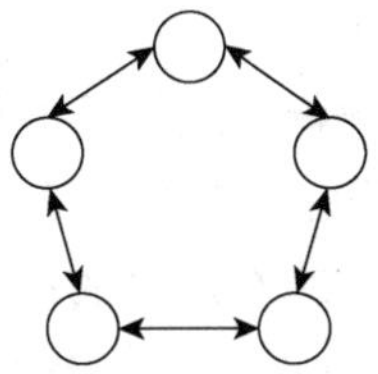 |

续表

| 类型 | 描述 | 图示 |
| --- | --- | --- |
| 倒Y式 | 最普遍、最常用的沟通形式，它强调沟通的集中性和层次性。位于沟通网络中间的人物的重要性很突出。 | 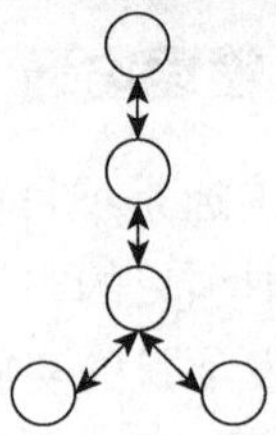 |
| 全通道式 | 一种开放式的信息沟通模式，每一成员之间都有一定的联系，民主气氛浓厚。 | 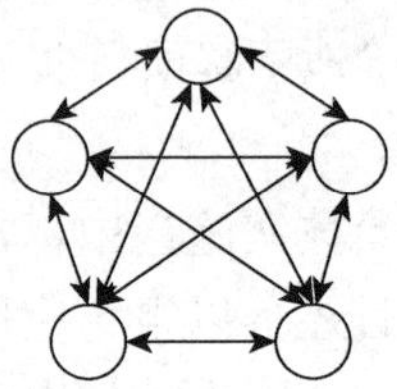 |

2. 正式的书面沟通

这是项目中最广泛存在的沟通形式。例如，项目在实施过程中所产生的各种文档，既包括有关产品工程活动的结果，诸如产品规格、设计文档等，也包括项目管理活动所产生的文档，诸如项目章程、项目计划、反映项目实施状态的绩效报告等。这些文档的目的之一就是传递某种信息。之所以把它定义为正式的书面文档，是因为它们还代表着某种约定和承诺，也可以说担负了“某些管理职能”。

在使用文档这种书面的沟通形式的时候，应该注意以下几点：

● 必须事先约定统一的“符号系统”，这样就使得沟通双方在提供和获取信息的表示形式上达成一致，避免信息传递偏差。

● 使用事先约定的文档模板。模板的作用除了使文档看起来统一而美观外，更重要的目的是使沟通双方在沟通前对要沟通的内容和展现形式达成双方认可的约定和默契，这将非常有助于提高后续沟通活动的有效性和实施效率。

● 表述上应该使用简练而准确的语言和文字，避免传递“非字面因素”以外的信息。后者非常容易产生不同人在理解上的差异，从而在项目中造成混乱，引起不必要的麻烦。

● 正式的书面沟通主要用于项目中的约定、承诺和可预测的信息发布。采取的实施方式通常表现为文档，例如利用 MS Office 系列的 Word、Excel 和 PowerPoint 所产生的书面文档，有时还需要事先约定这些文档存放的地点和更新的过程，因为它们体现了某种管理作用，必须方便项目团队获取和使用。这就是项目整体管理中所提到的配置管理的作用。

● 随着信息技术的渗透，也有很多组织采用基于 Web 的信息创建和发布。例如，建立组织内部统一的项目管理信息系统（Project Management Information System，PMIS），所有需要的信息都可以从 Web 上获取，信息的录入也是通过 Web。这样做会大大降低实施项目管理后引入的额外成本，而同时又能够创造管理效益，提高项目管理的投资回报率。

3. 会议沟通

在项目实施当中，经常会利用会议的形式来实现和促进项目团队就一个特定主题进行充分沟通和交流。从沟通原理上来说，这种形式大多表现为一对多或者多对多的沟通。根据会议目的的不同，通常会有三种不同的会议沟通类型：项目状态评审会议、项目问题解决会议、项目技术评审会议。

按照会议沟通的参与方来划分，会议沟通可以分为项目内部会议和项目干系人两种。前者在更多意义上是一种内部的集体决策或者交流，后者则更多地体现在调和干系人之间的不同诉求和矛盾之上。

（1）项目状态评审会议。

项目状态评审会议定期对项目当前的实施状态进行汇报，分析和总结当前项目的状态是否正常，引入高层管理者和干系人来了解项目的真实情况并帮助解决部分问题。这种会议的形式很多，但都是周期性进行，并且事前就做好详细的会议计划。会议大都是一对多的沟通形式，追求实施效率。会议根据汇报的内容和层次选择不同的参与者和实施周期。例如：对项目组内部的状态评审可以每周进行，这就是通常所说的“周例会”。内容主要包括：

- 上阶段原计划的工作完成情况。
- 工作出现的偏差，导致偏差产生的原因以及应对策略。
- 评估风险状况，识别新出现的风险。
- 综合考虑当前状态，从而预测项目工作的发展趋势，判断是否需要变更。
- 下阶段的工作计划。

对项目的高层领导，则可能每月进行一次较正规的项目评审会，主要内容包括：

- 项目总体目标的完成情况。
- 和项目的基准计划之间存在的偏差，偏差产生的原因和解决办法。
- 对项目工作未来的发展进行预测。
- 项目遇到的问题和风险。
- 需要的干系人支持。

每个组织应该为这种会议做好通用的会议模板。

（2）项目问题解决会议。

当项目出现严重影响进展及危害实现预定目标的问题时，需要立即召开问题分析和解决会议。这种会议大都是事件驱动的，并根据问题的大小和严重程度，有选择地邀请所涉及的干系人。一般在会议前几天才发出会议通知和会议的详细进程安排。为了保证会议进行得相对有效，需要在会议前就把项目所出现问题的相关信息通知会议参与者，以便参与者可以事先做些准备。一般情况下，该种类型会议会有如下的内容和进度安排：

- 描述和说明项目存在的问题。
- 分析问题产生的根源。
- 提出可行的问题解决方案。

- 制订详细的问题解决实施计划，并明确责任人和进度要求。
- 判断是否出现项目变更要求。

这种会议在问题分析和寻找解决方案的过程中，经常会采用“头脑风暴”来寻找答案。所以，它是一种典型的多对多的沟通形式。会议的组织者这时候需要承担起协调和组织作用，避免“思维过度发散”从而造成“偏离主题”，否则会极大地降低会议的效率。

（3）项目技术评审会议。

项目中存在着大量需要集体讨论和决策的技术问题，可以通过技术评审会议来完成。同时，技术评审也是实施产品质量控制的一种有效手段。在大多数情况下，技术评审会议是一种事先计划好的，有明确目标和目的的会议。会议主要针对产品的某一技术文档进行评审。由于技术文档本身的内容具有一定的深度，需要参与者保持较好的精神状态才能有效地实施所要求的“脑力劳动”，所以对技术评审会议非常注重实施的过程要求。

首先，要求组织者提前将技术文档发给参与者。这样参与者可以有充足的时间来了解有关的背景知识。一个很好的建议是：技术文档的作者可以举行一个小型的介绍会议，以帮助参与者更快速而准确地理解，提高效率。总之，如果仅仅在会议进行当中才开始逐步理解文档的内容将是极其低效率的，而且不会产生好的效果。

其次，在会议进行过程中要特别注意控制会议的实施进程。技术评审会议需要大量的“脑力活动”，这种活动实施的效果和精神状态有着直接的关系。研究表明，人脑保持精神集中的持续时间在 1 小时左右，所以我们经常发现过长的技术评审会议在会议的后半程有效性会大大地降低。我们建议会议时长不超过 1 个小时，必要的话将其分解成多个小型的会议来进行。

最后，会议会对被评审的技术文档产生大量的修改建议，这些建议必须被有效地记录，以便于后续的跟踪活动来确保会议所体现的效果。

4. 非正式沟通活动

除了正式的沟通活动外，项目中间还存在着大量的非正式沟通活动。这些非正式沟通活动并不局限于某种传播形式，它既可以通过口头形式，也可以通过书面形式，但有着共同的特点：

- 没有事先的计划，经常属于突发性的需求，且大多是一方产生的需求。
- 双方在沟通前并没有就沟通的范围、内容和所使用的“共同语言”达成一致，经常会产生理解上的“偏差”，所以经常不是很有效率。
- 传播的内容可能非常广泛，也不具有正式沟通中所体现的“约定”和“承诺”，所以其产生的作用不可预测。
- 非正式沟通往往伴随着人际关系，所以经常被用于和人力资源管理相关的活动，如激励、领导者关心下属的活动等。

根据这些非正式沟通活动所产生的结果，可以把它分为有利的和不利的两类。

有利的非正式沟通可以非常有效地补充正式的沟通活动，同时它还有以下一些作用：

第一，它是项目内部进行协作所必需的辅助性活动，它非常有助于提高项目中各个活动之间的协作效率，减少不必要的内耗。

第二，它有助于隐性知识的传播。隐性知识具有难于表达、不易传递等特征，但它又是很多以智力活动为主的项目最宝贵的财富。在正式的沟通渠道中，由于各种形式上的限制，约束了隐性知识可以表达的方式。但非正式沟通则不受这种限制，它通过相对宽松、密切而频繁的交流，使隐性知识在团队中进行传播，从而发挥巨大的作用。

第三，领导者在进行“关心人”的活动中，大多借助于非正式的沟通活动。非正式的沟通形式会让管理者和被管理者之间的距离拉近，有利于双方进行平等而开放的沟通。非正式沟通没有正式沟通所产生的严肃气氛，非常利于被管理者感受来自管理者的期望和鼓励，从而产生被关怀和激励的作用。

第四，有利于激发头脑风暴，产生创造性结果。创造性经常产生于轻松而没有压力的环境下。严谨而刻板的正式沟通追求的是准确和效率。非正式沟通则没有过多的限制条件，非常有利于打破常规而产生出“创造性的结果”。

非正式沟通虽然存在有利的一面，但同时它也可能会对项目产生不利的影响。例如小道消息就是借助于非正式渠道传播的，这就是不利的非正式沟通。不准确的、不期望的、对项目没有好处的小道消息会在非正规渠道中被广泛传播，而且它经常会被夸大，甚至会对正规渠道产生冲击，造成组织内部的不稳定。

不利的非正式沟通之所以存在，大都是由于某些被期望得到的信息无法通过正规渠道获得，从而引发了猜疑并推动其在非正规渠道内广泛传播。显然，要想消除不利的小道消息，最好的方式就是加强正规渠道的信息发布，使得组织的运行和决策透明化。

5. 绩效报告

项目的实际实施状态需要被定期地收集和分析，以帮助项目干系人了解项目的状况，这就是项目的绩效报告活动。这里“绩效报告”的“报告”一词是动词，其活动的结果是产生反映项目状态的“报告”，这里的“报告”是名词，应注意区分。

构成项目绩效报告的各部分内容及其关系如图 8-5 所示。

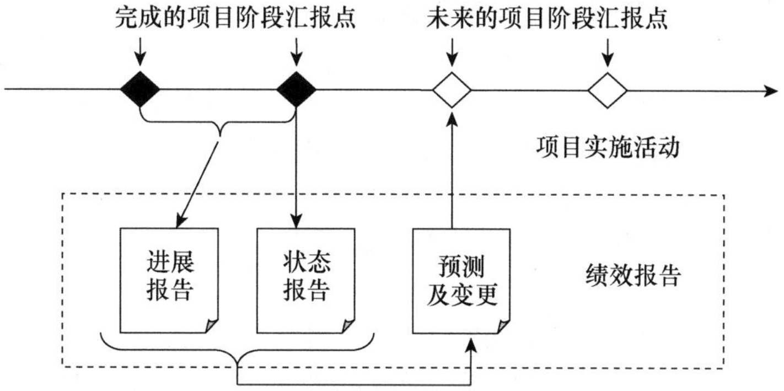


**图 8-5　绩效报告过程**

它帮助干系人了解以下信息：

- 截止到产生报告的那个阶段点上，项目工作和目标的完成程度。
- 从上一次汇报到本次汇报之间的这个阶段，项目的工作和目标都取得了哪些进展。

● 根据当前完成的状况和项目进展来预测项目未来的目标完成情况，它或者可以实现既定目标，或者需要进行目标变更。

由此我们知道，完成项目绩效报告的活动和结果包括三个方面：状态报告、进展报告和未来的预测及可能的变更请求。

（1）状态报告。

状态报告可以被理解为项目在某一点上的“快照”（Snapshot）。既然项目的最终目的是实现目标，那么项目状态报告就应该包含目标被实现的当前状况。显然它应该包括：

● 范围目标完成状况。这可以通过跟踪工作分解结构获取相关信息。我们可以简单地判断有多少个工作包被完成，还有多少仍然没有完成。

● 质量目标完成状况。这可以从质量控制活动中获取结果，也可以从质量保证活动的工作结果来间接反映和推测项目的质量目标。

● 进度目标完成状况和成本目标完成状况。

进度和成本状态信息是反映项目实施“效率”的评价因素，它和另外两个反映项目“效果”的范围和质量目标有着关联关系。单独评价进度和成本状态信息没有意义，往往需要综合考虑上述 4 个要素才能够获得项目的真实状态信息。

挣值分析技术经常用于表达项目绩效，但在第 5 章所介绍的挣值分析技术综合考虑了项目的范围、进度和成本这三个目标，而没有考虑质量目标。既然是反映项目绩效的指标，就不应该缺少一个要素，否则结果就不完整。

再回忆前述的项目范围概念，质量管理活动对项目的影响体现在项目的工作范围上，也就是说增加了预防、检验和返工三种类型的质量活动。从另一个角度来说，如果质量管理活动安排是到位的，那么项目的质量目标在这些质量管理活动的贯彻下就会得到保障，当然这一假设要求该项目的质量管理活动是充足的，否则挣值分析所得到的结果就会有很大偏差。这意味着，已完成的工作范围可能存在质量隐患，从而引起后续的返工活动，前面得到的绩效指标就可能失真。

（2）进展报告。

进展报告（Progress Report）主要是反映项目在两个阶段点之间的变化。这种变化的内容包括：增加的项目范围目标完成状况及花费的成本。

对进展报告来说，最主要的是提供“生产率”信息，即反映投入资源产生效益的效率状况，从而帮助项目决策人对项目的未来做出预测。

（3）未来的预测及可能的变更请求。

根据项目的状态和之前一段时间的进展，项目组需要判断当前项目持续下去是否可以保证项目目标的完成。如果不能完成，就需要采取对策，要么改进执行措施，要么变更项目计划。如果是后者，则需要进入项目的整体变更过程。

## 三、控制沟通

控制沟通是在项目生命周期中对沟通活动的实施状况进行监督和控制的过程，其目的是确保项目干系人对项目实施状态和信息的需求。其作用是保障这一过程有效果且有效率。

控制沟通过程可以从两个层面来监督和提升项目实施沟通过程的效果和效率：

● 在项目层面，按照项目沟通管理计划监督项目沟通活动的实施效果，确保已定义的项目沟通体系有计划、有效率地运作。

● 在一线的项目沟通活动实践中，不断总结和挖掘可以改进的项目沟通方法、技术和流程，并上升到组织层面进行改进。

## 拓展阅读

同理心，解决冲突的有效手段

## 本章小结

在项目沟通管理中，项目计划阶段的沟通管理规划属于传统管理活动，相对容易理解和执行；项目实施阶段中大量的正式沟通活动，更真实地反映项目沟通管理的具体操作和内在挑战。项目沟通管理能力的提升，最根本的是提升建立有效的沟通渠道和确保信息及时准确传递的能力。

项目沟通管理是项目成功的关键因素之一。本章介绍的项目沟通管理过程为项目的信息交流提供了方法论基础，读者需要通过不断实践来加深对这些过程的理解和应用。同时，项目沟通管理还需要与其他知识领域紧密结合，如干系人管理、风险管理、人力资源管理等，才能确保项目目标的全面实现。在管理实践中，项目经理应当始终关注沟通效果，确保项目干系人接收到准确的项目信息。

项目经理日常最重要的活动就是沟通。在管理实践中，往往从改进沟通技术入手，进而推动整个项目沟通管理过程的优化和提升，最终实现项目沟通的有效管理和高效执行。沟通理论、沟通模型和沟通技巧的应用，更是提高了项目沟通管理的科学性和有效性，使得项目经理能够更好地处理复杂的沟通情境，克服沟通障碍。

项目沟通管理不仅关注信息的传递，还强调对干系人期望的管理和反馈的重要性。通过有效的沟通计划、执行和控制，项目经理可以创造一个开放透明的信息环境，促进项目团队和干系人之间的理解和合作，从而为项目的成功奠定坚实的沟通基础。同时，正式和非正式沟通的合理运用，也为项目管理提供了更加灵活和高效的沟通策略。

## 课后思考

1. 请你统计一下，本组织内部一个管理者在一个正常的工作日内有多少时间是花费在沟通活动中的。以下活动内容都被考虑为沟通活动：通过电话、电子邮件或微信传达指令、解释疑问、询问任务完成状态等。

2. 一个非常有用的沟通技巧是“倾听”，请你收集一些有关“倾听”方法的资料。

3. 在不同民族和不同国家之间进行沟通，同样十分困难。产生困难的原因，除了语言文字所传递的意思以外，很大一部分是因为文化背景之间的差别。请你收集一些资料，了解如何进行跨文化的沟通。

4. 大多数情况下，相比文字而言，图表在传递信息上更具有准确、直观、逻辑清晰等特点。请你总结一下本组织日常的信息沟通中哪些信息转变为图表形式会产生更好的效果。

5. 在公众场合演讲是管理者一项非常重要的技能，是其向下传播理念、激励员工的一种重要途径。请你寻找一些相关的资料，看看如何培养在公众场合演讲的能力。

# 第九章 项目风险管理

## 学习目标

知识目标

理解项目风险管理的概念和重要性。

掌握项目风险管理的主要过程。

了解各种风险识别和分析技术。

掌握风险应对策略和方法。

能力目标

能够制定项目风险管理计划。

能够运用各种技术和工具识别项目风险。

能够进行定性和定量风险分析。

能够制定适当的风险应对计划。

能够实施风险监控和控制。

素养目标

培养风险意识和预见性思维。

形成积极主动的风险管理态度。

增强不确定性下的决策能力。

培养持续学习和总结经验的习惯。

# 第一节　项目风险管理概述

项目风险管理是项目管理中不可或缺的关键环节，它如同项目的“保险系统”，为项目的顺利实施提供了重要保障。在当今瞬息万变的商业环境中，项目面临着诸多不确定性和挑战。有效的风险管理不仅能帮助项目团队识别潜在威胁，还能发现隐藏的机遇。通过系统性地评估、分析和应对风险，项目经理可以最大限度地减少负面影响，同时充分利用有利因素。研究表明，成熟的风险管理实践可以显著提高项目成功率，降低成本超支和进度延误的概率。本章将深入探讨项目风险管理的核心过程，包括风险识别、风险分析、风险应对策略制定以及风险监控。我们将学习如何建立全面的风险管理框架，使项目在面对不确定性时更具韧性和适应性。

## 一、风险的基本概念

谈到项目的风险管理，得先认识什么是风险。在字典中，风险的定义为“损失或损害的可能性”。这里有两个关键点：第一，它强调了风险是一种可能性，也就是说未来可能发生，也可能不发生；第二，它说明了如果发生，将会带来负面的影响。从这一点上来说，大多数风险都是指一种需要规避的因素。但事实上，未来发生的事情既可能带来危害，也可能带来收益，而后者经常被认为是机会。经常说的风险和机会并存，就是指这种不确定性会给事情的发展带来某种变化。这种变化虽然会打破原来的预期，危害到原有计划的执行，看起来是一种损害，但同时在变化中也往往孕育着新的机会。

项目风险的定义：一种不确定的事件或情况，发生后会对项目的目标产生某种正面的或者负面的影响。从定义中可以看出，风险有两个基本特征，即风险发生的可能性和风险发生后的影响（见图 9-1）。这两个要素决定了我们该怎样对待风险。

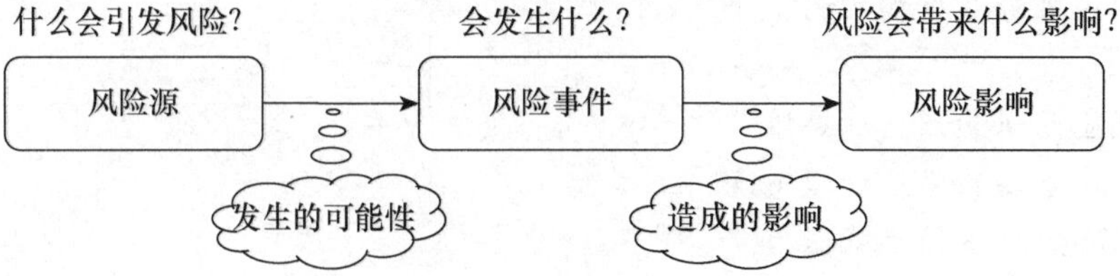


**图 9-1　风险的基本特征**

先看风险的第一个要素：风险发生的可能性。无论风险发生的可能性是多少，都意味着不能确信它一定发生。如果一定会发生就不能称为“风险”了。虽然任何风险的发生都有其内在根源和诱因，但从项目本身的范围来看，一定是项目目前不可掌控的因素在影响着风险的发生。虽然有的时候可以知道引发风险发生的根源，但大部分情况却可能是未知的。认识到这一点非常重要，因为它决定了人们对待风险的态度。

风险发生由外部因素决定，而不受人主观期望的影响。如果意识到这一点，就不得不为风险发生与不发生两种可能都做好准备。例如，一个人买入一只股票时，虽然期望它会上涨，但影响该股票短期涨跌的因素却不是他的意志，而是所有股东对该股票的买卖力量对比的结果，所以涨跌都有可能。

风险意识体现在对未来情形的客观认识和对各种可能情况的积极准备上。风险意识强的人能够清醒地意识到未来可控和不可控的因素都是什么，正视那些不可控因素可能产生的负面影响，积极地做好事前准备；而风险意识弱的人则只会单纯地期望外部环境按照希望的方向发展，当结果相反时只会归责于运气不佳。

再看风险的第二个要素：风险发生后的影响。虽然被称作第二个要素，但是只要确定了一个风险，其影响程度就可以得知。所以在现实当中，往往是先考虑哪些情况会对项目产生影响，然后考虑其发生的可能性。当然这里面有个前提，就是已经发现了可能会对项目产生影响的风险。现实中也存在这种情况：某一个风险没有被项目发现，而当其发生的时候才注意到它的影响。

虽然总体上说，风险就代表着项目的某种不确定性，但是项目组在进行决策时，或多或少会获得有关风险的若干信息。我们按照对风险已知信息的多少将风险进行如下分类（见表 9-1）：

- 可以预测到某一类风险，且该风险发生的根源是知道的，由此可以推算出其发生的可能性和危害等所有信息。这一类风险被称为“已知—已知”（Known Known）。
- 可以预测到某一类风险，但该风险有关信息却无法全面获知，例如其发生的可能性未知，或者危害程度未知。这一类风险被称为“已知—未知”（Known Unknown）。
- 还有一类风险，我们无法预测到，更谈不上获取其相关的信息了。这一类风险被称为“未知—未知”（Unknown Unknown）。

**表 9-1　风险的种类**

| 类别 | 风险识别 | 风险特征（可能性、危害） |
|---|---|---|
| 已知—已知 | 可以预测 | 全部已知 |
| 已知—未知 | 可以预测 | 部分已知 |
| 未知—未知 | 没有预测 | 全部未知 |

事实上，这三者之间是一个包含的关系。它们逐步由未知变化到已知。影响项目的未知因素很多，但是我们需要尽可能地把这些未知因素确定化，以减少对项目的冲击，如图 9-2 所示。

项目风险实际上就来源于项目所遇到的不确定性，这种不确定性可能来自内部因素，也可能来自外部因素。这些不确定性可能会对项目目标的实现产生影响，需要预见这些因素并进行相应的处理，这就是风险管理最朴实的原则。总体来说，我们可以用 5 个问题来阐述项目风险管理的意图：

- 什么因素会产生不确定性？

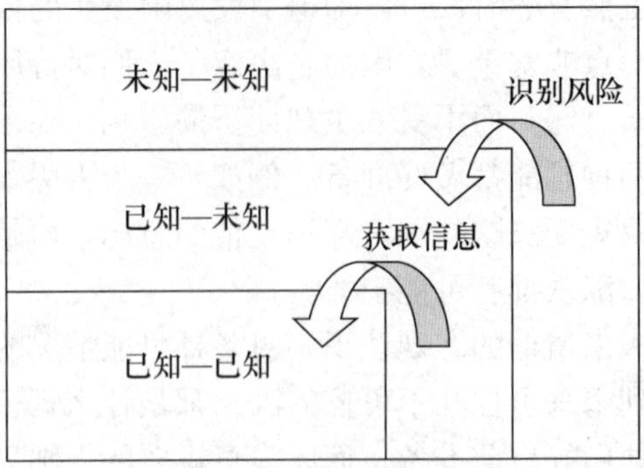


图 9－2　风险的分类

- 这些因素发生的可能性是多少？
- 这些因素发生后对项目的影响有多大？
- 我们做些什么可以缓解风险的影响？
- 我们如何应对风险发生后的情形？

由于风险是一种不确定性，我们采取相应行动的时候实际上是在不确定性“确定”之前。这就说明上述对待风险的策略是一种“主动出击”。

但在现实中，对这种不确定性的态度决定了有些情况下并不一定会“主动出击”，这是由人的某种“心理倾向”决定的。有两类极端情况：一类是不愿意变化，或者抵制变化的人。他们的倾向就是会有意无意地忽视风险的客观存在。他们喜欢一切都按照计划进行，对于可能发生的变化会在心理上期望其不会发生。另一类是喜爱变化，不喜欢一成不变的人，他们认为意外的事情会带来机会。很多有商业头脑的人都喜欢在变化中寻求机会。在上述两个极端情况下，会对风险因素采取相对“被动”的应对策略。前一种会忽视存在，后一种是寄希望于发生之后可以“从容”应付。这种被动对待风险的态度经常被称为“印第安纳琼斯式”。

**案例 9－1**

### 黑天鹅与灰犀牛事件

风险产生的本质来源于人类认知的局限。人类通过自身有限程度的感官获取信息，但只能观察到部分的世界，这一部分世界在人类的大脑中形成了自己对这个世界的印象，但这个印象只是来源于外界真实世界的一小部分，但在人们内心，这已经是全部的世界了。人类逻辑思维和判断的基础，都来源于自己心中的世界，而非外部真实的世界。也由此，当遇到以下两类事件时，由于人类认知的局限而做出了错误的判断。

第一类是指极其罕见、完全出人意料的事情，就如同人们在发现澳大利亚的黑天鹅之前，所有人都认为天鹅只有白色的。但随着第一只黑天鹅的出现，这个不可动摇的信念崩溃了。所以黑天鹅事件寓意着不可预测的重大稀有事件。它在预料之外，却又改变了一切。因为它颠覆了人们过度相信的旧有经验。

而灰犀牛事件，是指太过常见以至于人们习以为常却容易忽视的风险。和黑天鹅事件中大多数人由于认知局限而没有意料到的风险事件不一样，灰犀牛事件是会被少数人先知先觉地捕捉到，但这少数人的大声疾呼却被大部分人所忽视。因为世界上大多数人的行为是顺从于形势变化而随波逐流的。

## 二、风险管理活动

风险管理活动如图 9－3 所示。

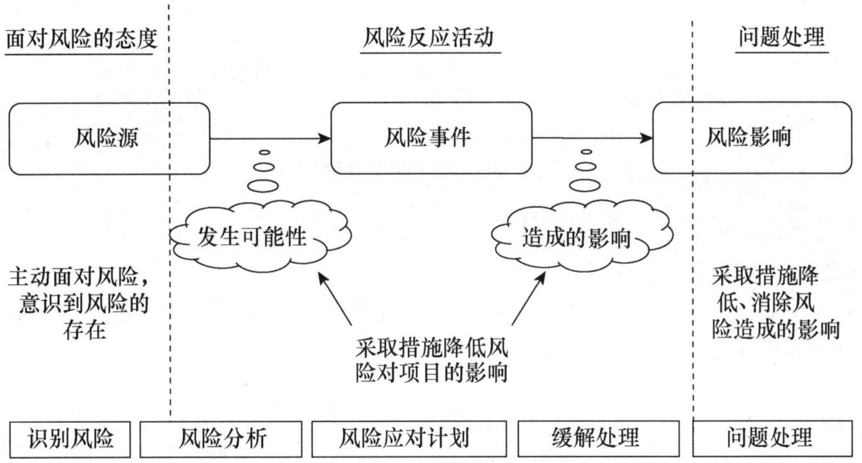


图 9－3 风险管理活动

风险管理活动具有以下特征：

第一，正视风险。我们应该正视风险的存在，主动识别出那些可能对项目产生不利影响的风险事件。

第二，我们需要积极主动地采取措施，以消除不确定性所造成的影响，包括对风险进行分析，以及制订旨在降低风险影响的行动计划。但需要注意的是我们不可能识别出所有的项目风险，对识别出来的每一项风险都采取应对措施也是行不通的，因为那会带来很高的成本。我们应该更关心那些对项目影响大的风险，这就是风险分析活动的目的。

第三，即使采取某些应对活动，风险仍然可能发生，这时我们应该采取措施来消除危害，这被称为问题处理。

第四，风险的特征会随着某些因素变化。之所以会变化，一方面是因为所采取的措施改变了风险的特征因素，另一方面是因为项目所在的外部商业环境发生了改变而导致风险的特征因素发生变化。这些变化都会导致风险对项目产生的影响发生变化，我们需要监控这些变化，因为它可能会使得这些风险对项目影响程度的优先级顺序发生改变。原来影响大的风险可能不重要了，而新出来的风险可能对项目非常关键。所以风险监控活动是伴随着项目进展而持续不断、周而复始地进行的，这又被称作持续性风险管理活动（见图 9－4）。

以上所有的风险管理活动都需要在做项目计划的时候被确定：

● 项目都需要进行哪些风险管理活动？

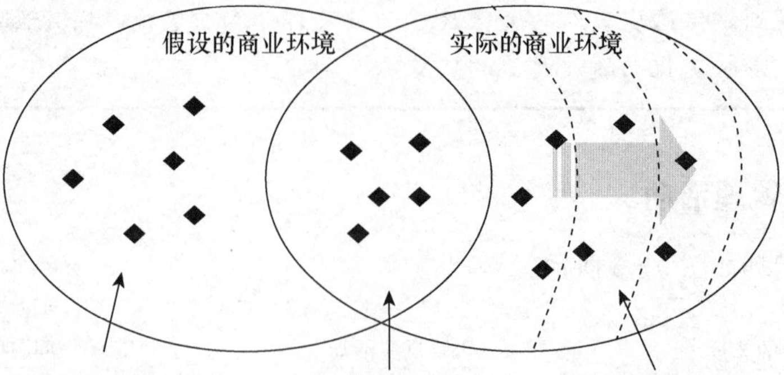


图 9-4　持续性风险管理

- 谁是这些活动的执行者和责任者？
- 为这些活动分配相应的资源。

其中，资源就是为处理风险的相关活动准备的预算。按照风险类别的不同，这些预算种类和称呼也不一样，如表 9-2 所示。

表 9-2　风险种类和预算分配

| 类别 | 预算 | 说明 |
| --- | --- | --- |
| 已知—已知 | 预算 | 由于风险特征已知，将风险应对活动安排在项目活动中实施 |
| 已知—未知 | 应急储备金 | 由于风险特征未知，用于处理已知—未知风险发生后的影响 |
| 未知—未知 | 管理储备金 | 由于风险本身未知，用于处理未知—未知风险发生后的影响 |

一个完整的、普遍性的项目风险管理活动如图 9-5 所示。

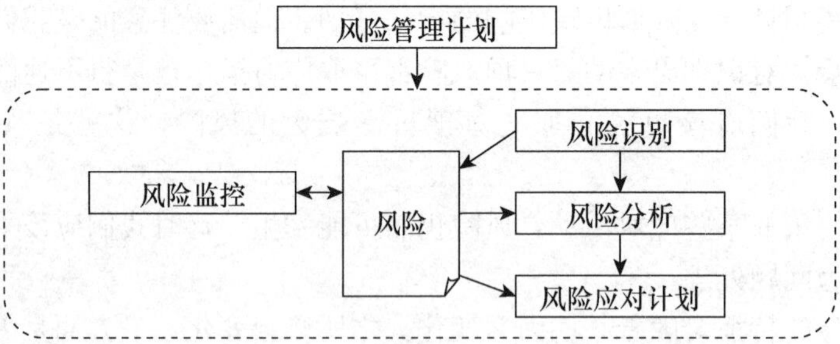


图 9-5　项目风险管理过程

项目管理知识体系对项目风险管理定义了六个基本过程，和图 9-5 非常类似：

- 规划风险管理（Plan Risk Management）。
- 识别风险（Identify Risks）。
- 实施定性风险分析（Perform Qualitative Risk Analysis）。
- 实施定量风险分析（Perform Quantitative Risk Analysis）。
- 规划风险应对计划（Plan Risk Responses）。
- 控制风险（Control Risks）。

## 第二节 项目风险管理过程

### 一、规划风险管理

项目风险管理计划的目的是定义项目的风险管理过程，确定项目风险管理活动所用的方法和标准，为各项活动分配相应的资源，明确各项活动的人员角色和责任。项目风险管理计划是项目实施风险管理活动的指导性文件。一般来说，它往往融合在项目的整体管理计划当中。一个组织往往有统一的风险管理策略和方法，虽然项目内容不同，但是项目的风险管理计划却可能相同或相近。

风险管理计划的内容包括两大部分：一部分是项目风险管理的过程计划，也就是约定项目如何实施风险管理活动；另一部分则是针对具体的项目风险所作的分析，应对和监控活动的内容。如果项目所处的环境变化很快，风险管理的内容也会需要经常更新和变化，我们建议两个部分采用各自独立的文档。第一部分是相对稳定的风险管理计划，第二部分是记录和跟踪项目风险内容，是经常需要更新的文档。下面我们来看一下具体的风险管理计划的内容要求（见表 9－3）。

**表 9－3 风险管理计划**

| 章 | 节 | 内容描述 |
| --- | --- | --- |
| 总体 | | |
| | 项目背景 | 介绍本项目的背景情况 |
| | 组织结构 | 介绍本项目的组织结构情况，项目干系人 |
| | 项目风险管理过程 | 约定本项目的风险管理活动及人员角色和职责 |
| | 预算 | 为项目风险管理活动所分配的预算风险管理过程 |
| | 风险识别 | 定义本项目采取什么样的方法来进行风险识别，风险识别活动进行的周期，风险的分类，活动的结果记录在何处 |
| | 风险分析 | 定义本项目采取什么方法进行风险分析，风险发生概率识别标准，风险影响程度的识别标准，进行风险排序的规则 |
| | 风险反应 | 定义本项目采取什么方法来进行风险反应计划，包括可以采用的风险反应策略 |
| | 风险监控 | 定义本项目采取什么方法进行风险监控，风险监控活动进行的周期 |

续表

| 章 | 节 | 内容描述 |
| --- | --- | --- |
| 风险记录表 | | 本项主要是记录项目所识别出来的风险，可以是独立的文档，也可以与风险管理计划合并成一个文档 |
| | 风险标识 | 用于唯一标识所识别出的风险 |
| | 风险描述 | 对所识别的风险进行详细描述 |
| | 发生概率 | 评价风险发生的概率 |
| | 危害程度 | 评价风险对项目的危害程度 |
| | 优先级别 | 按照风险对项目的影响程度排列优先级 |
| | 反应计划 | 针对高优先级的风险制订相应的反应计划 |
| | 责任人 | 对风险进行监控，并且实施反应计划的责任人 |

## 二、识别风险

管理风险的第一步是识别出对项目会产生重大影响的风险，这就是风险识别活动。后续的风险管理过程事实上都是围绕着被识别出的风险来开展和进行的，所以识别风险是风险管理最重要的基础，但这也是最难的一部分。因为风险是未来潜在的危害，它并不会在现在对项目产生影响。很多实施了风险管理活动的项目，仍然会出现较大的意外而导致项目失败，其根源就在于项目并没有真正识别出那些会对项目产生危机的风险。有经验的项目经理可以提早发现这种潜在的危害而提前处理。

识别风险活动有两个主要的过程：

- 寻找潜在的风险。
- 对每个风险特征进行描述。

1. 风险识别技术

风险对项目来说是一种潜在的危害，识别风险活动就是对这种未来可能发生的危害做出预测。对风险进行识别要从源头着手，也就是从导致风险产生的根源处开始挖掘和判断。风险产生的根源可以分为两大类：内部风险和外部风险。前者是指由于项目本身的工作没有达到要求而导致的风险，后者则是指外部的某些因素可能会对项目产生危害。

由于项目管理最基本的原则就是通过项目活动实现项目的最终目标，所以识别风险的活动可以从项目计划开始进行。一个简单而基本的原则就是“我们可以对任何一项活动及其结果提出疑问”。这种疑问包括：

- 该活动是否可以顺利完成既定的目标？目标包括：进度要求、成本要求、质量要求、范围要求。
- 保证该活动完成的资源是否满足基本的要求？
- 该活动顺利完成是否存在一定的假设和前提条件？这些因素是否会变化？
- 该活动是否存在一定的外部依赖关系？这些依赖条件是否能一定得到满足？
- 是否存在导致该活动不能顺利完成的其他外部因素？

仔细看这些问题，它给出了发现和识别风险的一定方法，但效率相当低。因为我们可以假设所有的活动都可能不如我们预期的那样顺利，但这却让我们无从下手，因为不可能有充足的资源去处理它们。我们需要的是识别对项目真正可能有影响的风险并进行处理。如果一个项目风险管理做得出色，项目就很少被“意外”和“危机”打断。反之，风险管理欠佳的项目会让人整天疲于应付那些所谓的“意外”和“危机”。

上面的方法对于发现内部风险给出了一定的识别范围，但依然需要经验来高效率地过滤掉那些不必要的“担心”。对于外部风险则完全依赖于“发散性思维”，因为项目所处的外部环境范围是相对模糊的。总体来说，在实践中所采取的风险识别技术大都是基于“发散性思维”的。

（1）头脑风暴法。

头脑风暴法“Brain Storming”也称集体思考法。通过专家会议，发挥专家的创造性思维来获取未来信息。这就要求主持专家会议的人在会议开始时就能激起专家们的思维“灵感”，促使专家们感到急需回答会议提出的问题，通过专家之间的信息交流和相互启发，诱发专家们产生“思维共振”，以达到互相补充并产生“组合效应”，获取更多的未来信息，使预测和识别的结果更准确。

事实上，头脑风暴法不仅仅适用于寻找风险，只要是需要大家的经验和意见的情况，都可以用头脑风暴法来解决问题。

（2）访谈。

向项目组内部和外部的资深专家进行关于风险的面谈有助于找出那些在常规计划中没有被识别的风险。在访谈前，负责风险识别的人员（通常是项目经理）选择合适的访谈人员，事先向他们提供项目的有关背景情况和其他一些必要的信息，如项目计划、项目范围和项目的一些约束条件等。在访谈过程中，这些被访谈的人员利用他们的专业背景、丰富的项目经验，在所提供信息的基础上挖掘出一些以前未被发现的风险。

（3）检查表。

前两种方法都是把“识别风险”看作一种高度依赖个人经验的技能，通过某种方法让有经验的人提供帮助。检查表则是一种把这些经验进行“传递”的方法，操作起来快速、简单而且有效，其结果不过分依赖于操作者的经验。所谓检查表，就是一个项目可能会遇到的风险列表。风险识别人员对照表中的每一项进行判断，逐个进行检查。这个列表最初由组织中最有经验的人员创建。表的每一项都列出了可能会遇到的风险，它可能来自过去曾经遭遇过的风险或者所经历过的危机，这些经验被转变成可以被以后项目所使用的知识。这个表是需要不断维护的，因为一个项目即使继承了过去全部的经验也不能保证它不会遇到新的危机。

这个方法的优点是简单、快速、容易理解而且结果稳定，缺点是它更多的是继承过去，无法预防可能遇到的新的风险，所以它往往和前面的两种“发散型”识别技术配合使用。

在本章开始时曾经对风险进行过分类，它以人们对风险了解的程度来做分类标准。在实践中，人们在寻找和判别风险的时候实际上也从类似的两个方面出发：一个是风险的危害，另一个是风险的起源。例如：纽约的世贸大厦集中了全美乃至全球最重要的金融机构，其一定会对可能遇到的风险进行准备。其中之一就是假设计算机设备突然遭到毁坏该如何应对。显然，这是从危害的角度来识别风险的。

2. 风险分类

不同类型的项目有不同的风险，相同类型的项目根据其所处的环境、项目客户与项目团队以及所采用的技术与工具的不同，项目风险也是各不相同。总的来说，基本可分为以下四类。

（1）产品风险。

项目采用的技术与工具是项目风险的重要来源之一。一般来说，项目中采用新技术或技术创新无疑是提高项目绩效的重要手段，但这样也会带来一些问题，许多新的技术未经证实或并未被充分掌握，会影响项目的成功。还有，人们出于竞争，会提高项目产品性能、质量方面的要求，而不切实际的要求也是项目风险的来源。

（2）管理风险。

项目管理风险包括项目过程管理的方方面面，如项目计划的时间、资源分配（包括人员、设备、材料）、项目质量管理、项目管理技术（流程、规范、工具等）的采用以及外包商的管理等。

（3）组织风险。

组织风险中的一个重要的风险就是项目决策时所确定的项目范围、时间与费用之间的矛盾。项目范围、时间与费用是项目的三个要素，它们之间相互制约。不合理的匹配必然导致项目执行的困难，从而产生风险。项目资源不足或资源冲突方面的风险同样不容忽视，如人员到岗时间、人员知识与技能不足等。组织中的文化氛围同样会导致一些风险的产生，如团队合作和人员激励不当导致人员离职等。

（4）外部风险。

项目外部风险主要是指项目的政治、经济环境的变化，包括与项目相关的规章或标准的变化，组织中的雇佣关系的变化等。这类风险对项目的影响和项目性质的关系较大。

## 三、实施定性风险分析

风险分析就是对被识别的风险的两个特征进行评价：风险发生的概率和发生风险后对项目产生的影响。根据评价的手段和方法，风险分析有风险定性分析和风险定量分析两个过程。其中，定量分析是在定性分析的基础上进一步量化。而通常在项目运作过程中，运用最普遍的还是定性分析，所以以下着重讲解风险定性分析。

所谓定性分析，就是对这两个因素进行定性的判别，这大都是一种主观性的活动。

风险概率（Risk Probability）是指风险发生的可能性。风险概率一般可以分为极高、高、中等、低、极低五个等级。对风险概率通常可以用三种方式进行描述：百分比、自然语言、数字等级。

百分比描述相对精确，如某风险发生的概率是30%或者80%。

自然语言则用简洁平实的语言对风险概率进行描述，如极不可能、不太可能、可能、非常可能、几乎肯定等。

数字等级则采用连续的整数对风险从极低到极高进行进一步的细分。如“1 级”代表概率最低，“5 级”代表概率最高，或者反之也可以，只要预先定义好即可。

表 9 - 4 同时列出了风险概率描述的三种方式。

**表 9 - 4　风险发生概率的定性分析**

| 概率范围 | 自然语言 | 数字等级 |
|---|---|---|
| 1%～20% | 极不可能 | 1 |
| 21%～40% | 不太可能 | 2 |
| 41%～60% | 可能 | 3 |
| 61%～80% | 非常可能 | 4 |
| 81%～99% | 几乎肯定 | 5 |

风险影响（Risk Impact）是指风险一旦发生后，对项目产生负面后果或损失的估计，它反映的是一种严重程度。描述风险发生后的影响可以采用类似于风险概率的描述方法，以数字等级排序（1 到 10）或者用自然语言（极低、低、中、高、极高）排序。

一般通过一个“转换表”，把风险的后果描述和风险影响数值排序进行对应关联。表 9 - 5 所示的例子非常直观地列出了风险发生后的损失及对应的影响级别。

**表 9 - 5　风险影响程度的定性分析**

| 影响级别 | 风险损失 |
|---|---|
| 1 | 小于 1 000 元 |
| 2 | 1 000 元～5 000 元 |
| 3 | 5 000 元～7 000 元 |
| 4 | 7 000 元～1 万元 |
| 5 | 大于 1 万元 |

除了财务上能够准确度量的风险后果外，项目的其他因素也可以作为风险影响估计的参照，并且制定出相关的转换表，这些因素可以是成本、人力资源、进度、质量、技术等。

表 9 - 6 是一个综合的风险影响排序的例子，某软件开发项目同时参照进度、质量和成本三个方面，对风险影响进行排序。

**表 9 - 6　风险影响排序示例**

| 影响排序（级别） | 项目进度 | 产品质量 | 额外的开发成本 |
|---|---|---|---|
| 极低（1） | 延误小于 1 周 | Bug 数小于 5 个 | 小于 1 万元 |
| 低（2） | 延误 1～2 周 | Bug 数 5～10 个 | 1 万～2 万元 |
| 中（3） | 延误 2～3 周 | Bug 数 10～20 个 | 2 万～3 万元 |
| 高（4） | 延误 3 周到 1 个月 | Bug 数 20～30 个 | 3 万～4 万元 |
| 极高（5） | 延误大于 1 个月 | Bug 数大于 30 个 | 大于 5 万元 |

我们通过评价风险的“发生概率”和“影响”，就可以确定需要关注哪些风险。是关注那些“发生概率高的”还是关注那些“影响程度大的”，这应该综合考虑。一般来说，风险值＝概率×影响。风险值是对风险进行排序的主要依据，即风险值高的风险，被列为优先考虑的风险，反之亦然。

表 9-7 是一个典型的“风险概率/影响”矩阵表。

**表 9-7　风险概率/影响矩阵表**

| 影响 \ 概率 | 1 | 2 | 3 | 4 | 5 |
|---|---|---|---|---|---|
| 1 | 1 | 2 | 3 | 4 | 5 |
| 2 | 2 | 4 | 6 | 8 | 10 |
| 3 | 3 | 6 | 9 | 12 | 15 |
| 4 | 4 | 8 | 12 | 16 | 20 |
| 5 | 5 | 10 | 15 | 20 | 25 |

在表 9-7 中，风险值的分布是从 1 到 25 的一系列数字。按风险值的排序，可以把风险分为“高风险”（黑色）、“中等风险”（棕色）和“低风险”（白色）三大类。

在经过了充分的风险识别和风险分析以后，项目组可以获取一个经过排序的风险清单，称为“风险排序表”。

风险排序表通常包括风险的优先顺序（以风险值从高到低排序）、风险描述、风险概率、风险影响和风险值。风险排序表是一个需要动态维护的表，即随着项目进展到不同的阶段（计划、执行、监控和收尾等），需要实时地根据最新情况进行更新。

表 9-8 是一个风险排序表的例子。列举的是排在软件开发项目前 10 位的风险清单。

**表 9-8　风险排序表示例**

| 优先级 | 风险描述 | 概率 | 影响 | 风险值 |
|---|---|---|---|---|
| 1 | 需求发生变化，尤其是开发后期的需求发生变化 | 5 | 5 | 25 |
| 2 | 开发计划执行受到严重影响 | 5 | 5 | 25 |
| 3 | 人员流动，关键项目成员流失 | 5 | 4 | 20 |
| 4 | 开发目标不明确或摇摆不定 | 4 | 4 | 16 |
| 5 | 项目经费超支或不足 | 4 | 4 | 16 |
| 6 | 产品定位错误，包括市场定位和技术定位 | 3 | 5 | 15 |
| 7 | 开发环境及过程管理混乱 | 3 | 5 | 15 |
| 8 | 产品质量存在较多缺陷 | 3 | 4 | 12 |
| 9 | 项目管理经验不足 | 3 | 3 | 9 |
| 10 | 技术方案有缺陷，系统架构有问题 | 2 | 4 | 8 |

## 四、实施定量风险分析

风险定量分析常常在风险定性分析之后进行，但也可以是一个独立而并行操作的过程。考虑到实施定量分析的复杂度和代价，很多项目可能只对风险进行定性分析。常用的风险定量分析技术是决策树分析。

决策树（Decision Tree）是一种图形方法，可以帮助选择在未来结果不确定的情况下最好的行动路径。和决策树分析相关联的一个概念是期望货币值。期望货币值（Expected Monetary Value，EMV）是风险事件发生概率和用货币值表示的风险事件收益的乘积。

下面用一个例子来说明：项目可以选择采用一项新的技术，它会显著地缩短项目进度，但一项新的技术也会带来一定程度失败的风险。为保险起见，项目也可以采用过去成熟的技术。我们考虑各种可能性和每一种选择的收益（损失），如表 9－9 所示。

**表 9－9　期望货币值计算示例**

| 判断分支 | | 可能性 | 收益（损失） | EMV |
|---|---|---|---|---|
| 采纳新技术 | 成功 | 60% | 500 万元 | 500×60%＋（－200）×40%＝220（万元） |
| | 失败 | 40% | －200 万元 | |
| 使用原有技术 | 成功 | 90% | 200 万元 | 200×90%＋（－100）×10%＝170（万元） |
| | 失败 | 10% | －100 万元 | |

最后我们可以看到，即使考虑失败的风险因素，选择“采纳新技术”也会带来相对好的收益。事实上，决策树分析是一种考虑风险因素的决策技术，它并不代表最后的收益结果。

## 五、规划风险应对

风险分析活动的最终目的是帮助我们详细了解和比较项目所遇到的风险，判断哪些风险会对项目产生更大的影响。对这些风险可以采取相应的活动来避免项目遭受损失。同时这些活动都需要消耗一定的资源和成本，这也就是我们必须为风险排定优先级别的原因。我们需要优先处理那些高级别的风险，这就是风险的应对计划。应对计划可以从两个方面着手：在风险发生之前采取缓解措施，在风险发生之后进行应急处理。这就好像质量管理中的事前处理和事后处理的关系一样。

在有关特种任务的电影中，经常可以听到所谓的“B 计划”，在充满各种不确定因素的军事行动当中，制订风险的应对计划是一个基本而不是可有可无的工作。

风险应对计划的内容应该包括下面的一些因素：

- 风险标识，用于唯一标识风险。
- 风险描述。
- 风险概率和影响。
- 风险责任人及其职责。
- 风险缓解措施，包括规避、转移、缓解或接受。

● 应急处理，执行应急措施所采取的具体行动描述，所需要的预算和资源。

1. 风险缓解

风险缓解是指在风险发生之前采取措施来降低风险对项目可能产生的危害和负面的影响。根据方法和手段的不同，可分为 4 种不同的应对策略：规避、转移、减轻和接受。其中接受是指不做任何事前缓解活动，只是做好事后应急处理方案。

（1）规避。

规避风险不是“躲”着风险，而是通过改变项目范围或者项目计划来使项目不再受到风险的负面影响。规避风险的方法主要用在项目前期，针对初期所遇到的不确定性因素采取措施使之明朗化。例如：

● 项目初期存在需求的不确定性。项目组利用需求挖掘、需求确认等手段逐步清晰化需求。

● 加强前期项目人员技能培训，避免实施上的操作失误。

● 尽量采用成熟的方法开发项目。

● 建立正式而有效的沟通机制和渠道，使信息传递顺畅、准确。

● 准备好项目后备资源，以备应急之需。

● 如果项目需要和分包商合作，尽量避免和不熟悉的分包商合作，对分包商要做严格的资格认证。

（2）转移。

所谓“转移”，就是把风险迁移给第三方，从而降低风险对项目的影响。这个被转移的风险便能被项目外部的另一个实体所监控。需要特别注意的是，转移风险不是简单地推卸或者转嫁风险。接受风险转移的第三方必须具备降低或者规避风险的能力，这种转移才有意义，否则这种风险并没有被真正地消除，而仅仅是从项目组的“视线”里暂时消失。转包实际上是最常用的风险转移方式，它通常有以下几种具体形式：

● 和第三方签订合同，由第三方执行部分项目内容。

● 购买组件，而不是自建。

● 外购服务。

除此之外，也可以采用购买保险的形式，但这只是避免了损失，却无法实现预防。

转移风险往往会带来费用问题，即需要向接受风险的一方支付承担风险的费用。这类费用包括以下几个方面：

● 履行合同所需的保证金。

● 购买费用。

● 担保和保证费用。

● 保险费用。

● 其他一些需要支付的费用。

（3）减轻。

减轻风险是指想方设法将风险发生的概率或者发生后的影响降低到可以接受的程度。风险减轻计划包含了提前预防风险以及将影响或结果降低到可接受等级的行动或工作。尽可能早地采取措施，降低风险发生的概率或者风险对项目的影响，比在风险发生后再采取应急措施更为有效。风险减轻与风险规避不同，风险减轻关注预防和风险最小化，风险规避则试图改变项目的范围，从而移除可能发生的无法接受的风险。

风险减轻也需要一定的费用。相对风险发生带来的损失，其需要的费用一般是合算的。风险减轻方法的主要目的是减少风险发生的概率，一般可以采用的方法如下：

- 采取更简单的方法。
- 进行更多的试验或者更充分细致的测试。
- 采用更稳定的技术或者解决方案。
- 挑选更有经验的工程师。
- 尽量考虑更多的冗余度和容灾性。

2. 应急处理

虽然我们事前采取了一些风险缓解措施，但仍然无法完全避免风险发生，而且有一些风险并不能简单地通过有效预防或调整措施来解决，此时项目团队可以简单地接受风险。

无论怎样，当风险发生的时候项目都需要开始实施有准备的应急处理过程。这种应急处理需要事先制订一个所谓的风险应急计划，以备在风险发生时使用。该计划约定当一个预知的风险发生后，项目该采取怎样的措施来紧急处理，以最大限度地降低其危害。通常情况下，制订风险应急计划可以大大减少风险发生时应对风险的费用。

由于风险应急措施的实施需要各种资源，项目应该为应急计划建立“应急储备”。应急储备主要指应急情况发生时需要紧急调用的各种资源和费用等。

**案例 9-2**

**做好地震应急准备**

日本是有名的“地震国”，每年平均有 1 万多次地震，其中 5 级以上的大地震在近百年中发生过 100 多次。频繁的地震灾难，不仅锻炼了日本国民的危机意识，还催生了一整套结构完整、功能齐全的防灾措施。

日本人从小学或者幼儿园时期开始，就一直接受防震、防火等方面的防灾训练。日本小学生的书包，不仅装有定位器，而且它的材质坚固，地震时可用书包护住头部，落水时可借助书包浮力自救。

对于地震这种无法控制甚至预测都有极大难度的风险事件，最好的应对方法就是平常的应急准备措施。

## 六、控制风险

项目的风险特征并不是一成不变的，它可能由于项目采取了相关的应对措施，或者由于项目以外因素发生改变而变化。这种变化将会改变风险排列的优先级顺序，一些新的风险可能会出现。这就需要项目必须持续地关注这些风险特征的变化，及时调整相应措施，这就是控制风险活动。

控制风险活动包括两部分的活动和功能，分别是“监督”和“控制”。

风险监督活动的主要目的是持续不断地评价项目所处的风险状况。

风险监督活动的原则是：需要特别关注那些优先级别高的风险，因为它们对项目的影响最大。一个经常采用的工具就是“项目十大风险跟踪表”。

所谓“十大风险跟踪”，就是始终关注风险值最高的10个风险，对这些风险进行全程监督和控制。这样可以集中有限的项目资源，解决项目中最主要的风险，最大限度地降低风险给项目带来的负面影响。但是不是只关心前十大风险呢？这只是一个相对的概念，根据项目的规模和特征，这个数值会有所不同。但是带给人们这样一个基本概念：不需要为所有的风险分配有限的资源。

十大风险跟踪的具体方法如下：

- 根据风险识别和分析的结果，列出风险值最高的10个风险（前面讲述的“风险排序表”中的前10个风险）。
- 为每个风险制订详细的风险应对计划，其中包括应对措施及责任人，并执行。
- 跟踪风险应对的执行情况，并定期评审和审计计划的执行情况。
- 追踪风险变化的趋势，随时调整每个风险的风险值，并更新十大风险清单。

风险控制活动是指在风险发生后，根据风险应急计划来进行相应的危机处理过程。风险控制主要包括下面四个方面的内容：

- 执行某一个应急计划。
- 针对某一个风险，采取纠正措施。
- 选择备用的方案。
- 重新制订项目计划。

控制风险的结果通过“风险状态报告”文档来反映。风险状态报告是对风险管理计划、应对计划的执行情况进行定期审计后的主要输出文档。这份报告应该为每个风险考虑可能的四个风险管理方面的情况：

- 风险被解决，风险应对计划完成，跟踪结束。
- 风险管理和应对行动与计划一致，在这种情况下风险管理工作还将继续。
- 风险管理和应对行动与计划不一致，在这种情况下应该纠正执行方法。
- 风险发生了显著变化，通常要进行风险再分析和再计划工作。

风险状态报告的目的是向项目相关成员交流和沟通当前风险应对的状态。它的内容包括以下信息：

- 项目名称。
- 风险描述。
- 风险分类（项目领域）。
- 识别阶段的概率、影响和曝光量。
- 当前的概率、影响和曝光量。
- 识别阶段的风险等级。
- 当前的风险等级。
- 风险应对计划的完成进度（已完成的工作）。
- 风险应对措施的具体描述和工作总结。

- 风险所有者。
- 风险变化的趋势。

## 拓展阅读

如何提高团队应对
风险的意识和能力

## 本章小结

在项目风险管理中，项目计划阶段的风险管理规划属于传统的管理活动，相对容易理解和执行。但是决定项目风险管理成功的关键是在于风险识别、分析和应对这些微观层面的具体操作。项目风险管理能力的提升，最根本的是准确识别风险和有效应对风险的能力。

项目风险管理是项目成功的关键因素之一。本章介绍的项目风险管理过程为项目的风险控制提供了方法论基础，读者需要通过不断实践来加深对这些过程的理解和应用。同时，项目风险管理还需要与其他知识领域紧密结合，如范围管理、时间管理、成本管理等，才能确保项目目标的全面实现。在管理实践中，项目经理应当始终关注风险状况，确保影响项目目标的风险被准确识别出来，并且得到有效的管理和应对。

在管理实践中，项目经理和团队对风险管理理念和方法的改进，往往是从改进风险识别技术入手，进而推动整个项目风险管理过程的优化和提升，最终实现项目风险的有效管理和控制。风险评估工具和技术（如定性和定量分析方法）的应用，更是提高了项目风险管理的科学性和有效性，使得项目团队能够更准确地评估风险影响，采取适当的应对策略。

风险管理的预防性思维和持续改进理念，强调了项目风险管理不仅要关注已知风险，还要关注未知风险和新出现的风险。这种全面的风险管理思想为项目风险管理提供了更广阔的视角，有助于项目团队在识别和应对风险的过程中始终保持警惕和积极主动的态度。

## 课后思考

1. 风险识别能力对项目经理来说是一个非常重要的经验，可以借鉴本章所介绍的检查表的方法，建立一张本组织典型项目的风险识别检查表。

2. 大多数人没有风险意识，总是认为不好的事情不会发生。请你思考一下如何才能转变人们的意识，防患于未然。

3. 风险管理过程在不同的项目领域中基本上是相同的，请你为所在组织建立一个风险管理计划的模板及十大风险跟踪表模板。

4. “关键链管理”技术是一种基于可能性评估的进度控制技术，请收集有关资料并理解这一管理技术的核心原理。

5. 中国古代先哲有很多关于如何应对不确定性和风险的名言，请收集有关资料并结合项目风险管理的基本原理，用你自己的语言来理解和解释。

# 第十章
# 项目采购管理

## 学习目标

知识目标

- 理解项目采购管理的概念和重要性。
- 掌握项目采购管理的主要过程。
- 了解各种采购策略和合同类型。
- 掌握供应商选择和评估的方法。

能力目标

- 能够制定项目采购管理计划。
- 能够编写采购文件，如招标书（RFP）和询价书（RFQ）。
- 能够评估和选择合适的供应商。
- 能够进行合同谈判和管理。
- 能够监控和控制采购过程，处理采购相关问题。

素养目标

- 培养成本效益意识和资源优化配置的能力。
- 提高商务谈判和沟通能力。
- 形成公平、公正、公开的采购理念。
- 增强法律和合规意识。
- 培养诚信、廉洁的职业操守。

## 第一节　项目采购管理概述

项目采购管理在现代项目管理中扮演着越来越重要的角色。随着全球化的深入和专业化分工的细化，很少有企业能够独立完成所有项目工作。采购管理使企业能够利用外部资源和专业知识，从而提高项目效率和质量。外包采购允许企业专注于核心竞争力，同时从供应商处获取专业技能和创新解决方案。它还能帮助企业降低固定成本，提高灵活性，更好地应对市场变化。此外，采购管理还可以分散风险，加快项目进度，并获得规模经济效益。然而，有效的采购管理也面临诸多挑战，如供应商选择、合同管理、质量控制等。本章将深入探讨项目采购管理的核心过程，帮助项目经理掌握这一关键技能。

项目管理知识体系中把为了完成项目范围的工作而从执行组织外部获取货物和服务所需的过程称为“采购”。在这个定义里面，采购包含两种情况：从外部获取已经成形的标准产品和从外部获取针对项目需求的特定服务。前者更像是一般意义上的采购；而后者用外包（Out Sourcing）这个词来描述会更合适。从性质上来说，前者会比较简单，而外包的服务则更像是一个项目的运作。这里的采购同时指这两种可能的情况。

项目管理过程中属于采购管理的过程包括：规划采购管理、实施采购、控制采购、结束采购。其中，实施采购汇总了项目管理知识体系早期版本中的三个活动。

项目采购管理过程见图10－1。

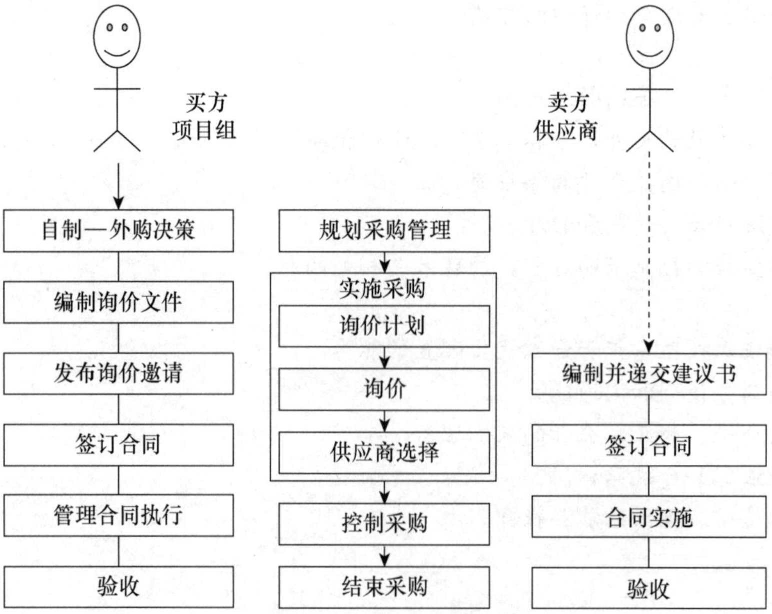


**图10－1　项目采购管理过程**

**案例10-1**

阿里巴巴的跨境电商采购平台

作为连接全球买家和卖家的桥梁，阿里巴巴国际站和全球速卖通展现了现代项目采购管理的新趋势和挑战。

阿里巴巴的跨境电商采购平台建立之初，面临着多方面的挑战。首先是信任问题，如何在虚拟环境中建立买卖双方的互信机制？其次是支付安全，跨境交易涉及复杂的国际支付流程，如何确保资金安全？再者是物流配送，全球范围内的货物运输如何高效管理？最后是文化差异，如何克服语言障碍和商业习惯的差异？为应对这些挑战，阿里巴巴采取了一系列创新措施。

首先，在信任建设方面，平台引入第三方认证和信用评级系统，通过实名认证、现场验厂等方式，提高供应商的可信度。

在支付安全方面，阿里巴巴开发了专门的跨境支付工具支付宝国际版，提供多币种结算和担保交易服务。这不仅简化了跨境支付流程，还大大提升了交易的安全性。

对于物流配送，阿里巴巴与全球多家物流公司建立战略合作关系，并开发智能物流平台菜鸟网络，实现了全球商品的高效配送和实时跟踪。这一举措大大提高了跨境采购的效率和透明度。

为解决文化差异问题，阿里巴巴投入大量资源进行本地化运营，并在主要市场设立本地团队，提供符合当地需求的服务。此外，阿里巴巴还定期举办线上线下的贸易对接会，促进买卖双方的直接交流。

这个案例说明数字化时代的现代项目采购管理已经不再局限于传统的供应商选择和合同管理，而是构建了一个完整的生态系统。

## 第二节 项目采购管理过程

### 一、规划采购管理

规划采购管理是一个项目的管理过程，它确定项目的哪些需求通过采用组织以外的产品或服务可以得到满足。这一个过程主要有三个步骤：

第一步，确定项目中的某一部分是否需要从外部采购。

第二步，采用哪种方式进行采购。

第三步，详细描述需要采购的产品或服务、采购的数量以及何时进行采购。

这些决定的结果就构成了完整的项目采购计划。图 10－2 列出了活动的各个步骤以及所采用的方法和工具。

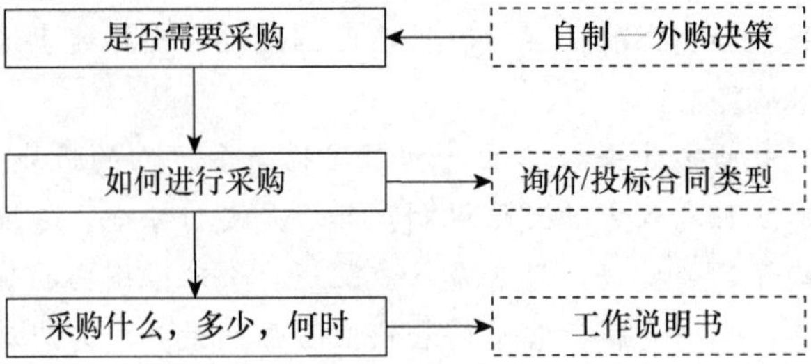


**图 10－2　项目采购计划管理过程**

1. 自制—外购决策分析

规划采购管理过程最主要的活动就是对项目的各个部分进行“自制—外购”决策。它的基本原则就是针对项目的某一工作范围，估计内部提供该产品或服务所需要的成本，与外包成本进行比较，选择两者中较低的那一种。

“自制—外购”决策需要考虑的因素很多。虽然最终的目的是降低成本，但不是简单地只考虑成本因素。应该在满足项目效果因素（范围和质量）的前提下，追求效率（时间和成本）。特别是质量因素，它往往在项目的晚期才可测量，在项目早期的决策中，因缺乏可信的数据和证据来反映真实的状况，所以在一些行业中建立了一种独立的质量评价体系，例如具有全行业通用性的 ISO 9000 和软件行业的 CMM/CMMI 模型，以帮助买方评价卖方满足要求的能力。换一个角度来理解，一个组织之所以需要把部分工作外包，最主要的理由是：第三方在被选定外包的工作内容和范围内具有更高的能力，买方在实现同样目标的情况下降低了成本，卖方因此而获得了更高的收益，是一种“双赢”的策略。

2. 采购方式和合同类型

在确定项目中的某一部分要通过外购的方式来获得后，接下来需要细化采用哪种方式来选择和获得卖方所提供的产品和服务，并确定适当的合同类型。

通常有两种采购方式：询价和投标。

询价主要用于采购市场上成熟的“标准产品”，一般是通过对比各个潜在卖方的产品报价来做最后的决定。

投标主要用于将项目中的某一部分工作外包给第三方。这种形式的供应商选择过程比较复杂，因为它考虑的因素相对较多，而且需要很好地平衡。

在规划采购管理过程中，我们只是确定需要采取的采购方式，以决定后续的采购活动如何开展。

合同是约定买卖双方在一次交易过程中权利与义务的重要文件。它通过法律的手段确保双方按约定实现承诺。可以说，合同最根本的目的是防止某一方违背承诺，或者通过惩罚等措施来降低承诺被破坏后所产生的损失。换一个角度来理解，合同就是为了降低交易的风险，所以我们在选择不同种类的合同形式时，最根本的出发点是考虑所承担的风险水平。

合同有四种主要的类型：固定价合同、成本补偿合同、单价合同、工时和材料费合同。

● 固定价合同（Fixed Price Contract）或固定总价合同（Lump Sum Contract，FFP），指详细定义产品或服务的固定总价，买方只向卖方支付所约定的固定价格，而并不关心除范围变更以外的其他状况。这种情况下卖方承担了大部分的风险，而买方的风险很小。在有些情况下，也可以在固定总价上增加和某些条款挂钩的奖励费用，用于激励卖方按照买方期望的方式进行。这被称为固定价加激励费用（FPI）。

● 成本补偿合同（Cost Reimbursable Contract）指买方向卖方支付项目的直接实际成本和间接实际成本，此外还会包含另外一项附加费用作为供应商的利润。这部分额外支付的附加费用应该作为一种奖励来促进供应商按照项目组期望的方式来实施项目，同时也影响项目组和供应商所承担的风险。根据附加费用的计算方式，有三种成本补偿合同：成本加奖励费用合同、成本加固定费用合同和成本加成本百分比合同。

成本加奖励费用合同（Cost Plus Incentive Fee Contract，CPIF）：买方向卖方支付允许的完成任务的成本以及事先决定的利润和激励费用。一般来说，奖励费用应该鼓励卖方为买方节约成本，所以大多数的奖励费用都是实际成本低于预计成本之间偏差的比例，这样买卖双方都可以从中受益。例如，一个项目的预期成本为 100 万元，实际成本为 80 万元，买卖双方的分配比例是 80/20，即卖方将获得 80 万元＋20 万元×20%＝84 万元。但如果实际成本超出了预期成本呢？可以有两种处理方式：一种是买方向卖方支付成本但不支付奖励费用；另外一种是，可以把双方之间的分配比例理解为对不确定性风险的承担责任，既可以认为是在节约成本中受益的比例，也可以认为是在超出成本中所负担的比例，即如果实际成本为 120 万元，那么买方向卖方支付 100 万元＋20 万元×80%＝116 万元。

成本加固定费合同（Cost Plus Fixed Fee Contract，CPFF）：买方向卖方支付允许的完成任务的成本，再加上按照预计成本百分比计算的固定费用。大多数情况下，这个附加费用几乎不会改变，除非出现双方同意的范围变更。例如：一个项目的预期成本是 100 万元，固定奖励费用为 20%（20 万元），则无论项目的实际成本是 80 万元还是 120 万元，卖方都将得到额外的 20 万元作为奖励。

成本加成本百分比合同（Cost Plus Percentage of Costs Contract，CPCC）：买方向卖方支付允许的完成任务的成本，再加上事先约定的总成本的一定百分比。在这种情况下，卖方没有动力为买方节约成本，反而可能会为了寻求更高的利益而有意抬高项目成本。从买方角度来说也是最不利的一种合同类型。大多数公司会禁止这种类型的合同，但在一些特殊情况下，比如关联方交易中可能会采取这种由买方承担全部风险的合同类型。

固定总价合同和成本补偿合同通过不同的形式来约定买卖双方的价格，从而实现不同的买卖双方风险的承担水平，如图 10－3 所示。

● 单价合同（Unit Price Contract）：买卖双方约定所提供服务或产品的单价，最后按照所发生的实际数量来支付最终的费用。一般这种合同在针对大量购买标准产品或者

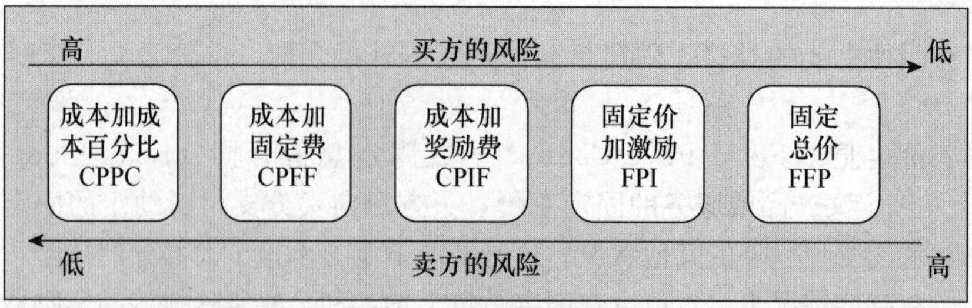


图 10-3　合同类型和风险

卖方向买方提供服务的场合下使用。

● 工时和材料费合同（Time and Material Contract）：这是相对灵活的合同类型，它考虑了项目的具体特征而综合了以上三种合同类型的共有特征。这个类型的合同主要适用于对项目范围无法准确定义，项目的总预算成本无法准确估计的情况。这里对工时的处理是约定一种服务的单价，按照实际发生的情况进行计算。而材料费用则预估一个固定费用，或者在一个约定的上限范围内按照实际的成本报销。

3. 工作说明书

工作说明书（Statement of Work，SOW）是对采购所要求完成的工作的描述。工作说明书是一种范围说明书，以向潜在的卖方描述清楚买方所需要的产品和服务。一个简单的工作说明书的模板如表 10-1 所示。

表 10-1　工作说明书

| 章节 | 内容 |
| --- | --- |
| 项目背景 | 介绍总体项目的背景资料 |
| 工作范围 | 详细地描述所要完成的工作 |
| 进度要求 | 详细说明工作的预计进度要求 |
| 可交付成果时间表 | 详细列出所要求的可交付成果列表，以及每一项可交付成果的具体描述和交付时间要求 |
| 适用标准 | 详细说明与执行该工作有关的任何特定的行业规则和标准 |
| 验收标准 | 描述买方组织如何确定工作是否能被接受 |
| 特殊要求 | 详细说明可能需要的其他特殊要求 |

如果把这部分项目外购的工作范围也当作一个项目，那么同样需要用项目的目标来约定这部分工作要求。显然，我们需要在工作说明书中确定这部分工作的范围、质量和进度要求，但是成本却可能是双方经过谈判取得一致的结果。

## 二、实施采购

实施采购活动主要包括寻找潜在卖方，获得有意向卖方的反馈信息，选择卖方并签署合同的过程。

1. 询价计划编制

询价计划编制活动主要包括准备询价所需要的文件并确定合同授予的评判标准。询价文件帮助潜在的卖方来具体了解买方的需求。询价文件的形式则根据所需要外购的是“产品”还是“服务”而有两种不同的类型：RFQ（Request For Quotation）和 RFP（Request For Proposal）。

RFQ，报价邀请书，主要用于外购且可以在市场购买到的标准产品的询价。由于是标准产品，仅仅需要供应商提供这些产品的报价，项目组就可以准确地定义出所需要的产品规格、数量和预计交货时间。当然在这种情况下，价格将是相对重要的因素。但我们还需要考虑到这些产品在运行和使用过程中的维护和保修等相关服务内容。由于除了价格以外的其他因素很难通过一些简单的手段迅速做出准确的评价，所以很多大公司都会首先在公司层面确定一个被认可的供应商名单。这张名单的维护将根据供应商的市场口碑和实际表现进行调整，减少仅仅评价价格所带来的其他风险。

正如在前面所说到的，很多公司为了避免陷入仅仅依赖价格进行竞争的不利局面，都试图创造一种难以被模仿的差异性，从而形成一种垄断。如果这些产生差异的“独特性”恰恰是项目所寻求的，将会给供应商带来极大的优势并借此获得较高的利润。

RFP，建议邀请书，主要用于项目外包的工作或服务。不同于 RFQ，这部分的要求市场上没有标准化的产品。项目必须选择供应商来构造项目所需要的产品。由于产品还没有被构造出来，所以就有着和标准产品明显不一样的几个特征：

第一，由于没有类似的成熟产品可供参考，项目组可能无法提供准确的产品规格，而只能提供产品需求，项目组甚至可能不知道如何构建产品，所以寻求的是解决方案的建议书。

第二，由于产品将被制造出来，所以成本固然是一个重要的考虑因素，但更重要的是产品质量。因为不像标准产品那样在业界有可对比性，在达到质量要求的前提下花费最小的成本就是一个难以确定的问题，很多时候可能会由于低估了达到质量要求所需要的代价，从而造成了更大的损失。

第三，不同于采购标准产品，项目组外购实际上是供应商按照客户需求定制和构造产品的工作和服务，而这是由供应商按照客户需求提供工作和服务的能力所决定的。

2. 询价

询价就是从潜在的卖方那里获得针对 RFP 的建议书或针对 RFQ 的报价书。在这个过程中，买方主要负责寻找并邀请潜在的卖方来参与项目的投标，而卖方则根据买方的要求做准备工作，产生符合要求的报价或者需要大量前期工作而形成的建议书。

一般来说，如果有更多的卖方有意向参与到买方的项目外购活动中，就会形成一种竞争环境，帮助买方选择到最佳的合作伙伴。所以买方需要通过多种途径为采购产品和服务做广告，以期有更多更有实力的卖方参与进来。

如果外购的是标准产品，则一份报价就可以获得所需要的绝大部分信息。但如果是服务或者定制的产品，则买方可能需要举办额外的投标前的说明会来回答投标方的疑问。这些会议有助于每一个投标方对买方要求的产品或服务有一个清晰而一致的理解。

3. 供应商选择

一旦买方收到了潜在卖方所提供的建议书或者产品报价，买方就应该评估卖方所提交的建议书或者报价，选择最佳的卖方，进行合同谈判并签订合同。但这并不是一个简单的过程，从众多的潜在卖方中选择一个最佳的合作伙伴需要一个全面而综合的评价。

如果采购的是标准产品，则只需要对卖方所提供的一些信息做出比较和判别，选择其中对买方最有利的卖方即可。例如：产品的报价、交付周期、付款条件、违约条款等。由于几乎都是标准的信息内容，所以比较起来并不困难。但是我们需要特别注意卖方实现承诺的信誉，以避免不必要的麻烦。

如果采购的是服务或定制的产品，则这个选择的过程可能会很复杂。这个时候的外购活动就相当于实施一个项目，我们必须在项目还没开始之前判断哪一个卖方可以更好地完成项目。这个时候的选择更需要经验，很难用一种刚性的指标和准则来判断。大多数组织会举行投标会，由各个投标方在指定的时间内讲解自己的解决方案，并回答主办方的提问。主办方则根据投标方的表现综合评价，以选择最终的合作方。

大多数组织选择加权平均的评价方法。对每一个提交建议书的卖方基于事先约定的考虑因素，通过加权计算来综合评价卖方的能力。表 10－2 是一个样例。

**表 10－2　供应商选择的加权评价表**

| 标准 | 权重 | A | | B | | C | |
|---|---|---|---|---|---|---|---|
| | | 评价 | 评分 | 评价 | 评分 | 评价 | 评分 |
| 需求的理解 | 30% | | | | | | |
| 技术能力 | 25% | | | | | | |
| 实施经验 | 20% | | | | | | |
| 管理能力 | 10% | | | | | | |
| 报价 | 15% | | | | | | |
| 总分 | | | | | | | |

## 三、控制采购

控制采购的目的就是保证卖方的行为和结果符合合同的要求。如果外购的是标准产品，则控制采购主要集中在对交付产品规格的确认和进度实施上。在这种情况下，卖方所执行的合同和其以前的交付合同是类似的，其行为和结果具有很大的可预测性。如果外购的是服务或者定制产品，则控制采购的内容就要复杂、困难得多。

卖方的合同执行是一个过程，所交付的服务或者定制的产品具有独特性，这就使得合同在执行的过程中存在一定的不确定性。这种不确定性尤其表现在质量和进度上。在这种情况下，一个好的控制采购实践就是加入过程内监控，建立对双方透明的质量保证体系。也就是说，买方的质量保证人员和卖方的质量保证人员共同协作：第一，在合同执行初期双方共同制定合同执行的过程规范和度量体系；第二，合同执行期间，卖方的质量保证人员定期收集项目执行的数据，并向买方的质量保证人员进行汇报；第三，如果合同在执行过程中出现偏差，买方项目管理人员和卖方一起督促解决。

控制采购过程见图 10－4。

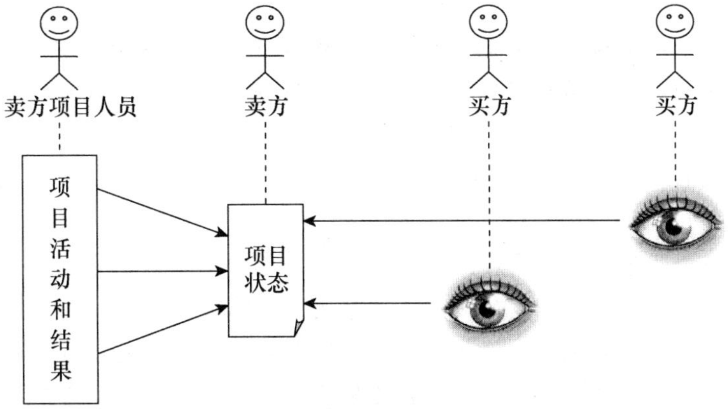


图 10-4　控制采购过程

## 第三节　项目管理过程：结束采购

采购管理的最后一项工作是结束采购。它包括三个部分的工作：

- 对交付的产品进行验收，以确保合同所约定的工作范围被正确地完成。
- 更新项目文档以反映项目最终成果，并将其归档以供将来参考。
- 采购审计，总结项目采购过程中所吸取的经验和教训。

**案例 10-2**

### 波音客机项目的供应链管理

波音某客机项目是航空业历史上最大规模的全球协作项目之一，采用创新的全球供应链策略，旨在分散风险、降低成本并加快开发速度。然而，这种策略也带来了前所未有的挑战。

采购策略：

(1) 全球外包：波音将该项目约 70%的零部件生产外包给全球各地的供应商，远高于以往 30%～50%的比例。

(2) 风险共担伙伴：主要供应商不仅负责生产，还参与设计和融资，成为“风险共担伙伴”。

(3) 模块化设计：将飞机分为主要模块，由不同供应商负责完整模块的设计和生产。

(4) 技术创新：大量使用复合材料，要求供应商开发新技术。

然而这一看起来具有良好初衷的采购策略，实施起来却面临着很多意想不到的挑战，例如：

（1）协调复杂：需要管理来自全球 9 个国家的 50 多家主要供应商。

（2）质量控制：部分供应商经验不足，导致质量问题频发。如意大利 Alenia Aeronautica 生产的机身部件出现分层问题。

（3）延迟交付：多个关键部件出现延迟，造成连锁反应。如 Vought Aircraft Industries 无法按时交付后机身段。

（4）技术整合：不同供应商使用的设计软件不兼容，增加了整合难度。

（5）文化差异：全球供应商的文化差异导致沟通障碍和误解。

结果，这一旨在分散风险、降低成本并加快开发速度的庞大计划，却因为过度外包的策略，使得项目最终延迟 3 年多才交付首架飞机，成本超过数十亿美元。事后波音公司总结了其中的教训：

（1）保持核心竞争力：过度外包可能导致关键技术和能力流失。

（2）供应商能力评估：严格评估供应商的技术和管理能力。

（3）有效沟通机制：建立跨文化、跨地域的高效沟通渠道。

（4）技术标准化：确保供应链各环节使用兼容的技术标准。

（5）灵活性：保持一定程度的内部生产能力，以应对供应链中断。

尽管该项目面临诸多挑战，但其创新的供应链模式也为航空业带来了新的思路。波音公司从中吸取教训，在后续项目中采取了更为平衡的策略，既保留全球协作的优势，又加强了对核心环节的控制。

## 拓展阅读

供应链管理系统 SCM 概述

## 本章小结

在项目采购管理中，项目计划阶段的采购管理规划，相对容易理解和执行。项目执行阶段的采购实施是核心，特别是供应商选择更是整个采购过程的关键性环节。项目采购管理能力的提升，最根本的是提升建立有效的采购策略和选择合适供应商的能力。

本章介绍的项目采购管理过程为项目获取外部资源提供了方法论基础，读者需要通过不断实践来加深对这些过程的理解和应用。同时，项目采购管理还需要与其他知识领域紧密结合，如范围管理、时间管理、成本管理等，才能确保项目目标的全面实现。在管理实践中，项目经理应当始终关注关键资源的供应商选择和后续的采购实施绩效，确保项目采购与项目目标保持一致。

项目采购管理不仅关注资源的获取，还强调对供应商关系的管理和采购过程的控制。通过有效的采购计划、执行和控制，项目经理可以创造一个公平、透明的采购环境，促进项目团队和供应商之间的合作，从而为项目的成功奠定坚实的基础。

## 课后思考

1. 采购策略分析：选择一个你熟悉的项目，分析并制定一个详细的采购策略，包括自制与外购的决策、采购方式选择、合同类型的确定等。

2. 合同风险评估：找一份本组织的外包合同样本，识别其中可能存在的风险点，并提出相应的风险缓解措施。

3. 供应商选择过程模拟：创建一个模拟的采购场景，包括准备 RFP 或 RFQ、评估供应商的提案、进行合同谈判等，以了解供应商选择的全过程。

4. 成本效益分析：对一个项目采购案例进行成本效益分析，比较不同供应商的报价和服务，决定最优的采购方案。

5. 采购流程优化：识别并分析一个组织的现有采购流程中的瓶颈和不足，提出改进措施以优化采购流程。

6. 国际采购考虑因素：讨论在进行国际采购时需要考虑的特殊因素，如货币汇率、关税、跨国法律等，并说明如何管理这些因素。

7. 采购道德和合规性：探讨在采购过程中如何确保道德行为和遵守相关法律法规，包括反贿赂、公平竞争等方面。

8. 电子采购系统：研究电子采购系统的优势和局限性，并讨论如何在你的组织中实施电子采购以提高效率。

9. 供应链管理：分析采购管理与供应链管理的关系，讨论如何通过有效的供应链管理来增强采购过程。

10. 案例研究：选择一个实际的采购案例，深入研究其采购过程、策略、合同管理以及最终的结果和学到的经验教训。

11. 采购审计：设计一个采购审计的框架，用于评估采购活动的合规性、效率和效果。

12. 跨文化采购挑战：讨论在跨文化环境中进行采购时可能遇到的挑战，以及如何克服这些挑战。

# 第十一章
# 项目干系人管理

## 学习目标

知识目标

- 理解项目干系人管理的概念和重要性。
- 掌握项目干系人管理的主要过程。
- 了解干系人分析的方法和工具。
- 掌握干系人参与度评估和管理策略。

能力目标

- 能够识别和分析项目的关键干系人。
- 能够制定干系人管理计划。
- 能够运用适当的方法和工具管理干系人的期望。
- 能够有效地与不同干系人沟通和协作。
- 能够监控和调整干系人管理策略。

素养目标

- 培养全局视角和大局思维。
- 提高人际关系管理能力。
- 培养积极主动、灵活应变的务实管理态度。
- 提高识别利益诉求、平衡和解决利益冲突的能力。

## 第一节　项目干系人管理概述

项目干系人是项目运行中非常重要的一个因素。项目的起源来自干系人的期望，项目的目标就是满足干系人的需要，项目的资源由干系人提供，而项目在实施过程中以及交付结果后都会对不同干系人产生正面的或负面的影响。传统项目上，最重要的干系人都是和项目实施直接相关的组织或团体，例如项目发起人（也是项目资源的提供方），项目的实施团队、客户（也是项目交付的结果方），以及通过项目采购参与到项目实施的合作方。这些干系人由于都是和项目关联紧密的组织或团体，所以大多通过日常的项目沟通来获得项目状态信息，并参与到一些重大的决策过程。

近些年，随着互联网及移动互联技术在人们工作及生活中的广泛应用，越来越多的人开始习惯通过“线上”被连接在一起。沟通被迅速扩展到可以随时随地、没有距离限制、低成本高效率地进行。这一手段对项目来说，沟通就可以被扩展到不仅仅是那些跟项目有直接影响关联的干系人，还是以前被忽略的但可能更重要的干系人，如项目的最终用户。因此一种新的项目运行模式被创造了出来——互联网思维，其核心就是“用户至上”。

项目干系人管理包含有：

● 识别干系人（Identify Stakeholders）：识别出对项目决策、活动或结果有影响的个人、群体或组织。

● 规划干系人管理（Plan Stakeholder Management）：制订和项目干系人沟通互动的管理计划。

● 管理干系人参与（Manage Stakeholder Engagement）：按照干系人管理计划与干系人进行沟通和协作。

● 控制干系人参与（Control Stakeholder Engagement）：监督项目干系人管理的实施过程与效果。

项目干系人管理见图 11－1。

图 11－1　项目干系人管理

**案例 11－1**

### 星巴克在中国的本土化战略

星巴克进入中国市场的案例是一个典型的跨国企业本土化项目的成功范例，其中干系人管理扮演了关键角色。1999年，星巴克在北京开设了第一家门店，然而，作为一家美国咖啡连锁店，星巴克面临着如何在茶文化盛行的中国市场立足的巨大挑战。

星巴克认识到，要在中国取得成功，必须有效管理多个关键干系人。首先是消费者。中国传统上是一个茶叶消费大国，咖啡文化并不普及。为此，星巴克采取了独特的市场教育策略。它没有简单地推销咖啡，而是致力于创造一种“第三空间”的概念，即家庭和工作场所之外的社交场所。星巴克通过精心设计的店铺环境、周到的客户服务，以及不断推出符合中国消费者口味的新产品（如抹茶星冰乐），逐步培养了中国消费者的咖啡文化和品牌忠诚度。

其次是政府这个关键干系人。星巴克公司积极参与各种社会公益活动，如支持教育和环保项目，以树立负责任的企业公民形象。同时，星巴克也注重与地方政府合作，在城市规划和商业区发展中扮演积极角色，这不仅有助于获得优质店址，也赢得了政府的支持。

供应商管理是星巴克另一个重要的干系人策略。公司在中国建立了本地化的供应链，与云南等地的咖啡种植者建立了直接的合作关系。这不仅确保了咖啡豆的质量和供应稳定，也帮助当地农民提高了收入，赢得了社会的好评。此外，星巴克还与本地食品供应商合作，开发符合中国口味的食品，如月饼等节日特色产品。

员工作为内部重要的干系人，也得到了星巴克的特别重视。公司在中国实施了独特的人力资源政策，如为全职员工父母提供医疗保险，这在中国的外资企业中并不常见。这种做法不仅提高了员工忠诚度，也赢得了社会的广泛赞誉，有效提升了品牌形象。

媒体关系管理也是星巴克干系人策略的重要组成部分。公司通过积极的公关活动，如邀请媒体参观咖啡种植基地、组织咖啡文化体验活动等，培养了良好的媒体关系，为品牌塑造提供了有力支持。

星巴克在中国的成功证明了有效的干系人管理对企业项目的重要性。通过细致入微地了解并满足各个干系人的需求和期望，星巴克不仅成功地在中国市场站稳了脚跟，还创造了独特的品牌价值。

## 第二节　项目干系人管理过程

### 一、识别干系人

干系人是指那些对项目目标、活动或结果有影响的个人、群体和组织。这种影响可以是直接的，也可以是间接的。例如，项目直接参与各方就是最直接的利益相关者。但是也有很多受到间接影响的相关者，例如，一个建筑施工项目周围的居民。这种影响施加的方式可以是主动性的，也可以是被动性的，但只要有影响，就可能产生反作用力，也会因此传递到项目本身上来，影响项目的决策。例如，一个经常加班的项目团队，其家属成员就属于间接被动影响的干系人。而这种影响如果过度，就可能造成团队成员由于家属要求而离开项目工作的负面作用。

识别干系人活动的难点不在于关注直接的、有主动性影响的干系人角色，因为他们很难被忽视。重点在于那些间接的、可能受到被动影响的干系人，因为他们很容易被忽视。但属于这一范畴的干系人范围有可能很难清晰界定，一个建议的基本原则是：识别那些由于受到项目目标、过程或者结果影响，而因此会对项目有效实施反作用影响的个人、群体或者组织。通俗来说就是，如果项目影响了他，他可以有效地反作用于项目，那你需要一开始就把他划归到项目干系人范围内实施管理。

识别干系人过程可以借用一些结构化方法来进行干系人分析，也可以组织有经验的专家来做判断。可以遵循以下步骤：

步骤一：识别全部潜在项目干系人及其相关信息，如他们所在的组织、角色、利益、需求、专业知识、影响力等。一般来说，干系人识别可以是一个迭代的过程。先从容易界定的关键干系人开始，如项目发起人、项目经理和客户，通过对已识别的干系人进行访谈，来识别其他干系人，不断扩充干系人名单，直至列出全部潜在干系人。

步骤二：以全部潜在干系人名单为基础，分析每个干系人可能的影响或支持，按照某种模型进行相似性分类，以便制定相应的管理策略。

步骤三：评估关键干系人对不同情况，可能会出现的反应或者应对，并以此策划如何对他们施加影响来获得他们的支持，或是减轻他们的潜在负面影响。

这类分类模型大多采用二维矩阵模型，分别基于两个不同因素的维度进行分类。例如，可以考虑以下几种情况：

● 权力—利益：根据干系人的职权或权力大小，以及对项目结果的关注程度高低进行分类。

● 权力—影响：根据干系人的职权或权力大小，以及对主动参与影响项目的程度高低进行分类。

● 影响—作用：根据干系人主动参与影响项目的程度高低，以及改变项目计划或执行能力的强弱进行分类。

在项目进行当中，干系人列表可能会根据项目实际执行的情况而发生变更。例如，某些干系人的重要性可能并不如初期预期的那样高，从而可以降低其应对的优先级。而随着项目的逐步深入，某些干系人则会被新识别出来，而相应的应对策略也需要及时进行调整。

## 二、规划干系人管理

规划干系人管理是基于对干系人需要、利益及对项目成功的潜在影响的分析，制定合适的管理策略，以有效地调动干系人参与整个项目生命周期的过程。其结果就是规划一份为与项目干系人的互动提供可操作的计划，以支持项目的最终利益诉求。

规划干系人管理工作过程：

● 分析项目的目标、活动和结果将如何影响干系人。

● 分析干系人对项目的目标、活动和结果带来的影响可能会有什么样的反应或者期望。

干系人针对项目的反应程度见表11-1。

表11-1　干系人对项目的反应程度

| 程度 | 描述 |
| --- | --- |
| 不知晓 | 对项目和潜在的影响不知道 |
| 抵制 | 知晓项目和潜在的影响，抵制倾向 |
| 中立 | 知晓项目，既不支持，也不反对 |
| 支持 | 知晓项目和潜在的影响，积极支持 |
| 领导 | 知晓项目和潜在的影响，积极致力于保证项目成功 |

● 分析什么样的管理策略会利于有效调动干系人参与项目，或者引导干系人对项目产生正面影响。

● 将这种管理策略具体化到可操作管理活动，形成干系人管理计划。

干系人管理计划通常应包括以下内容：关键干系人所需要的参与程度和当前参与程度；干系人变更的范围和影响；干系人之间的相互关系；项目现阶段干系人的沟通需求；需要分发给干系人的信息；分发相关信息的理由，以及可能对干系人参与所产生的影响；向干系人分发所需信息的安排；干系人管理计划优化和更新的过程。

持领导及支持立场的干系人大多是项目直接参与者，他们需要时刻关注项目的进展情况，特别是当发现项目偏离预期目标时，或对项目需求发生变化时，需要和项目组沟通。项目组和项目干系人之间必须有某种约定的固定渠道，以便于双方通过沟通共同应对项目进行中的各种情况，这包括：

● 项目中间出现了重大问题，威胁到项目目标的实现，而这一问题又可能无法在项目内部解决，需要提交到项目干系人层面进行分析和协商，提出相应的解决措施和办法。

● 由于项目实施活动的原因，使得预先约定的项目目标无法达成，从而导致项目变更。最常见的是进度拖延，费用超支。这些变更必须得到干系人的认可和批准。

● 项目干系人由于某种原因需要对预定的项目目标提出新的要求，导致项目变更。项目组需要对变更的可行性及影响进行评估，提出新的项目计划供干系人最终决策。

项目中对干系人的管理大多是多方参与的正式沟通活动，所以是通过定期举行各个干系人参加的项目状态评审会，进行项目状态通报以及对项目重大目标进行决策来实施的。而对一些重大的突发事件，在进行应对处理的时候，也会邀请相关的干系人参与决策，这是项目问题解决会议。在一些项目中，相关干系人也会要求对关键性的技术问题进行评审。

干系人管理的内容虽然大多数都是以定期的信息沟通形式展开，但其所包含的实质内涵要比仅仅改善沟通广泛得多。其核心目标是在项目团队和干系人之间建立并维护良好的、有利于项目目标的关系环境。随着项目的进展，干系人及其参与项目的程度可能发生变化，因此规划干系人管理也是一个反复定期开展的过程。

大多数情况下，干系人管理计划具有某种敏感性内容，所以项目经理应该注意对干系人管理计划内容可能带来的负面影响采取恰当的预防措施。例如，需要限定相关指定人员可以接触到干系人管理计划的目标和内容。

## 三、管理干系人参与

管理干系人参与是在整个项目生命周期中，与干系人进行沟通和协作，以满足其需要与期望，解决实际出现的问题，并促进干系人合理参与项目活动的过程。这一过程的最终目的是帮助项目经理提升来自干系人的支持，并把干系人的抵制降到最低，从而显著提高项目成功的机会。通常会包括以下活动：

- 调动干系人适时参与项目，以获得或确认他们对项目成功的持续性支持和承诺。
- 通过协调和沟通，管理干系人的期望，确保实现项目目标。
- 处理尚未成为问题的干系人关注点，预测干系人在未来可能提出的问题，需要尽早识别和讨论这些关注点，以便评估可能产生的相关项目风险。
- 澄清和解决已识别出的、干系人所关注的问题。

干系人管理成功的关键在于那些不直接参与项目的关键性干系人，他们有可能对项目持有中立甚至抵制的立场。而即使那些不知晓项目的干系人，一旦在事前不知情的情况下受到项目影响，大多数情形下会选择偏负面的立场，从而增加了项目失败的概率。

大多数由干系人所产生的负面影响起源于对项目目标以及目标对自身利益的误解。成功地管理干系人取决于两个要点：

第一，对项目目标正确而清晰地理解，特别是涉及每个干系人由于不同角色和不同位置所导致利益诉求的差异。这个时候，一个公开、标准化格式的项目目标并不能打消非项目主体以外干系人的忧虑和担心，所以，额外的、有针对性的沟通将会确保干系人清晰地理解项目目的、目标、收益和风险，以及从自身角度的合理解读，且会提高项目成功的概率。这不仅能使干系人成为项目的积极支持者，而且能促使干系人协助指导项目活动和积极参与项目决策。

第二，对项目中间出现的干系人关注点问题，要提前、主动地加以关注和积极解决。这将赢得干系人的信任，其自身利益是受到良好关照的，从而会换来干系人对项目的积极支持。这里有一个关键点，就是那些问题是需要在发生之前预测并积极主动解决的，而不是事后被干系人抱怨而不得不应对。这一前一后的差异是建立这种信任和获得持久性支持的关键。

一般来说，干系人对项目的影响能力通常在项目早期阶段最大，随着项目的进展而逐渐降低。

## 四、控制干系人参与

控制干系人参与是全面监督项目干系人之间的关系，根据实际情况调整管理策略和实施计划，持续不断地提升干系人参与的效率和效果。这一活动和管理干系人参与联系紧密。对于持支持立场的干系人，需要维持并不断提升这种关系。但对于持负面立场的干系人，不断改进干系人参与的方式和方法，将其转化为正向作用或者降低其负面作用都是非常有益的。

## 拓展阅读

处理棘手干系人的技巧

## 本章小结

在项目干系人管理中，较宏观的干系人识别和规划干系人管理，相对容易理解和执行；较微观的管理干系人参与和控制干系人参与，更多地反映项目干系人管理的具体操作和内在挑战，管理难度较大。项目干系人管理能力的提升，最根本的是提升识别关键干系人并有效管理其期望和影响的能力。

本章介绍的项目干系人管理过程为项目的利益相关方管理提供了方法论基础，读者需要通过不断实践来加深对这些过程的理解和应用。同时，项目干系人管理还需要与其他知识领域紧密结合，如沟通管理、风险管理、整体管理等。在管理实践中，项目经理应当始终关注干系人的需求和影响，有效平衡各方利益，确保项目干系人期望与项目目标保持一致。

项目干系人管理不仅关注干系人的识别和分析，还强调了对干系人期望的持续管理和参与的重要性。通过有效的干系人管理策略，项目经理可以创造一个互利共赢的项目环境，促进各方利益的平衡和协调，从而为项目的成功奠定坚实的支持基础。同时，干系人管理的动态性和迭代性，也要求项目经理具备灵活应变和持续改进的能力，以适应项目全生命周期中干系人关系的变化。

## 课后思考

1. 请列举一些具有“互联网思维”模式的项目，看看他们是如何进行和传统不一样的干系人管理方法的。
2. 识别干系人活动的难点在哪里？
3. 请分析一下为什么说干系人管理的内容要比沟通管理更广泛。
4. 管理持负面立场的干系人参与，为什么要强调“事前原则”？
5. 请讨论一下进行干系人管理工作所需要的软技能。

# 第十二章
# 项目管理实践

## 学习目标

知识目标

- 理解项目整体生命周期的概念和各阶段特征。
- 掌握项目立项、计划、实施、收尾和维护各阶段的主要活动和关键点。
- 了解项目管理知识在实际项目中的综合应用。
- 掌握组织级项目管理的概念和重要性。

能力目标

- 能够在实际项目中应用项目管理的各项知识和技能。
- 能够制定完整的项目管理计划，并在项目全生命周期中有效执行。
- 能够整合各知识领域的管理过程，实现项目目标。
- 能够识别和解决项目实施过程中的实际问题。
- 能够进行项目后评估和经验教训总结。

素养目标

- 培养系统思维和整体管理意识。
- 提高实践能力和问题解决能力。
- 形成持续学习和经验总结的习惯。
- 增强团队协作和跨职能沟通的能力。

## 第一节　项目管理实践概述

项目管理是一个相当注重实践的学科。项目管理本身的知识、技术和方法仅仅是进行项目管理实践的基础。由于前面知识的表述是按照知识领域进行的，而在应用的时候则需要按照项目活动开展的顺序把它们重新串接起来，这样读者才会有整体感。这就是本章前半部分所涵盖的内容。

除此之外，在实践中项目管理不是一个孤立的行为，它和所处的组织环境和来自组织层面的支持高度相关，这也是近些年来越来越受到重视的组织级项目管理的内容。任何以项目为运作基础的组织首先要做的事情就是确定项目的生命周期模型。确定项目生命周期模型的目的是把整个项目划分成若干个目的明确的阶段，每个阶段结束时都设定一个用于检查的里程碑，以确保该阶段活动达到了预定的目的。大多数组织都会在组织层面建立一个通用的项目生命周期模型。由于进行阶段划分的里程碑起着“检查哨卡”的作用，所以很多公司的项目生命周期模型看起来就像一个拥有若干个控制门的流程图。

下面给出一个相对通用的项目生命周期模型作为本章讲解项目管理实践的基础。这个模型和先前的论述是一致的，如图 12－1 所示。

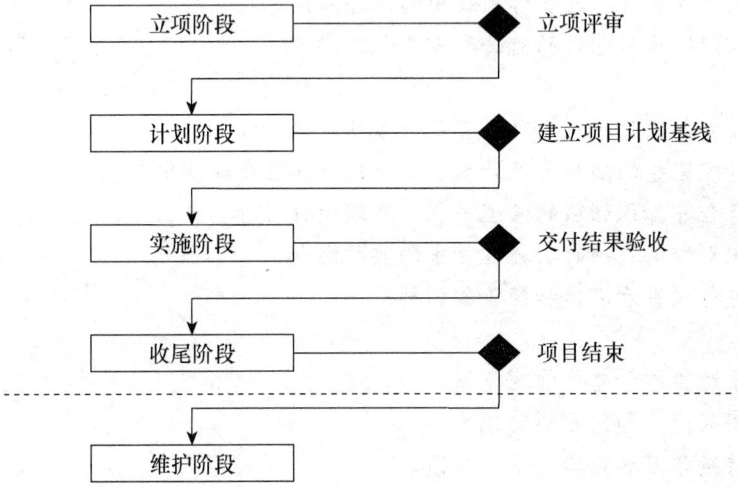


**图 12－1　项目生命周期模型**

一般的项目会分成 4 个或 5 个阶段：

立项阶段：识别和把握市场机会，确定项目的商业需求，进行一些前期的可行性研究。本阶段活动完成的里程碑是立项评审，该活动用来最终确定组织是否投入资源来启动项目。本阶段的多数活动都是围绕着组织实施该项目所获得的收益和投入的成本来进行的。

计划阶段：明确和细化项目的目标，包括项目范围、进度、成本和质量目标。制订实现目标的工作计划，经过评审并被确认的计划将作为后续项目实施活动的基线。本阶段活动完成的里程碑是项目计划形成的基线。

实施阶段：按照计划进行项目实施。这还包括对项目实施活动进行控制，必要的时候会变更项目计划。本阶段活动完成的里程碑是项目的可交付物全部完成，并经过验证达到项目要求。

收尾阶段：项目干系人对项目成果进行验收、归纳和整理项目文档。本阶段活动完成的里程碑是项目结束。

维护阶段：大多数项目在收尾阶段就正式结束了，但客户却可能在应用项目成果的过程中出现各种各样的问题，所以组织还必须设立专门的机制进行项目成果的后续维护工作。

前面的基础知识都是按照知识领域来讲述的，但在实际操作上，所有这些知识点都是集成在一起实践的。项目整体管理的过程就是把分散在各个知识领域中的过程集成在一起，但在本书前面介绍整体管理过程的时候，并没有讲述各个细化的过程。而在本章中，在我们学习完所有知识领域的过程后，按照实际操作的顺序再次把各个知识点串接起来。

## 第二节　项目管理实践过程

### 一、项目立项阶段

立项阶段的主要目标是选择和决定对组织有益的项目。其流程如图 12－2 所示。这一过程和组织的战略管理高度相关。在第 2 章中曾经进行过比较详细的讨论，在这里我们来做一个总结。

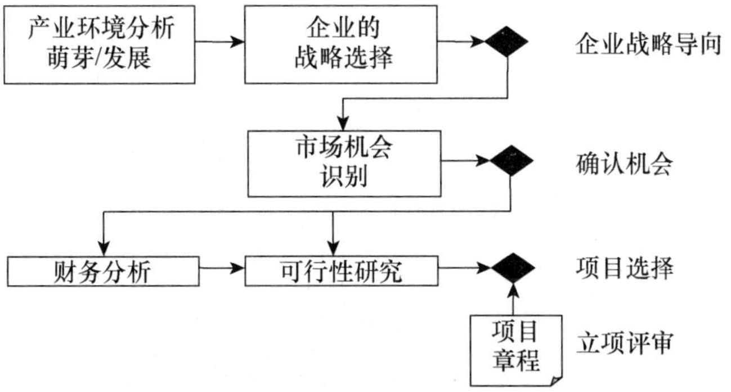


图 12－2　项目立项阶段的主要活动流程图

每个企业都需要针对其所处的产业环境来决定企业战略。当一项战略被确定后，就需要严格地执行下去。但同时也需要时刻关注产业环境的变化，以及时调整战略导向。一般来说，企业战略确定的最终目的是使本企业具有优于竞争对手的差异化优势。根据企业的战略方向从市场中识别出相应的机会，形成本企业潜在的项目组合。对这些潜在的机会，分别进行财务分析和可行性分析，并以此作为最终进行项目选择的输入信息。通过了初步筛选后的项目，将进一步产生《初步范围说明书》作为最后立项评审的输入。最后，对于被批准的项目，组织发布项目章程以书面形式正式确认，并启动该项目。

## 二、项目计划阶段

计划阶段活动的目的是确定项目目标实现的步骤和方法。项目目标是由范围、进度、成本和质量 4 个要素构成的，而其中范围又是其他 3 个要素（进度、成本和质量）的基础，如图 12－3 所示。

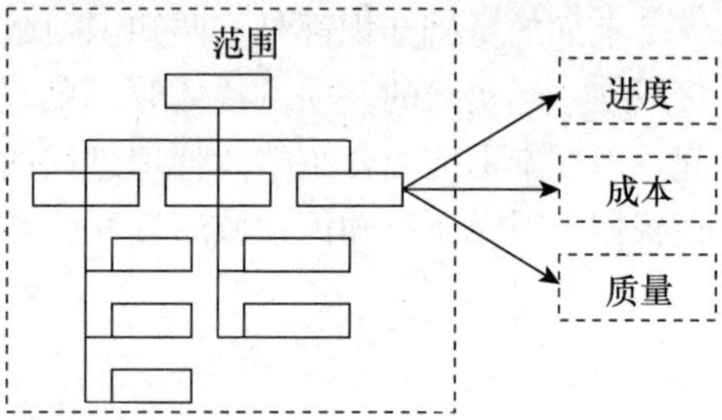


**图 12－3　范围是进度、成本和质量的基础**

项目范围是需要被最先确认下来的，其表现形式就是工作分解结构。然后需要确定项目中的工作应该遵循什么样的标准，其产出物应该达到什么样的指标，这就是质量计划的内容。在确定了项目的效果因素后，再根据工作分解结构进行进度和成本计划的编制，也就是明确项目的效率因素，如图 12－4 所示。

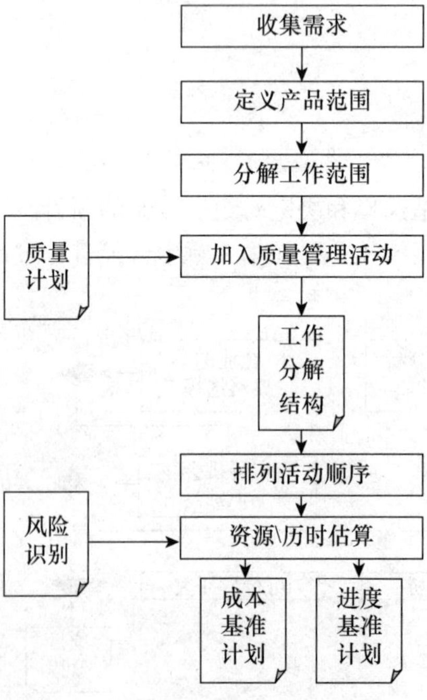


**图 12－4　计划阶段的主要活动流程图**

制订项目计划的很大一部分工作是分解需要进行的工程活动。从要交付的产品范围开始，逐步分解出所有的工作活动。对工作活动进行排序和资源估计后，就生成了标准的进度基准计划和成本基准计划。大多数传统的项目计划就是按照这一步骤制订的。

除此之外，本书还强调了两点更高的要求：第一，在考虑了质量目标的要求后，还需要加入预防和质量控制活动，并且这一部分的工作分配，也就是 COQ 所占总成本的比例应该和业界的平均水平相当。过低比例的工作安排会导致后期的不一致性成本上升。第二，项目的不确定性因素对项目计划的影响是很大的，因此需要在进行估算的时候把风险的影响考虑进去。

在项目活动当中，除了对完成项目目标所进行的主要工程活动进行规划外，还需要对那些辅助项目实施的管理活动进行计划，如人力资源管理、沟通管理、风险管理、采购管理等。管理活动的内容在同一组织中基本上是类似的，而工程活动则会根据项目的技术特征和要求可能有很大的不同。

虽然在项目管理知识体系当中，制订项目计划的有关技术和方法被分散到了各个知识领域，但是在实践操作上会把项目计划活动的产出合并到一个文档，这个文档经常被称作项目管理计划。

## 三、项目实施阶段

在项目的基准计划被批准后，就开始进入实施阶段。实施阶段的主要活动是：

- 项目实施活动：按照计划开展项目活动。
- 项目控制活动：获取项目实施的真实状态，和项目计划进行比较。
- 项目变更活动：由于某种原因导致项目计划变更，对变更进行控制。

项目实施阶段的活动流程见图 12－5。

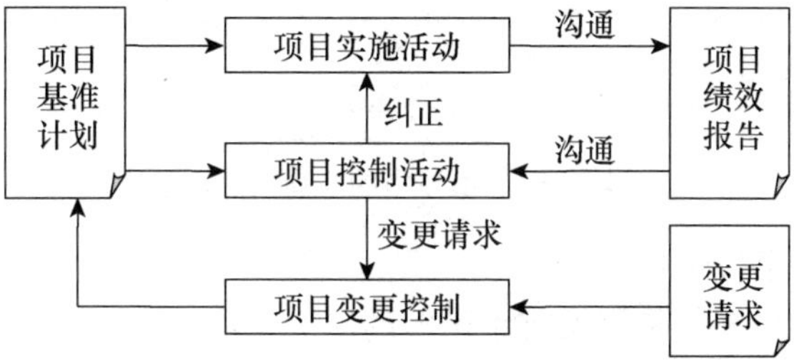


**图 12－5　项目实施阶段的活动流程图**

项目实施活动主要体现在工程活动上。项目组成员按照计划进行工程活动，并最终产生项目的可交付物。而在管理活动上，主要是集中在获取项目实际执行状况、监控绩效、及时处理偏差三个环节上。

传统上的管理策略坚持以基准计划为核心，这对于那些不确定性程度不是很高的项目是适当的，这种策略非常强调计划的权威性，前期制订准确的计划，后期严格按照计划去执行。所有这一切都非常依赖于对未来的可预测性，力图消除或降低不确定性的影响。在这种策略下，项目控制的主要活动就是监测实施绩效和计划之间的偏差程度，包含了进度、成本和范围信息的挣值分析技术可以作为度量项目执行绩效的指标。当出现偏差的时候，只有两种简单的选择，要么变更计划，要么采取措施消除偏差。

实施阶段的控制活动见图 12－6。

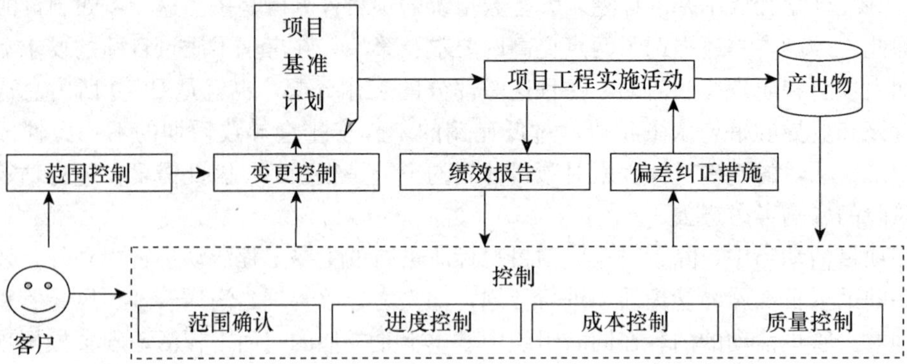


**图 12－6　实施阶段的控制活动**

实施阶段的另外一个重要管理工作就是对项目质量的掌控（见图 12－7）。项目质量的实现包含两个层面的工作：第一，需要建立质量保证体系，这是制度建设层面的要求；第二，在实施上，关注事前的预防工作和事后的质量控制活动。虽然对质量实际结果的判断都要在项目后期才能进行，但在项目计划以及前期的实施中就可以得到很多信息，并可以依据这些信息预测后期的结果：

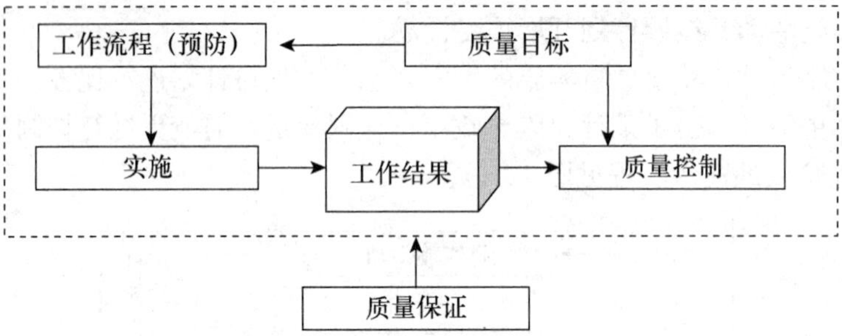


**图 12－7　项目中的质量管理活动**

- 项目是否建立了质量保证体系？
- 在制订项目计划时，是否安排了足够的质量管理活动？
- 项目实施中，预防活动是否得到足够重视？
- 独立的质量保证是否在有效地监督项目运行？

项目实施阶段的控制活动主要集中在了解项目的 4 个目标完成的真实状况上。4 个目标中需要特别关注范围目标。因为项目范围是进度、成本和质量的基础。范围目标的确定包含两个方面：一方面，需要确保后续的实施遵循事前计划的目标；另一方面，需要保证目标本身是正确的。这就是“适用性质量”的概念。实现适用性质量的活动是质量控制的确认活动，确认活动的目的是检查项目的范围目标和客户期望相一致。检查分为两个部分：第一，确认项目的产品范围构成和客户期望一致；第二，确认交付结果应该达到的要求和客户期望一致。这一活动必须在真正开始构造交付结果之前，由客户参与来实施。这就是确认活动难以实施的最大障碍，因为客户很难在看到交付结果之前就作出判断，所以几乎所有有效的确认活动都在试图帮助客户去想象未来的交付结果，并以此来做判断。只有得到客户确认的项目范围目标才能作为后续实施活动的参照基础，否则就会做“有效率没效果”的事情。

确认范围活动的目的也是同样的。但在项目管理里的确认范围更接近最后的验收活动，其目的是确认买方对交付结果的认可，而不同于前期以查错为目的的质量控制活动，所以不能单纯依赖最后阶段的确认范围活动。

由于项目范围来源于客户的需求，这种需求有可能在项目实施期间发生变化。所以我们还需要通过控制范围活动来有效地控制这种变更请求，使它能够被正确地反映在项目成果中，而不对项目产生负面影响和冲击。

项目管理活动的主要作用就是确保在预定的进度和成本之内实现范围和质量目标，这也是项目核心知识领域所涉及的管理过程最主要的目的。除此之外，还有一大类辅助知识领域中的活动，对项目的有效运行也是非常有用的。

项目沟通管理是传递项目信息、获取项目执行绩效的主要管理活动。在项目初期就建立正规的信息发送渠道和方式，对于保障项目顺畅运行非常关键。其执行关键点包括：

- 建立定期的汇报机制。
- 对报告发送的内容和格式作出约定。
- 建立适当而有效的项目绩效衡量指标。

除此之外，项目沟通管理中另外一项重要活动就是对干系人的管理。大多数情况下，干系人将得到定期的项目绩效报告。但在如下几种情况下，将会引入干系人做决策：

- 当项目出现较大偏差时，需要通报干系人，并且表明可能带来的影响或风险，以及需要采取何种措施纠正。
- 当项目需要进行变更的时候，变更控制委员会（包含干系人）将对变更做出评估和决定。
- 当项目出现重大问题时，需要及时通报干系人，并共同讨论采取何种措施进行应对。

显然，引入干系人进行决策几乎都是项目出现了和计划不一致的情形，在这个时候，由于干系人各自的目标和意向并不趋于一致，这种决策往往需要很高的技巧去平衡各方的利益。

项目风险管理活动在项目进行中是一种持续性的管理活动，其目的就是不断评估影响项目的不确定性因素，积极提前做好准备工作。风险管理活动的关键点是识别风险，但风险识别的能力是一种高度经验性的活动，而风险意识却是“态度”层面的。在项目实施中，管理者需要不断提高项目组成员的风险意识，以此不断积累应对风险的经验和能力。同时，关键链管理模式是一种主动性的风险管理方法，值得在实践中推广。

随着社会分工的细化，项目越来越多地采取了外包或外购的形式，这就是项目管理中涉及的采购管理活动。在实践中，采购管理需要关注两个要点：第一，选择好的供应商；第二，监督和管理好合同的执行。

选择供应商是在交付结果之前进行的，需要承担供应商是否会兑现承诺的风险，所以判断供应商的标准绝不是其报价的高低，而是其随后是否可以正常交付合同的不确定性程度。降低风险的途径有两种：第一，选择在业界信誉和口碑好的供应商；第二，选择和自己合作过的供应商。其出发点都是一致的，就是通过它过去的表现来降低未来的不确定性。

选择了信任的供应商，下一步就是管理好合同的执行。项目执行方在此时的角色恰好是买方，只要把自己的位置调换一下，用学到的项目管理知识去审视供应商的合同实施过程，就可以事先做好保障合同执行的各种措施。

最后需要谈谈最重要的部分——人力资源的管理。人力资源是所有资源中最重要的资源。高绩效的人力资源管理是项目成功的重要保证。人力资源管理主要靠两个方面：硬性的制度建设和软性的组织文化影响。

制度建设包括：制定工作规章制度和流程，建立绩效考核体系等明确被要求遵守的一系列条文。制度作为实现绩效的底线，也是对大规模群体进行约束的一种有效方法。制度建设强调了每个人必须遵守的共同准则，建立了公平、公正的环境，但也容易忽视人与人之间的差异性，以及人力资源最独特的一面——“感性”对绩效的影响。而组织文化可以对这一不足进行有效补充。好的组织文化可以帮助团队获得远超底线的绩效表现。不同类型的组织所需要形成的文化细节或许不同，但都需要关注一些共同的要素：

- 组织内部强调人与人之间的合作关系，形成一个良好的人际关系网络和群体。
- 对个体关注以满足其精神需求。
- 强调组织目标和个体目标的一致性。

**案例 12-1**

### 悉尼歌剧院的教训

悉尼歌剧院是20世纪最具标志性的建筑之一，但其建造过程也是项目管理失败的典型案例。这个项目原计划在1963年完工，实际上直到1973年才竣工，比原计划延迟了整整10年，实际花费远超预算。造成整个项目失控的主要原因包括以下几点。

初期规划不足：项目启动时，设计还未完全成熟。丹麦建筑师乌特松的创新设计虽然赢得了竞赛，但实施细节尚未完全确定。

技术挑战：屋顶的独特贝壳形状在当时是前所未有的设计，导致出现了大量的技术难题。工程师们花费了数年时间才找到可行的构建方法。

政府支持变化：新南威尔士州政府在1966年更换，新政府对项目的支持度降低，导致出现资金问题和决策延迟。

设计变更：在建设过程中，设计不断变更，包括内部声学设计的重大修改，这严重影响了进度。

沟通不畅：项目团队、建筑师和政府之间的沟通不畅导致许多误解和延误。

成本超支：由于时间延误，成本不断攀升，从最初预算的700万澳元飙升至1.02亿澳元，这反过来又导致了更多的延误，形成恶性循环。

运用项目管理知识，我们可以从这个项目的事后总结中吸取以下教训：

(1) 充分的前期规划至关重要，尤其是对于创新性强的项目。

(2) 建立有效的沟通机制，确保所有利益相关方保持信息畅通。

(3) 制定详细的风险管理计划，特别是针对技术挑战和外部因素。

(4) 建立变更控制流程，以管理设计变更对进度的影响。

(5) 保持项目的政治和公众支持，特别是对于大型公共工程。

(6) 使用现代项目管理技术，如关键路径法和挣值分析，更好地跟踪和控制进度。

## 四、项目收尾阶段

项目的收尾阶段相对来说就简单了。因为大部分的活动都已经在实施阶段完成了，主要的活动如图 12－8 所示。

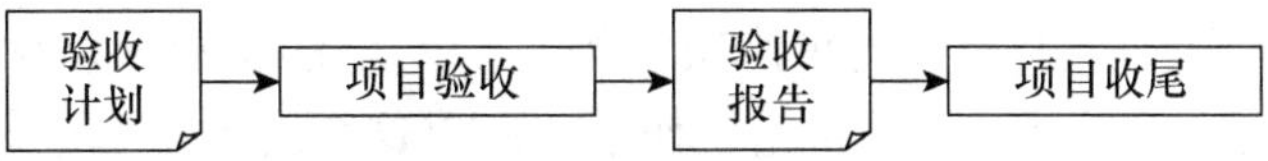


**图 12－8　项目收尾阶段活动**

收尾阶段最重要的活动是进行项目的成果验收。在验收之前必须准备一份获得干系人认可的验收计划。该计划对验收的范围、内容以及验收所遵循的过程和应该达到标准进行约定。验收过程就是遵照验收计划对项目成果进行确认，最后生成一份验收报告。该报告必须明确表示成果是否被接受。如果项目验收顺利完成，则进行项目收尾活动。收尾活动的内容包括：归纳项目文档、进行项目审计、总结项目经验和教训、制定项目后期维护方案、项目组正式解散。

## 五、项目维护阶段

正常来说，项目的维护阶段已经是项目结束之后的事情了，应该不属于项目内部的事宜。但是几乎所有项目在项目完成验收、项目成果交付给客户后，客户在应用项目产品的过程中会遇到各种各样的问题。为了确保项目实现当初预定的目标，项目组应该考虑在项目结束之后的维护阶段进行支持，特别是当项目组成员已经解散，甚至在开展另外一个项目的时候，必须确保客户的问题不被忽视。

实际上，维护阶段的所有活动都是由客户的事件来驱动的。这意味着只有当客户有需求时，才需要项目组进行反应。但由于这个阶段项目组已经不存在了，而项目组成员并没有被要求承担这部分工作，这样就会导致客户有问题时不知道该向谁反映，他的请求也极容易被忽视，长此以往，会极大地降低客户满意度。但如果组织为此而长期保留固定人员，则又会造成资源的浪费。我们该如何平衡这两者之间的矛盾呢？

大多数组织会采取一种问题跟踪的机制来处理维护阶段的事情，并且会借用某种 IT 工具系统来实现这一功能。我们需要先设定问题跟踪的工作流程，一个较为通用的流程如图 12－9 所示。

显然，整个流程有几个关键性的因素。第一，需要有专门的客户接口人员，负责接

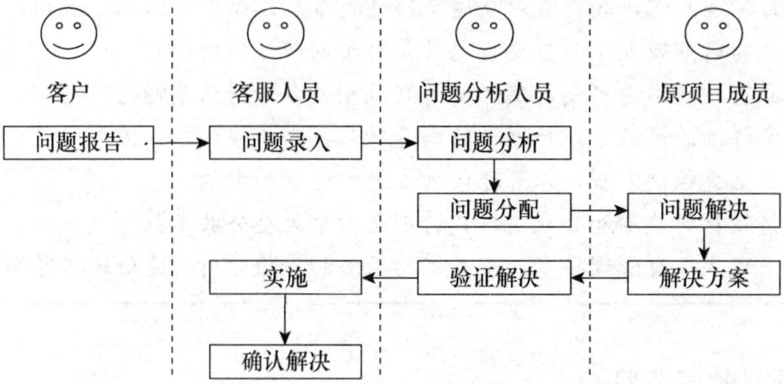


图 12-9　维护阶段的问题跟踪解决流程

受客户的问题报告，并将报告录入跟踪系统。第二，在工程人员这边也需要指定一个问题接口人员，以负责将客服人员转过来的问题报告进行初步的分析和判断。如果问题属实，则需要将问题分配给工程人员来解决。被分配问题的工程人员大多是原项目组成员，但可能现在已经在另外一个项目组工作了，所以这个时候需要进行协调。第三，在问题被解决之后，技术人员需要先对问题的解决方案进行验证，然后转交给客服人员帮助客户来最终解决问题。最后问题的解决需要客户的最终确认。

由于整个流程的执行涉及多方协作，而这些人员可能又分属不同的部门，每一问题的解决又需要消耗一定的时间，所以必须借用某种自动化工具来帮助执行流程。这种软件工具有很多，但功能大同小异，都是一种以状态迁移为基础的事件跟踪系统。

## 拓展阅读

管理创新型项目

## 本章小结

本章将前面各章节的知识整合应用到实际项目管理中，为读者提供了一个全面的项目管理实践视角，有助于读者将理论知识转化为实际能力，从而在实际项目中得以有效的运用。

## 课后思考

请你将本章前半部分的实践过程和前面几章基础部分的过程进行对应，从整体上理解项目管理知识在实践上的应用，并将这一综合理解的结果通过思维导图表达出来。

# 参考文献


1. Project Management Institute. 项目管理知识体系指南 . 4 版 . 北京：电子工业出版社，2018.

2. 凯西・施瓦尔贝 . IT 项目管理 . 9 版 . 北京：机械工业出版社，2022.

3. 拉里・博西迪，拉姆・查兰，查尔斯・伯克 . 执行：如何完成任务的学问 . 刘祥亚，等，译 . 北京：机械工业出版社，2016.

4. 左美云，周彬 . 实用项目管理与图解 . 北京：清华大学出版社，2002.

5. 丁荣贵，赵树宽 . 项目管理 . 2 版 . 北京：机械工业出版社，2023.

6. 曼昆 . 经济学原理：微观经济学分册 . 梁小民，梁砾，译 . 北京：北京大学出版社，2020.

7. 斯蒂芬・罗宾斯，玛丽・库尔特 . 管理学 . 15 版 . 刘刚，梁晗，程熙镕，等，译. 北京：中国人民大学出版社，2022.

8. 斯蒂芬・罗宾斯，蒂莫西・贾奇 . 组织行为学 . 18 版 . 孙健敏，朱曦济，李原，译 . 北京：中国人民大学出版社，2021.

9. 南希・R. 泰戈 . 质量工具箱 . 何桢，施亮星，译 . 北京：中国标准出版社，2007.

10. 杰克・吉多，吉姆・克莱门斯，罗斯・贝克 . 成功的项目管理 . 张金成，杨坤，译 . 北京：清华大学出版社，2024.